古代歷史文化研究輯刊

十九編

王明蓀 主編

第 4 冊

禮俗與嬴秦文明

包瑞峰 著

國家圖書館出版品預行編目資料

禮俗與贏秦文明／包瑞峰 著 — 初版 — 新北市：花木蘭文化
事業有限公司，2018〔民107〕
序 2+ 目 4+196 面；19×26 公分
（古代歷史文化研究輯刊 十九編：第 4 冊）
ISBN 978-986-485-400-4（精裝）
1. 禮俗 2. 文明史 3. 秦代
618   107002299

古代歷史文化研究輯刊
十九編 第 四 冊   ISBN：978-986-485-400-4

禮俗與贏秦文明

作　　者　包瑞峰
主　　編　王明蓀
總 編 輯　杜潔祥
副總編輯　楊嘉樂
編　　輯　許郁翎、王筑　美術編輯　陳逸婷
出　　版　花木蘭文化事業有限公司
發 行 人　高小娟
聯絡地址　235 新北市中和區中安街七二號十三樓
　　　　　電話：02-2923-1455 ／傳眞：02-2923-1452
網　　址　http://www.huamulan.tw 信箱 hml810518@gmail.com
印　　刷　普羅文化出版廣告事業
初　　版　2018 年 3 月
全書字數　173652 字
定　　價　十九編 39 冊（精裝）台幣 100,000 元

禮俗與嬴秦文明

包瑞峰 著

作者簡介

包瑞峰，江蘇常州人，一九六四年生。一九八二至一九八六年，在江蘇揚州師範學院（今揚州大學）歷史系就讀，獲歷史學學士學位。一九八六至一九八九年，在長春東北師範大學歷史系就讀，師從徐喜辰、詹子慶等教授，獲歷史學碩士學位。一九八九年至今在東北師範大學工作，從事中國古代歷史與文化的教學與研究。二〇〇五至二〇一一年在職就讀本校歷史學博士學位。在國家各級報刊上發表學術專著、論文近四十餘部（篇）。其中有五部學術專著和教材；有一部古籍整理著作《〈呂氏春秋〉譯注》。有歷史文化類《劉文淇吳靜安和〈春秋左氏傳舊註疏證〉》、《從〈商君書〉看秦國政治》、《〈天問〉與屈原的終極價值》、《〈呂氏春秋〉的編輯理論和方法》、《孔子編輯說——以〈論語〉格式為例》等論文三十餘篇。

提　要

　　本書在吸取前人和當代人的眾多成果基礎上，專注於「禮俗」之研究，且劃定為「嬴秦」族屬之範圍，包括其族源、東向、與中原傳說時代（堯舜）、夏商、周諸族的接觸交融，然後經歷了春秋戰國時代的大融合，漸進式地踏上華夏化的道路，「禮失求野」，其禮俗也逐漸趨同和豐富。

　　本書對嬴秦禮俗化的進程和特徵、分階段進行論證，運用唯物史觀方法，對嬴秦禮俗產生的背景（自然、人文環境）以及經濟生產條件（畜牧、農業、手工業）都一一分析，使這一族屬沿著交融、衝突的漫長進程，最終融合到華夏化的大家庭洪流中奔瀉千年，從而奠定了統一的多民族大家庭傳統文化的基礎。

　　本書不僅關注嬴秦禮制，還聚焦研究嬴秦社會的「俗」「風俗」，拓寬了秦文化研究的視野。本書運用新出土的秦簡、帛書等考古、古文字資料，使秦人的風俗（節令、生子、婚喪嫁娶、祭祀等）一一展現出來，使秦文化研究不同層面示之於眾。本書對諸如對嬴秦時祭、石鼓文等也都有一些解釋。

　　關於秦禮俗對歷史影響的研究，早在秦亡不久就開始了，兩漢學者在總結秦二世而亡的教訓時，不僅集中抨擊其「暴政」，而且還指責其禮俗「衝突」。本書作者在分析嬴秦文化政策時認為秦人既吸納東方文化、東方禮俗，甚至在南向時秦人還吸納楚文化、南越文化，都起到比較好的效果。但是在秦人統一全國後強力推行自己的禮俗文化，也必然遇到東方、南方各族的抵制，所以交融和衝突之間的矛盾不可避免，這都是本書所關注之點。

序　言

詹子慶

　　包瑞峰的《禮俗與嬴秦文明》經過多年積澱修訂之後即將付梓，蒙他約我在書前寫篇感言，我作爲與他多年師生的關係理應擔當。

　　瑞峰同志於一九八六年從揚州師院（現揚州大學）本科畢業以優秀成績錄取到東北師大徐喜辰師和我門下攻讀先秦史碩士學位。他經三年刻苦學習於一九八九年畢業後留東北師大從事中國古代歷史和文化的研究工作。他在本職工作中勤勤懇懇，組織了多次學術活動。他還參與策劃學校出版社倡導的東北師大學術文庫的選題審定，並承擔了一些學術專著的責編。其中他參與了吳靜安先生撰作的《春秋左傳舊注疏證續》一書的審稿編輯。他還在《光明日報》二○○五年十一月三日第九版上發表了《一門四世百年未竟後繼有人終得完璧——劉文淇吳靜安與〈春秋左氏傳舊注疏證〉》的文章。此後於二○○八年這本書獲得首屆中國出版政府獎的殊榮。

　　瑞峰同志的以上工作經歷爲他於二○○五年後攻讀先秦史博士學位、撰作博士論文打下了比較堅實的學術根底。

　　秦史研究是中國古史研究的熱點問題之一，其出版成果頗豐，如馬非百的《秦集史》、李學勤的《東周與秦代文明》、林劍鳴的《秦史稿》、以及滕銘予的《秦文化：從封國到帝國的考古學觀察》等等。而瑞峰在吸取前人和當代人的眾多成果基礎上，從視角上獨闢蹊徑，而專注於「禮俗」之研究，且劃定爲「嬴秦」族屬之範圍，故致使這篇論著顯露出它的專一性，且具有鮮明的特色，從而使秦史研究深入一步，這也是學術界同仁期待的選題之一。

　　本書研究的嬴秦族範圍，包括其族源（本書採西來說）、東向、與中原傳說時代（堯舜）、夏商、周諸族的接觸交融，然後經歷了春秋戰國時代的大融

合，漸進式地踏上華夏化的道路，「禮失求野」，其禮俗也逐漸趨同和豐富。本書對其禮俗化的進程和特徵、分階段進行論證，條分縷析，頗具感染力。尤其本書運用唯物史觀方法，對嬴秦禮俗產生的背景（自然、人文環境）以及經濟生產條件（畜牧、農業、手工業）都一一著力分析，使這一族屬沿著交融、衝突的漫長進程，最終融合到華夏化的大家庭洪流中奔瀉千年，從而奠定了統一的多民族大家庭傳統文化的基礎。

本書不僅關注嬴秦禮制，而且特別聚焦研究嬴秦社會的「俗」「風俗」，拓寬了秦文化研究的視野。作者充分運用新出土的秦簡、帛書等考古、古文字資料，使秦人的風俗（節令、生子、婚喪嫁娶、祭祀等）一一展現出來，使秦文化研究不同層面示之於眾。本書對諸如對時祭、石鼓文等也都有一些解釋。關於秦禮俗對歷史影響的研究，早在秦亡不久就開始了，兩漢學者在總結秦二世而亡的教訓時，不僅集中抨擊其「暴政」，而且還指責其禮俗「衝突」。本書作者在分析嬴秦文化政策時認為秦人既吸納東方文化、東方禮俗，甚至在南向時秦人還吸納楚文化、南越文化，都起到比較好的效果。但是在秦人統一全國後強力推行自己的禮俗文化，也必然遇到東方、南方各族的抵制，所以交融和衝突之間的矛盾不可避免，這都是本書所關注之點。

不過這一問題比較複雜，尚有研究空間。

總之，本書作者勤於思考，視野廣闊新穎，為深入全面研究秦史，甚至研究秦以後的中華帝國史鋪設了道路。這是一次值得讚許的學術探索。

目

次

序 言　詹子慶

第一章　緒　論 ………………………………………………… 1

第一節　研究的背景、目的和意義 ……………………… 1

一、研究背景 ……………………………………………… 1

二、研究目的 ……………………………………………… 2

三、研究意義 ……………………………………………… 2

第二節　研究綜述 ………………………………………… 4

一、對嬴秦史研究歷程的追溯 ………………………… 4

二、嬴秦歷史文化禮俗研究的主要收穫 ……………… 10

三、嬴秦研究中存在的問題和不足 …………………… 25

第三節　嬴秦禮俗研究的主要資料 …………………… 25

一、傳統歷史文獻 ……………………………………… 26

二、青銅器資料 ………………………………………… 31

三、封泥、陶文和刻石資料 …………………………… 32

四、簡牘資料 …………………………………………… 36

五、考古學資料 ………………………………………… 39

第四節　研究思路和方法 ……………………………… 41

一、研究範圍的基本界定 ……………………………… 41

二、研究的基本思路 …………………………………… 46

　　三、研究的基本方法 …………………………… 46
　第五節　本書的創新之處 …………………………… 47
　第六節　本章小結 …………………………………… 48
第二章　嬴秦禮俗產生的條件、背景 …………… 51
　第一節　嬴秦的社會人文環境 ……………………… 51
　第二節　嬴秦生活的自然環境 ……………………… 54
　第三節　嬴秦的生產特點 …………………………… 57
　　一、嬴秦的畜牧業狀況 …………………………… 58
　　二、嬴秦的農業生產狀況 ………………………… 60
　　三、嬴秦的手工業生產狀況 ……………………… 63
　第五節　小結 ………………………………………… 64
第三章　嬴秦歷史的禮俗化進程 ………………… 67
　第一節　嬴秦禮俗化的早期階段 …………………… 67
　第二節　嬴秦吸收中原禮俗階段 …………………… 75
　第三節　嬴秦禮俗全面華夏化的階段 ……………… 89
　第四節　小結 ………………………………………… 103
第四章　嬴秦禮俗的特徵 ………………………… 105
　第一節　嬴秦喪葬禮俗特徵 ………………………… 108
　　一、嬴秦墓葬葬式、頭向的特殊性 ……………… 108
　　二、嬴秦墓葬中「殉葬」方式的不同 …………… 110
　　三、墓葬中隨葬品的特徵 ………………………… 112
　第二節　嬴秦宗教、祭祀禮俗特徵 ………………… 114
　　一、嬴秦人宗教上的多神崇拜 …………………… 114
　　二、嬴秦人的祭祀 ………………………………… 118
　第三節　嬴秦婚姻禮俗特徵 ………………………… 121
　第四節　嬴秦的宗法禮俗特徵 ……………………… 124
　第五節　嬴秦的其他禮俗特徵 ……………………… 128
　　一、嬴秦人的軍禮 ………………………………… 128
　　二、嬴秦人的遊藝活動 …………………………… 129
　　三、嬴秦人日常生活禮俗 ………………………… 130
　　四、嬴秦人的生產禮俗 …………………………… 132
　第六節　《日書》中所見的嬴秦禮俗 ……………… 132
　　一、《日書》中所見的嬴秦日常生活禮俗 ……… 133

二、《日書》中所見嬴秦的生產禮俗 …………… 140

三、《日書》中所見的嬴秦以自然神爲主的
　　多神崇拜 …………………………………… 141

四、《日書》所見嬴秦人出行禮俗 …………… 144

五、《日書》中所見嬴秦的擇吉禮俗 …………… 146

第七節　秦俑所見嬴秦禮俗特徵 ……………… 147

第八節　小結 …………………………………… 148

第五章　結語：嬴秦禮俗和古代社會 ………… 151

第一節　嬴秦禮俗對秦統一的影響 …………… 151

第二節　嬴秦禮俗對古代世界中「社會」的影響 … 155

主要參考文獻 …………………………………… 157

一、基本文獻 …………………………………… 157

二、理論著作 …………………………………… 159

三、考古發掘報告 ……………………………… 160

四、出土文獻 …………………………………… 168

五、古代史研究 ………………………………… 171

六、秦文化和文明史的研究 …………………… 175

七、秦社會研究 ………………………………… 177

八、風俗史和嬴秦禮俗研究 …………………… 178

九、秦出土文獻研究 …………………………… 180

十、主要論文 …………………………………… 183

十一、國外研究 ………………………………… 194

後　記 …………………………………………… 195

第一章　緒　論

第一節　研究的背景、目的和意義

一、研究背景

其一，嬴秦作爲曾經在歷史上留下過輝煌印記的民族，和當時其他的民族一樣，由於時代的久遠，史料的缺失，現在的人們對於其眞實面貌已經看得不是很清楚了。

二十世紀七十年代以來，以秦始皇陵兵馬俑、禮縣的考古新發現爲代表的有關嬴秦考古發掘的深入展開，發現嬴秦的地下遺存越來越多，用來解釋嬴秦歷史的材料也是越來越豐富，嬴秦歷史和文化開始成爲學界研究的熱點，尤其是像秦簡那樣出土文獻的出現和對文字的釋讀，爲我們重新揭示嬴秦的面貌提供了有利、方便的條件。

其二，無論是研究對象的多元化，還是在研究過程中，多學科的結合，都給我們的研究提供了很好的背景。

研究對象的多元化表現在歷史的研究已經不完全是政治、經濟、文化等等版塊式的研究了，而是更加的豐富多彩，人們的日常生活、人們的喜怒哀樂也都是人們研究的對象。

研究對象的多元化還表現在不僅要研究諸如夏商周主流社會的事件，對於處於夏商周周圍的、四裔的、邊緣的小國的事件也都成爲了研究的對象。

研究手段的多元化表現在不僅僅是用文獻等傳統的歷史研究手段，還增

加了考古學的、出土文獻的材料，另外，別的學科的研究視角也越來越多的
爲歷史研究所用，並且取得了較好的效果。

而禮俗就是人們在一定階段、一定範圍內生產生活所積澱下來的歷史文
化和歷史印記，在一定程度上可以反映當時人們的社會、生產關係，從禮俗
中，我們可以部份追尋到歷史時期人們的文化意識和歷史足跡。

以往的研究者對嬴秦歷史和文化的研究儘管取得很大的成績，但由於關
注的角度、研究的方法等等的不同，得出的結論往往是大相逕庭，有關嬴秦
歷史和文化的研究還有很多分歧。

本文試圖從嬴秦的禮俗角度出發，通過對嬴秦人社會生活、生產方式的考
察，來對嬴秦的歷史和文化諸多的分歧進行考論，從而得出自己的一些看法。

二、研究目的

本書首先系統梳理了嬴秦發展過程中禮俗發展的歷史進程。

其次通過對嬴秦禮俗的分析，總結出嬴秦禮俗的幾個最主要的特徵。

再次是通過對嬴秦禮俗的研究，試圖提出禮俗及其在社會發展過程中的
作用，對歷史的影響這一概念。

三、研究意義

（一）嬴秦史研究的意義

嬴秦史的研究自秦亡以後就一直是學者、政治家們關注的焦點。

在春秋戰國之前，嬴秦還僅僅是「雜戎狄而居」，只是位於商周王朝的西
部邊陲，很多學者甚至認爲它就是戎狄的一支。在春秋戰國時期，也還僅是
一個諸侯國。一個發展程度在山東諸國看來不是很高，或者說和東方諸國相
比還是比較「落後」的一個諸侯國怎樣「續六世之餘烈，振長策而御宇內」，
統一全國的，一個強大的秦國何以瞬間就又消亡了，「以暴虐爲天下始」的。

嬴秦在統一之後所實施的政策和統治模式居然沿用了兩千年，後人居然
稱頌秦始皇爲「千古一帝」〔註1〕。內在的秘訣一直爲後人們所津津樂道。

（二）禮俗史研究的意義

傳統中國研究中，「社會和國家」的關係研究是二十世紀九十年代隨著中

〔註 1〕 黃汝成集釋：《〈日知錄〉集釋》卷十八，嶽麓書社 1994 年版。

國市民社會的研究被引進的，這是一個典型的西方式的問題。

　　這類概念和方法中，往往含有西方政治現代化過程中的具有普適性的一種假設：在古代中國也是存在著與之相適應的，或者可以進行對比的歷史現象。但是在古代中國，這種和政治國家對立面的「社會」究竟在哪裏，因為史籍中史料的缺失，學術界對此一直不甚瞭解，或者說，一直沒有被重視。再加上傳統中國社會中，作為基本組織的血緣關係的存在，國家就是一個依靠著血緣關係維繫的擴大了的家庭。其中，近代西方民主政治中，處於「家」和「國」之間的公民社會似乎在古代中國一直沒有被發現，有人甚至因此認為古代中國是一個沒有「社會」的國家〔註2〕。

　　關於國家形成問題上有一種學說叫社會契約理論。他們認為在國家形成以前，人類社會是處於自然狀態中的，這種自然狀態的最大的特徵就是有社會而無國家，其中，人人平等、獨立自由，或者還有某些缺陷，只是後來人們為了保護自身的生命、財產、權力，就開始通過協議，自願出讓部份自然權力，組成國家。這一國家形成假說的理論形成於十六世紀，代表人物有盧梭、霍布斯、洛克等〔註3〕。

　　在古代中國，有學者認為春秋戰國時期的諸子百家關於國家和政治起源的學說就證明了這個時代正是處於這種「自然狀態」的時代。〔註4〕

　　而嬴秦社會中的禮俗，尤其是大批反映嬴秦社會中中下層人們生活方式的秦簡《日書》等的出現，就為我們提供了在這個時代以前，人們可能就是處在這樣一種自然的狀態之中的證據。

　　作為社會習俗和文化現象的禮俗，是已經滲透到該民族的哲學、藝術以及各種禮儀制度、生活方式之中了，有時候儘管作為該民族標誌的國家或者政權已經消失了，只要該民族還有一絲血脈的存在，它的禮俗就有可能繼續延伸下去。

　　正是這個原因，世界上許多的有識之士一直重視對禮俗的研究和總結。我國自秦亡以後也開始把禮俗從一種社會認同的倫理現象提高到國家認可的制度現象，把禮俗看成是國家興亡盛衰的決定因素。樓鑰論「風俗紀綱」，謂：

〔註2〕　錢穆、梁漱溟、王家範都有類似的看法。
〔註3〕　參考劉祐成著：《社會分工論》，浙江人民出版社 1985 年版。
〔註4〕　牟發松：《傳統中國的「社會」在哪裏》，載《社會與國家關係視野下的漢唐歷史變遷》，華東師範大學出版社 2006 年版。

「國家元氣，全在風俗；風俗之本，實係紀綱。」〔註5〕

但是，從歷史研究的角度來說，禮俗，乃至風俗史的研究，仍然是處於比較薄弱的狀態。歷代史書中對此的記載就嚴重缺失，對這個長於「民間」的禮俗不屑一顧，也只有少數史家，如司馬遷的《史記‧貨殖列傳》中還保有一點禮俗的影蹤，史料的闕如導致了研究的不深入。

（三）贏秦禮俗的研究將為贏秦歷史的研究提供新的視角，有助於贏秦其他方面問題的深入研究。

自從秦始皇兵馬俑發現以來，尤其是以睡虎地雲夢秦簡為代表的一批秦簡出土釋讀以來，學術界就此對贏秦文獻和考古材料結合研究贏秦社會的政治、經濟、文化，尤其是社會生活等等，認為贏秦已經華夏化了，但是贏秦的社會中仍然保有自身獨特的生活習慣、生產特點和文化因素，在贏秦社會中仍然有很多非華夏的因素，在其中去揭示贏秦社會中的非華夏化的因素，看看他是怎樣一步步接受、吸收華夏文化的，這無疑是贏秦歷史研究的一個重要的課題。

贏秦禮俗的研究還能為贏秦歷史的研究提供新的視角，可以推動贏秦歷史其他方面的研究。禮俗的形成是該民族在歷史上長期積澱下來的，一定會有該民族在發展過程中的印記，具有一定的延續性和繼承性，不是一蹴而就的，也不是一朝一夕就能改變的。贏秦禮俗是贏秦人在自身特有地理環境、農牧並存的生產方式、在和周圍其他民族交往並逐步吸收周圍民族的禮俗過程的綜合反映，對贏秦興亡產生了極大的影響。因此研究贏秦禮俗一定會對贏秦的民族、經濟、政治等方面的研究起到促進的作用。

第二節 研究綜述

一、對贏秦史研究歷程的追溯

（一）歷代對贏秦的探究

實際上對於秦國的政治和禮俗，和秦國同時代的人們就已經開始關注了，比如《荀子》的《強國》和《議兵》等篇中都有記述；而對贏秦史的研

〔註5〕 宋樓鑰撰：《攻愧（媿）集》卷二十五「奏議」，四部叢刊影印清乾隆武英殿聚珍版從書本，上海商務印書館 1912～1949 年版。

究自秦亡以後、剛從秦朝過來的漢人就已經對此進行了大量的探索和研究，以陸賈的《新語》、賈誼的《過秦論》和司馬遷的《史記》爲代表。

兩漢之際，人們在對嬴秦的政治進行較長時期的研究和認識之後，開始認識到除了嬴秦的政治之外，禮俗和政治的興衰方面也有著很密切的關係，認識到禮俗還有教化功能，能爲當時的政治服務，爲此出現了一大批著作，其中最典型的代表作就是《漢書·地理志》、《淮南子》、《風俗通義》等。

唐初時，在討論是否恢復分封制的時候，尚書僕射肖瑀就嬴秦的問題拿出來討論一番，說：「臣觀前代。國祚所以長久者。莫不封建諸侯。以爲磐石之固。秦並六國。罷侯置守。二世而亡。漢有天下。眾建藩屏。年踰四百。」〔註6〕

安史之亂後，柳宗元就此著《封建論》：「秦破六國，列都會，置守宰，據天下之圖，攝制四海，此其得也。二世而亡，有由矣。暴威刑，竭人力，天下相合，劫令殺守，圜視而並起，時則有叛民，無叛吏。」〔註7〕「秦革之者，其爲制，公之大者也；其情，私也。然而公天下端自秦始。」〔註8〕

明代，李贄則說：「始皇出世，李斯相之，天崩地坼，掀翻一個世界。」〔註9〕「始皇帝自是千古一帝也。」〔註10〕

清初，王夫之云：「郡縣之制，垂兩千年而弗能改矣，合古今上下皆安之，勢之所趨，豈非禮而能然哉。」〔註11〕

（二）二十世紀上半葉對嬴秦的研究

自漢至清，人們對秦的研究，還大多限於「暴秦」的研究上，主要是試圖吸取其中的經驗教訓。眞正對嬴秦歷史進行學術上的研究應該起自二十世紀一代學術大師王國維，他對於嬴秦都邑的考證和秦公簋銘文的考釋〔註12〕，把嬴秦史和嬴秦文化的研究納入學術的視野，解開了現代意義上的對於嬴秦歷史文化的研究。

〔註6〕王溥：《唐會要》卷四十六，中華書局 1955 年版。
〔註7〕歐陽修、宋祁：《新唐書·宗室列傳》，中華書局 1975 年版。
〔註8〕歐陽修、宋祁：《新唐書·宗室列傳》，中華書局 1975 年版。
〔註9〕李贄：《史綱評要·後秦記》，中華書局 1974 年版。
〔註10〕李贄：《藏書世紀·列傳總目》，明天啓元年刻本。
〔註11〕王夫之：《讀通鑒論》卷一，中華書局 1975 年版。
〔註12〕王國維：《秦都邑考》，《觀堂集林》卷十二，中華書局 1959 年版。

在嬴秦學術史研究的起始階段，除了王國維外，還有蒙文通﹝註 13﹞、衛聚賢﹝註 14﹞、黃文弼等人。當時的陳秀雲在《秦族考》（發表在《文理學報》，1946 年）一文中，首先提出了「秦文化」的概念，認為秦文化是中原文化的一系，是承襲了夏商周文化而來的「中原本位」文化，從此也就給嬴秦的歷史和文化基本定調了。當然，這一學術結論多多少少還是有點和當時的政治因素有點關係。

這一時期還有對嬴秦郡縣關注，主要有劉師培的《秦四十郡考》﹝註 15﹞、朱偰《秦三十六郡考》﹝註 16﹞、錢穆《秦三十六郡考》﹝註 17﹞和《秦三十六郡考補》﹝註 18﹞、史念海《秦縣考》﹝註 19﹞、李聘之《秦三十六郡彙考》﹝註 20﹞、譚其驤《秦郡界址考》﹝註 21﹞、《秦郡新考》﹝註 22﹞、曾昭璿《秦郡考》﹝註 23﹞等。

對嬴秦職官研究的有作民《秦代官制考》﹝註 24﹞、丹秋《秦客卿考》﹝註 25﹞、馬非百《秦之丞相制度及其人物—秦史研究未定稿之一》﹝註 26﹞、施之勉《秦博士掌通古今說》﹝註 27﹞、《秦博士職掌考》﹝註 28﹞、《秦官多同六國考》﹝註 29﹞、嚴耕望《秦宰相表》﹝註 30﹞、薩孟武《秦的官僚政治及其文官

﹝註 13﹞ 蒙文通：《秦為戎族考》，《禹貢》第六卷第七期，1936 年。

﹝註 14﹞ 衛聚賢：《趙秦楚民族的來源》，載《古史研究》第三集，上海商務印書館 1934 年版。

﹝註 15﹞ 劉師培：《秦四十郡考》，《國粹學報》1908 年第 12 期。

﹝註 16﹞ 朱偰：《秦三十六郡考》，《北大國學週刊》1926 年第 19 期。

﹝註 17﹞ 錢穆：《秦三十六郡考》，《清華週刊》1932 年第 9、10 期。

﹝註 18﹞ 錢穆：《秦三十六郡考補》，《禹貢》1937 年第 6、7 期。

﹝註 19﹞ 史念海：《秦縣考》，《禹貢》1937 年第 6、7 期。

﹝註 20﹞ 李聘之：《秦三十六郡彙考》，《再建旬刊》1940 年第 6 期。

﹝註 21﹞ 譚其驤：《秦郡界址考》，《真理雜誌》1944 年第 2 期。

﹝註 22﹞ 譚其驤：《秦郡新考》，《浙江學報》1948 年第 1 期。

﹝註 23﹞ 曾昭璿：《秦郡考》，《嶺南學報》1947 年第 2 期。

﹝註 24﹞ 作民：《秦代官制考》，《清華週刊》1932 年第 12 期。

﹝註 25﹞ 丹秋：《秦客卿考》，《文化建設》1937 年第 9 期。

﹝註 26﹞ 馬非百：《秦之丞相制度及其人物——秦史研究未定稿之一》，《力行》1941 年第 6 期。

﹝註 27﹞ 施之勉：《秦博士掌通古今說》，《責善半月刊》，1942 年第 22 期。

﹝註 28﹞ 施之勉：《秦博士職掌考》，《東方雜誌》，1944 年第 3 期。

﹝註 29﹞ 施之勉：《秦官多同六國考》，《東方雜誌》1944 年第 12 期。

﹝註 30﹞ 嚴耕望：《秦宰相表》，《責善半月刊》，1942 年第 23 期。

制度》〔註31〕、張震澤《秦丞相考》〔註32〕等。

除了專門對嬴秦歷史進行研究外，當時其他的專著中也有涉及嬴秦歷史和文化的，主要有章嶔的《秦史通徵》（天行草堂主人遺稿從刊本，1935 年）、呂思勉的《先秦史》（開明書局，1941 年）、馬元才的《秦史綱要》（重慶大道出版社，1945 年）、翦伯贊的《中國史綱》（第二卷）（上海大孚出版公司，1947 年）、黃灼耀的《秦史概論》（廣東文理學院歷史系刊印，1947 年）等。

這一時期還開始對嬴秦的遺存遺物進行了研究，主要有王國維、商承祚、郭沫若等人對以秦公簋爲代表的嬴秦青銅器上文字的考釋，馮國瑞的《天水出土秦器彙考》（隴南叢書編印社，1944 年），還有就是三十年代蘇秉琦開創性地在寶雞鬥雞臺主持嬴秦墓葬的發掘工作，提出了嬴秦人屈肢葬的概念〔註33〕。

（三）1949 年以來對嬴秦史的研究

1949 年以後，由於在「文化大革命」時期，當時的大環境使得學術界的主要精力集中在政治史、經濟史等領域內，有關嬴秦的學術討論也主要是集中在儒法鬥爭中，嬴秦作爲法家的主要代表，受到當時包括學術界在內的社會各界的關注〔註34〕，研究的手段、方法也是簡單的貼標籤式的，而真正關注嬴秦學術的，除了范文瀾的《中國通史》這樣通論性的著作外，幾乎是很少涉及。

1975 年雲夢秦簡和 1974 年秦陵兵馬俑等有關嬴秦遺址的發現，再加上「文化大革命」後科學春天的到來，學術環境和氛圍的轉變，1986 年秦俑學會、1990 年秦文化研究會相繼成立，在研究手段上也有了新的突破，主要是用考古學發現的新的材料，來訂正文獻資料的缺失。另外就是用近代的科學方法，特別是用歷史唯物主義研究嬴秦歷史，帶動了嬴秦歷史和文化的研究，也出現了一大批有關嬴秦歷史和文化的科研成果，其中有研究秦史史料的馬非百

〔註31〕 薩孟武：《秦的官僚政治及其文官制度》，《新政治》1943 年第 1 期。
〔註32〕 張震澤：《秦丞相考》，《說文月刊》1944 年第 1、2 期。
〔註33〕 蘇秉琦：《陝西寶雞縣鬥雞臺發掘所得瓦鬲的研究》，載《蘇秉琦考古學論述選集》，文物出版社 1984 年版。
〔註34〕 羅思鼎：《秦王朝建立過程中復辟與反復辟的鬥爭——兼論儒法論爭的社會基礎》，《紅旗》1973 年第 11 期。
　　　　羅思鼎：《論秦漢之際的階級鬥爭》，《紅旗》1974 年第 8 期。
　　　　梁效：《趙高篡權與秦朝的滅亡》，《人民日報》1974 年 9 月 8 日。

《秦集史》（中華書局，1982 年）、王雲度《秦史編年》，系統研究秦史的林劍鳴的《秦史稿》（上海人民出版社，1981 年），首次科學地構築了嬴秦歷史文化研究的完整體系。

除此之外，對秦俑開始了研究，主要有《秦俑博物館論文選》（西北大學出版社，1989 年），《秦俑研究文集》（陝西人民美術出版社，1990 年），《秦俑秦文化研究》（陝西人民出版社，2000 年），袁仲一的《秦始皇陵兵馬俑研究》（文物出版社，1990 年），《秦俑秦文化》叢書（陝西人民教育出版社，1993 年），其中有《秦文字類編》、《秦史人物論》、《秦建築文化》、《秦政治思想述略》等。

另外，自 1993 年始，陝西秦始皇兵馬俑博物館在收羅了全國秦文化研究的基礎上，幾乎是每年出版一輯《秦文化論叢》，內容涉及嬴秦的思想、學術、科技、藝術、民族、民俗、宗教、軍事文化、制度文化、人物、考古、名物考釋、等等各個方面，每一輯後還列舉了當年全國在秦文化研究方面的論文、著作目錄，可以作為當今秦文化研究的最全面的資料彙編和索引。

雲夢秦簡的研究，主要有中華書局編輯的《雲夢秦簡研究》（中華書局，1981 年版）、高敏《雲夢秦簡初探》（河南人民出版社，1978 年版），饒宗頤《雲夢秦簡〈日書〉研究》（香港中文大學出版社，1982 年），還有一大批的論文。

這一時期還出現了一大批研究嬴秦問題的論文，他們中的代表有林劍鳴的《秦人早期歷史探索》（《西北大學學報》1978 年第 1 期）、熊鐵基的《秦人早期歷史的兩個問題》（《社會科學戰線》1980 年第 2 期）、黃灼耀的《論秦文化的淵源及其發展途徑》（《華南師範大學學報》1981 年第 3 期）、伍仕謙的《讀史記札記》（《四川大學學報》1981 年第 2 期）、何漢文的《嬴秦人起源於東方和西遷情況初探》（《求索》1981 年第 4 期）、段連勤《關於夷族的西遷和秦嬴的起源地、族屬問題》（《人文雜誌》1982 年增刊）、高福洪《秦人族源芻議》（《內蒙古師院學報》1982 年第 3 期）、劉慶柱《試論秦之淵源》（《人文雜誌》1982 年增刊）、何光岳《秦趙淵源史》（江西教育出版社，1994 年）、韓偉《關於秦人族屬及文化淵源管見》（《文物》1986 年第 4 期）、嚴賓《秦人發祥地芻論》（《河北學刊》1987 年第 6 期）、趙化成《尋找秦文化淵源的新線索》（《文博》1987 年第 1 期）、李江浙《秦人起源范縣說》（《民族研究》1988 年第 4 期）等。

　　二十世紀九十年代以來，嬴秦歷史和文化的研究進入了新階段，表現在：

　　一，考古學的全面介入。自從雲夢秦簡和秦陵兵馬俑發掘之後，一大批有關嬴秦的遺址和文物在這一時期不斷出土，主要有陝西的秦公大墓〔註35〕、邊家莊〔註36〕、塔兒坡〔註37〕；甘肅甘谷毛家坪和天水董家坪遺址〔註38〕、放馬灘秦墓〔註39〕、清水縣劉坪遺址〔註40〕、張家川馬家原遺址〔註41〕等；西漢水上游禮縣大堡子山秦公陵園遺址〔註42〕、圓頂上貴族墓地〔註43〕、西山鸞頂山遺址〔註44〕等。其中有的資料足以改寫嬴秦歷史，比如里耶秦簡。這些考古遺址的發掘，考古材料的運用，對文獻記載奇缺的嬴秦史研究提供了更好的條件。

　　二，高質量學術成果的問世。由於有了考古新材料的介入，結合了文獻材料，使得嬴秦研究不斷深入，出版了一大批的專著和論文。其中最著名的就有楊東晨的《秦人秘史》（陝西人民教育出版社，1991 年）、王學理、尚志儒、呼林貴的《秦物質文化史》（三秦出版社，1994 年）、樊志民《秦農業歷史研究》（三秦出版社，1997 年）、徐衛民《秦都城研究》（陝西人民教育出版社，2000 年）、陳平《關隴文化與嬴秦文明》（江蘇教育出版社，2005 年）、王學理、梁雲《秦文化》（文物出版社，2001 年）、滕銘予《秦文化：從封國到帝國的考古學觀察》（學苑出版社，2002 年）、王蘧常《秦史》（上海古籍出

〔註35〕韓偉、焦南峰：《秦都雍城考古發掘研究綜述》，《考古與文物》1988 年第 5、6 期合刊。

〔註36〕尹盛平、張天恩：《陝西隴縣邊家莊一號春秋墓》，《考古與文物》1986 年第 6 期。

〔註37〕咸陽市文物考古研究所：《塔兒坡秦墓》，三秦出版社 1998 年版。

〔註38〕甘肅文物工作隊、北京大學考古學系：《甘肅甘谷毛家坪遺址發掘報告》，《考古學報》1987 年第 3 期。

〔註39〕甘肅省文物考古研究所、天水市北道區文化館：《甘肅天水放馬灘戰國秦漢墓群的發掘》，《文物》1989 年第 2 期。

〔註40〕李曉青、南寶生：《甘肅清水縣劉坪近年發現的北方系青銅器及金飾片》，《文物》2003 年第 7 期。

〔註41〕甘肅省文物考古研究所、張家川回族自治縣博物館：《2006 年甘肅張家川回族自治縣馬家原戰國墓地發掘簡報》，《文物》

〔註42〕早秦秦文化聯合考古隊：《2006 年甘肅禮縣大堡子山祭祀遺址發掘簡報》，《文物》2008 年第 11 期。

〔註43〕甘肅省文物考古研究所、禮縣博物館：《甘肅禮縣圓頂上 98LDM2、2000LDM4 春秋秦墓》，《文物》2005 年第 21 期。

〔註44〕甘肅省文物考古研究所等：《西漢水上游考古調查報告》，文物出版社 2007 年版。

版社，2000 年）等。

三，成立了專門的嬴秦歷史和文化的科研機構。1990 年在西安成立了「秦文化研究會」，把有關嬴秦歷史、文化、藝術、文博考古的研究人員團結在一起，連續出版了《秦文化論叢》《秦陵秦俑研究動態》等，陝西成了嬴秦研究最大的基地。

四，研究向縱深方向發展，新見迭出。科研手段多樣化，科研平臺眾多，不僅僅是出版的論文專著眾多，新的觀點見解也是層出不窮。

二、嬴秦歷史文化禮俗研究的主要收穫

（一）嬴秦歷史研究的基礎資料性建設成果

從自西漢開始，歷代對嬴秦歷史資料的保存和整理都作了很多工作，其中最著名的就是司馬遷的《史記》，它是對嬴秦社會和歷史的一個總結，從《史記》裏很多的章節，可以看出司馬遷或許是看到當年還保存著的《秦記》的，因此它也是一部非常全面和系統的嬴秦歷史。

光緒三十年（1904 年）孫楷撰成《秦會要》〔註45〕、徐復的《秦會要訂補》〔註46〕、馬非百的《秦集史》（中華書局，1982 年）、《秦史綱要》（重慶大道出版社，1945 年），這些有關嬴秦的文獻資料補充了正史中沒有秦史的缺憾，一直作為研究秦史的重要內容。

考古學資料有《秦都咸陽故城遺址的調查和試掘》（陝西省社會科學院考古研究所渭水工作隊，《考古》1962 年第六期）、《秦始皇陵調查簡報》（陝西省文物管理委員會，《考古》1962 年第八期）、《秦都雍城遺址勘查》（陝西省社會科學院考古研究所鳳翔工作隊，《考古》1963 年第八期）、《秦都雍都遺址勘查》（陝西省社會科學院考古研究所鳳翔工作隊，《考古》1963 年第八期）、《陝西寶雞陽平鎮秦家溝村秦墓發掘記》（陝西省文物管理委員會，《考古》1965 年第七期）、《秦都櫟陽遺址初步勘探記》（陝西省文物管理委員會，《文物》1966 年第一期）、《秦都咸陽故城遺址發現的窯址和銅器》（陝西省博物館、文管會勘察小組，《考古》1974 年第一期）、《陝西戶縣宋村春秋秦墓發掘簡報》（陝西省文管會秦墓發掘組，《文物》1975 年第十期）、《臨潼縣秦俑坑試掘第一號簡報》（始皇陵秦俑坑考古發掘隊，《文物》1975 年第十一期）、《鳳翔先

〔註45〕2004 年上海古籍出版社出版了楊善群的校補本。
〔註46〕1955 年首次有上海群聯出版社出版，1959 年中華書局出版了修訂版。

秦宮殿試掘及其銅質建築構件》（鳳翔文化館，《考古》1976 年第二期）、《湖北雲夢睡虎地十一座秦墓發掘簡報》（孝感地區第二期亦工亦農文物考古訓練班，《文物》1976 年第六期）、《湖北雲夢睡虎地十一座秦墓發掘簡報》（湖北孝感地區第二期亦工亦農文物考古訓練班，《文物》1976 年第九期）、《秦都咸陽第一號宮殿建築遺址發掘簡報》（秦都咸陽考古工作隊，《文物》1976 年第十一期）、《陝西鳳翔春秋秦國凌陰遺址發掘簡報》（陝西省社會科學院考古研究所雍城考古隊，《文物》1978 年第三期）、《秦始皇陵東側第二號兵馬俑坑鑽探試掘簡報》（始皇陵秦俑坑考古發掘隊，《文物》1978 年第五期）、《陝西寶雞縣太公廟村發現秦公鍾、秦公鎛》（寶雞市博物館、寶雞市文物館，《文物》1978 年第十一期）、《寶雞市渭濱區姜城堡東周墓》（王光永，《考古》1979 年第六期）、《秦始皇陵東側第三號兵馬俑坑清理簡報》（秦俑坑考古隊，《文物》1979 年第十二期）、《秦始皇陵北二、三、四號建築遺蹟》（臨潼縣博物館，《文物》1979 年第十二期）、《秦都咸陽第三號宮殿建築群遺址發掘簡報》（咸陽市文管會，《考古與文物》1980 年第二期）、《臨潼上焦村秦墓清理簡報》（秦俑考古隊，《考古與文物》1980 年第二期）、《陝西鳳翔八旗屯秦國墓葬發掘簡報》（陝西省社會科學院考古研究所雍城考古隊，《文物資料叢刊》1980 年第三期）、《陝西鳳翔八旗屯秦國墓葬發掘簡報》（陝西省雍城考古工作隊，《文物資料叢刊》1980 年第三期）、《秦始皇陵東側馬廄坑鑽探清理簡報》（秦俑坑考古隊，《考古與文物》1980 年第四期）、《河南泌縣秦墓》（駐馬店地區文管會、泌陽縣文教局，《文物》1980 年第九期）、《鳳翔縣高莊戰國秦墓發掘簡報》（陝西省社會科學院考古研究所雍城考古隊，《文物》1980 年第九期）、《寶雞縣西高泉村春秋秦墓發掘記》（寶雞市博物館、寶雞縣圖博館，《文物》1980 年第九期）、《陝西寶雞鳳閣嶺公社出土一批清代文物》（王紅武、吳大焱，《文物》1980 年第九期）、《陝西鳳翔高莊秦墓發掘簡報》（陝西省社會科學院考古研究所雍城考古隊，《考古與文物》1981 年第一期）、《湖北雲夢睡虎地秦漢墓發掘簡報》（雲夢縣文物工作組，《考古》1981 年第一期）、《四川榮經古城坪秦漢墓葬》（榮經古墓發掘小組，《文物資料叢刊》1981 年第四期）、《秦始皇陵園陪葬坑鑽探清理簡報》（秦俑坑考古隊，《考古與文物》1982 年第一期）、《秦始皇陵西側趙背戶村秦刑徒墓》（始皇陵秦俑考古發掘隊，《文物》1982 年第三期）、《咸陽市黃家溝戰國墓發掘簡報》（秦都咸陽考古隊，《考古與文物》1982 年第六期）、《鳳翔秦公陵園鑽探與試掘簡報》（陝西省社會科學院考古研

究所雍城考古隊，《文物》1983 年第七期）、《秦始皇陵二號銅車馬坑清理簡報》（秦俑考古隊，《文物》1983 年第七期）、《陝西長武上孟村秦國墓葬發掘簡報》（陝西省考古研究所，《考古與文物》1984 年第三期）、《鳳翔馬家莊一號建築群遺址發掘簡報》（陝西省社會科學院考古研究所雍城考古隊，《文物》1985 年第二期）、《咸陽長陵車站一帶考古調查》（咸陽秦都考古工作隊，《考古與文物》1985 年第三期）、《秦都雍城鑽探試掘簡報》（陝西省社會科學院考古研究所雍城考古隊，《考古與文物》1985 年第二期）、《陝西鳳翔西村戰國秦墓發掘簡報》（陝西省社會科學院考古研究所雍城考古隊，《考古與文物》1986 年第一期）、《鳳翔馬家莊一號建築群遺址發掘簡報補正》（陝西省社會科學院考古研究所雍城考古隊，《文博》1986 年第一期）、《陝西省銅川棗廟秦墓發掘簡報》（陝西省考古研究所，《考古與文物》1986 年第二期）、《秦都咸陽古窯址調查與試掘簡報》（秦都咸陽考古工作站，《考古與文物》1986 年第三期）、《秦咸陽宮第二號建築遺址發掘簡報》（秦都咸陽考古工作隊，《考古與文物》1986 年第四期）、《寶雞李家崖秦國墓葬清理簡報》（何欣雲，《文博》1986 年第四期）、《陝西鳳翔八旗屯西溝道秦墓發掘簡報》（陝西省社會科學院考古研究所雍城考古隊，《文博》1986 年第三期）、《一九八一年鳳翔八旗屯秦墓發掘簡報》（陝西省社會科學院考古研究所雍城考古隊，《考古與文物》1986 年第五期）、《咸陽任家嘴殉人秦墓清理簡報》（咸陽市博物館，《考古與文物》1986 年第六期）、《陝西隴縣邊家莊一號春秋秦墓》（尹盛平、張天恩，《考古與文物》1986 年第六期）、《銅川市王家河墓地發掘簡報》（陝西省考古研究所、北京大學考古實習隊，《考古與文物》1987 年第二期）、《甘肅甘谷毛家坪遺址發掘報告》（甘肅省文化工作隊、北京大學考古學系，《考古學報》1987 年第三期）、《鳳翔秦公陵園第二次鑽探簡報》（陝西省社會科學院考古研究所雍城考古隊，《文物》1987 年第五期）、《秦始皇陵西側「驪山飤宮」建築遺址清理簡報》（秦始皇陵考古隊，《文博》1987 年第六期）、《寶雞縣甘峪發現一座春秋早期墓葬》（高次若等，《文博》1988 年第四期）、《陝西隴縣邊家莊五號春秋慕發掘簡報》（陝西省考古研究所寶雞工作站、寶雞市考古工作隊，《文物》1988 年第十一期）、《陝西戶縣南關春秋秦墓清理記》（曹發展，《文博》1989 年第二期）、《陝西隴縣邊家莊出土春秋銅器》（肖琦，《文博》1989 年第三期）、《鳳翔鄧家崖秦墓發掘簡報》（陝西省社會科學院考古研究所雍城工作站，《考古與文物》1991 年第二期）、《甘肅秦安上袁家秦漢墓葬發掘》（甘肅省文物考古

研究所，《考古學報》1997年第一期）、《隴縣店子秦墓》（陝西省考古研究所，三秦出版社1998年版）、《里耶發掘報告》（嶽麓書社，2007年）。

出土的文獻資料有《睡虎地秦墓竹簡》（文物出版社，1978年）、《青川縣出土秦更修田律木牘》（四川省博物館、青川縣文化館，《文物》1982年第一期）、吳小強的《秦簡日書集釋》（嶽麓書社，2000年）、王輝《秦銅器銘文編年集釋》（三秦出版社，1990年）、《關沮秦漢墓簡牘》（中華書局，2001年）、《龍崗秦簡》（中華書局，2001年），《嶽麓書院藏秦簡（壹）》（上海辭書出版社，2010年。2011年又出版了第貳卷），我們也更加期待里耶秦簡的釋讀和發表。

天水放馬灘秦簡、江陵王家臺秦簡、青川郝家坪秦簡、雲夢睡虎地秦牘、江陵岳山秦簡、江陵楊家山秦簡、沙市周家臺秦簡。

（二）嬴秦史研究──嬴秦族來源的探討

對嬴秦史的研究，首先遇到的就是嬴秦族的來源問題。對於現在史料上所見的嬴秦族所居的甘青地區，在早於嬴秦族就存在了馬家窯文化，學術界對此已經有了西來說、東來說和本土說。〔註47〕對於嬴秦族源，同樣有這三種不同的見解。首先提出嬴秦文化「西來說」的是王國維。他認為：「秦之祖先，起於戎狄。當殷之末，有中潏者，已居西垂。大駱非子以後，始有世系可紀，事蹟也較有據。」〔註48〕，之後經過蒙文通〔註49〕等人的鼓吹，始形成嬴秦之「西來說」，後來的周谷城〔註50〕、呂振羽〔註51〕都持此說。此後的新一代學者中也有很多是持此說的，有俞偉超〔註52〕、葉小燕〔註53〕、熊鐵基〔註54〕、劉慶柱〔註55〕等。他們認為嬴秦的祖先是起源於甘肅青海地區的

〔註47〕 詳見鄧建富：《試以文化變遷理論評馬家窯文化的起源、發展說》，《中原文物》1995年第3期。
〔註48〕 王國維：《觀堂集林》卷十二《秦都邑考》，烏程蔣氏1921年。
〔註49〕 蒙文通：《秦為戎族考》，《禹貢》1936年第6卷第7期；《秦之社會》，《史學季刊》1940年第1卷第1期。
〔註50〕 周谷城：《中國通史》，上海人民出版社1957年版。
〔註51〕 呂振羽：《中國原始社會史》，耕耘出版社1946年版。
〔註52〕 俞偉超：《古代「西戎」和「羌」、「胡」文化歸屬問題的探討》，《青海考古學會會刊》1980年第1期。
〔註53〕 葉小燕：《秦墓初探》，《考古》1982年第1期。
〔註54〕 熊鐵基：《秦人早期歷史的兩個問題》，《社會科學戰線》1980年第2期。
〔註55〕 劉慶柱：《試論秦之淵源》，《先秦史論文集》，《人文雜誌》增刊1982年。

戎狄。

首先提出贏秦文化「東來說」者是衛聚賢〔註56〕。他主要依據《史記》，認爲贏秦和東夷之贏族是相同之族源，是東夷的一個分支，之後才向西遷徙的。持此說的老一代學者還有顧頡剛〔註57〕、傅斯年〔註58〕、徐旭生〔註59〕、童書業〔註60〕、郭沫若〔註61〕。此後的年輕一代的代表人物有鄒衡〔註62〕、林劍鳴〔註63〕、段連勤〔註64〕、王玉哲〔註65〕、黃灼耀〔註66〕、韓偉〔註67〕、尙志儒〔註68〕等人。他們認爲，贏秦民族是山東東夷集團的一支，後來才西遷到甘青一帶的。

由此衍生出來的問題還有：贏秦的祖先、「贏」之釋義、贏秦西遷路線和次數、西垂的地望、秦趙之關係等等。

另外楊寬在《古史新探》（中華書局，1965 年）、《戰國史》（上海人民出版社，1980 年）、《楊寬古史論文選集》（上海人民出版社，2003 年），祝中熹在《早期秦史》（敦煌文藝出版社，2004 年）對贏秦歷史也多有闡述。

（三）贏秦文化和文明史研究

統一戰爭之後，官員王綰與李斯上書，對始皇一通歌功頌德，說：「平定天下，海內爲郡縣，法令由一統，自上古以來未嘗有，五帝所不及」〔註69〕。

〔註56〕衛聚賢：《中國民族的來源》，《古史研究》（第三集），上海商務印書館 1934 年版。
〔註57〕顧頡剛：《從古籍中探索我國的西部民族——羌族》，《社會科學戰線》1980 年第 1 期；《周公東征和東方各族的遷徙》，《文史》第 27 輯。
〔註58〕傅斯年：《夷夏東西說》，《紀念蔡元培先生六十五歲紀念論文集》，中央研究院史語所集刊外編第一種。
〔註59〕徐旭生：《中國古史的傳說時代》，文物出版社 1985 年版。
〔註60〕童書業：《春秋史》，開明書店 1936 年版。
〔註61〕郭沫若：《中國史稿》（第一冊），人民出版社 1976 年版。
〔註62〕鄒衡：《論先周文化》，載《夏商周考古學論文集》，文物出版社 1980 年版。
〔註63〕林劍鳴：《秦史稿》，上海人民出版社 1981 年版。
〔註64〕段連勤：《關於夷族的西遷和贏秦的起源地、族屬問題》，《先秦史論文集》《人文雜誌》1982 年特刊。
〔註65〕王玉哲：《秦人的族源及遷徙路線》，《歷史研究》1991 年第 3 期。
〔註66〕黃灼耀：《論秦文化的淵源及其發展途徑》，《華南師院學報》1981 年第 3 期。
〔註67〕韓偉：《關於「秦文化是西戎文化」質疑——兼談秦文化族屬》，《青海考古學會會刊》1981 年第 2 期；《關於秦人族屬及文化淵源管見》，《文物》1986 年第 4 期。
〔註68〕尚志儒：《早期贏秦西遷史蹟的考察》，《中國史研究》1990 年第 1 期。
〔註69〕司馬遷：《史記‧秦始皇本紀》，中華書局 1959 年版。

這些稱頌也許是虛辭套語，但的確也是對嬴秦的一種看法，說的是嬴秦之統一和當年商周之統一是不一樣的，我們後人認為的往往都是一種統一，至於都是統一，留下來的是秦政，而非周禮，往往顧及很少。對於大臣們的恭維也好，評價也罷，始皇對此倒是深感得意，他在琅邪石刻中就有：「六合之內，皇帝之土」、「人跡所至，無不臣者」。

始皇採取了一系列的措施鞏固統一的新國家。如：「除謚法，朕為始皇帝。後世以計數，二世三世至於萬世，傳之無窮。」

漢高祖劉邦針對秦亡的教訓，曾命陸賈：「試為我著秦所以失天下，吾所以得之者何，及古成敗之國」，「陸生乃粗述存亡之征，凡著十二篇」「號其書曰『新語』」。〔註70〕開始對嬴秦的成敗得失進行總結了。

針對劉邦對儒家文獻的輕侮態度，陸賈批評說：「湯武逆取而以順守之，文武並用，長久之術也。昔者吳王夫差智伯極武而亡；秦任刑法不變，卒滅趙氏。鄉使秦已併天下，行仁義，法先聖，陛下安得而有之？」〔註71〕陸賈的這種認識，集中表現在《新語》十二篇中。

班固《漢書·高帝紀》中還將陸賈的《新語》與蕭何的「律令」、韓信的「軍法」、張蒼的「章程」、叔孫通的「禮儀」並列。後四種都屬於制度規章，只有《新語》是思想理論著作，可見，漢代社會對嬴秦社會總結還是很重視的。

秦亡後，賈誼寫了《過秦論》用了「續六世之餘烈，振長策而御宇內」這樣讚揚的文字，但全文更多的是指斥嬴秦，「以暴虐為天下始」，這也是對嬴秦的一種思考，也奠定了此後兩千多年對嬴秦的評價。至此以後，一般都認為，宗周都是以禮樂行世，是王道的代表，嬴秦則是嚴刑峻法、霸道的典型，「暴秦」之名自此開始延續。

以後的時代雖然沒有再像漢初那樣的評價嬴秦了，但每當政治需要時，還總是會拿出嬴秦，來進行一番評說的。有的學者從文化史的角度來探討秦亡的原因，認為秦的文化的特點是「具有軍事性質」的文化，「與法家思想結合後的秦文化，儘管是一種結構失衡、畸形發展的文化，但對當時用武力統一天下卻是『可以行一時之計』的」。

歷史上是秦，而不是其他諸侯國完成了統一大業，在社會實踐中，又「不

〔註70〕司馬遷：《史記·酈生陸賈列傳》，中華書局 1959 年版。
〔註71〕司馬遷：《史記·酈生陸賈列傳》，中華書局 1959 年版。

可長用」，秦王朝的速亡亦是明證。〔註72〕

文獻的研究有顧頡剛《秦漢的方士與儒生》（上海人民出版社，1978 年），楊希枚《先秦文化史論集》（中國社會科學出版社，1995 年），《周秦文化研究》（陝西人民出版社，1998 年），韓星《儒法整合：秦漢政治文化論》（中國社會科學出版社，2005 年），秦始皇兵馬俑博物館《論叢》編委會《秦文化論叢》（第一到十四輯，1993～2007 年）等。

考古的研究有李學勤的《東周與秦代文明》（文物出版社，1984 年），滕銘予《秦文化：從封國到帝國的考古學觀察》（學苑出版社，2002 年），禮縣秦西垂文化研究會等編《秦西垂文化論集》（文物出版社，2005 年），徐衛民、雍際春《早期秦文化研究》（三秦出版社，2006 年），中國社會科學院考古研究所等《里耶古城‧秦簡與秦文化研究：中國里耶古城‧秦簡與秦文化國際學術研討會論文集》（科學出版社，2009 年）等。

（四）嬴秦社會和制度研究

王學理《秦都咸陽》（陝西人民出版社，1985 年），王學理等《秦物質文化史》（三秦出版社，1994 年），樊志民《秦農業歷史研究》（三秦出版社，1997 年），張金光《秦制研究》（上海古籍出版社，2004 年），劉海年《戰國秦代法制管窺》（法律出版社，2006 年）等。

（五）風俗史和嬴秦禮俗研究

對於嬴秦人的禮俗，在秦國的霸業初露端倪之時，荀子就曾認真觀察，並深入解析過其所代表的另類社會政治模式的得失長短。在《荀子‧彊國》中就記述了荀子入秦之後的觀感：「其固塞險，形勢便，山林川谷美，天材之利多，是形勝也。」這就是荀子的第一感受，也就是地理上的，一眼就能看到的。之後就是「入境，觀其風俗，其百姓樸，其聲樂不流汙，其服不挑，甚畏有司而順，古之民也」。在荀子看來，嬴秦的人民就像是自己想像中的古代的人們那樣，也就是理想中的那樣。最後再看看嬴秦的政治模式、國家治理，「及都邑官府，其百吏肅然，莫不恭儉敦敬忠信而不楛，古之吏也。入其國，觀其士大夫，出於其門，入於公門，出於公門，歸於其家，無有私事也；不比周，不朋黨，偶然莫不明通而公也，古之士大夫也。觀其朝廷，其閒聽

〔註72〕黃留珠：《從秦俑看秦文化──兼評秦文化研究中的若干問題》，《秦文化論叢》第三輯，西北大學出版社 1994 年版。

決百事不留，恬然如無治者，古之朝也。」官吏像是古代的官吏，都能奉公守法，一心為公，顯然這也是和荀子自己所處的時代、所處的國家相比較的結果。最後得出的結論是：「故四世有勝，非幸也，數也，是所見也。故曰：佚而治，約而詳，不煩而功，治之至也，秦類之矣。」

除優越的自然地理環境之外，秦地民風樸拙敦厚，百姓對官吏懷有十分敬畏的心理。可以與此對照的是，《荀子·議兵》中說：「秦人，其生民也陿陰，其使民也酷烈，劫之以埶，隱之以陰，忸之以慶賞，鰌之以刑罰，使天下之民，所以要利於上者，非鬥無由也。」

「陿陰」就是狹隘，就是生路窮蹙，這樣的生存環境再加上淳樸的百姓，還有「畏」、「順」官吏的習性，這在長期浸染山東列國禮樂文化下的荀子看來，只有經過了以軍功刑賞為立國原則的變法運動，才有可能取得較之其他國家更徹底的成效。「狄，秦也，亂人子女之教，無男女之別。」〔註73〕

這就是在春秋戰國時期的人們就已經開始對嬴秦開始有了自己的看法了，荀子還只是其中的一個代表。

兩漢時期的人們除了對嬴秦的政治提出評價外，還從禮俗和政治的興衰方面進行了探討，認識到禮俗還有教化功能。

這時期出現了一批從禮俗方面討論政治的著述，試圖為當時的政治服務。如《新書》、《淮南子》、《史記》、《漢書》、《方言》、《論衡》、《潛夫論》和《風俗通義》等，重點考察的內容包括什麼是風俗、風俗如何形成、風俗的基本狀況、風俗變化的原因以及風俗的社會功能。

形成於東漢的《風俗通義》開篇就說：「為政之要，辯風正俗，最其上也。」《淮南子·泰族》：「若不修其風俗，而縱之淫辟，乃隨之以刑，繩之法法，雖殘賊天下，弗能禁也。」

這時期的人們認為風俗是可以改變的，已經不再是原來的人們習慣形成的東西了，統一了的風俗對統一的政權是有利的。「《春秋》所以大一統者，六合同風，九州共貫也。」以古喻今，古代之所以能大一統，就是因為古人的風俗是統一的，生活習慣是一致的緣故。其實這裡作者是混淆了古代「禮」和「俗」的概念了。「今俗吏所以牧民者，非有禮義科指可世世通行者也，獨設刑法以守之。其欲治者，不知所緣，以意穿鑿，各取一切，權譎自在，故

〔註73〕范甯註，楊士勳疏：《春秋穀梁傳注疏·僖公三十三年》，阮元刻十三經注疏本，中華書局1979年版。

一變之後不可復修也。是以百里不同風，千里不同俗，戶異政，人殊服，詐僞萌生，刑罰亡極，質樸日銷，恩愛浸薄。」〔註74〕

今人林劍鳴在《秦史稿》中認爲：反映秦國奴隸主階級出現大小不同等級的，是規定奴隸主階級內部關係的「禮」的出現，在《詩經·蒹葭》的《毛詩序》中提到：「蒹葭，刺襄公也，未能用周禮，將無以固其國也。」可見，在襄公時代，就需要用周禮來規定奴隸主階級內部的界限了，他承認秦禮是因於周禮的，是對周禮是有所繼承的。

而侯外廬在《中國古代社會史論》裡否定了秦禮和周禮之間的關係，認爲兩者之間沒有任何的繼承，是兩條不同的發展道路：「這樣看來，秦人文明是定居於岐西的時期才開始，他們在西垂的時候是和諸戎沒有什麼區別。因此宗周文化發育的時候，秦人還在『養馬』、『蓄畜』階段。等到秦人承襲周人文化的時候，周公的典籍已經散失，春秋『富子』（世室大夫）已經在激越著氏族宗法。秦人自己沒有系統嚴密的宗法制度的傳統，因此對於詩書禮樂的宗周文明也應不曾從根本上接受。」

近年來隨著對贏秦考古發掘的深入和對秦簡《日書》文字的考釋的加強，對贏秦禮俗的研究也是越來越多，考古學方面除了對贏秦的考古發掘報告外，還主要有：劉明科的《秦國早期墓葬中周文化因素的觀察》〔註75〕、由更新、史黨社的《從考古材料看周秦禮制之關係》〔註76〕、陳春慧《秦人靈魂觀與秦始皇帝陵》〔註77〕、臧知非《周秦風俗的認同與衝突——秦始皇「匡飭異俗」探論》〔註78〕、李福泉《儒法並用移風易俗——論秦始皇禮俗改革》〔註79〕等。

此外有關風俗和贏秦禮俗的代表性著作還有尚秉和《歷代社會風俗事物考》（上海書店，1989年），楊樹達《漢代婚喪禮俗考》（上海書店，1989年），張亮采《中國風俗史》（上海書店，1989年），錢杭《周代宗法制度史研究》（學林出版社，1991年），楊向奎《宗周社會與禮樂文明》（人民出版社，1997年），秦永洲《中國社會風俗史》（山東人民出版社，2000年），陳筱芳《春秋

〔註74〕班固：《漢書·王吉傳》，中華書局1962年版。
〔註75〕《秦文化論叢》（第八輯），陝西人民出版社2001年版。
〔註76〕《秦文化論叢》（第四輯），西北大學出版社1996年版。
〔註77〕《秦文化論叢》（第四輯），西北大學出版社1996年版。
〔註78〕《秦文化論叢》（第十輯），陝西人民出版社2003年版。
〔註79〕《秦文化論叢》（第二輯），陝西人民出版社1993年版。

婚姻禮俗與社會倫理》（巴蜀書社，2000 年），姚小鷗《〈詩經〉三頌與先秦禮樂文化》（北京廣播學院出版社，2000 年），何豔傑《中山國社會生活禮俗研究》（鄭州大學博士學位論文，2004 年），李安宅《〈儀禮〉和〈禮記〉之社會學的研究》（上海人民出版社，2005 年），晁福林《先秦民俗史》（上海人民出版社，2001 年）、《先秦社會思想研究》（商務印書館，2007 年），宋兆麟《中國風俗通史・原始社會卷》（上海文藝出版社，2001 年），宋鎮豪《中國風俗通史・夏商卷》（上海文藝出版社，2001 年），陳紹棣《中國風俗通史・兩周卷》（上海文藝出版社，2003 年），彭衛、楊振紅《中國風俗通史・秦漢卷》（上海文藝出版社，2002 年），蔡鋒《春秋時期貴族社會生活研究》（中國社會科學出版社，2004 年），王啓發《禮學思想體系探源》（中州古籍出版社，2005 年），吳十洲《兩周禮器制度研究》（五南圖書出版公司），錢玄《三禮通論》（南京師範大學出版社，1996 年）、《三禮名物通釋》（江蘇古籍出版社），勾承益《先秦禮學》（巴蜀書社，2002 年），陳戍國《先秦禮制研究》（湖南教育出版社，1991 年）、《秦漢禮制研究》（湖南教育出版社，1993 年），常金倉《周代禮俗研究》（黑龍江人民出版社，2005 年），彭文、米黔林的《秦代人口遷徙及秦文化與周邊文化的交流》（《秦文化論叢》（第二輯），西北大學出版社 1993 年），李福泉《儒法並用移風易俗——論秦始皇禮俗改革》（《秦文化論叢》（第二輯），西北大學出版社 1993 年）。

（六）秦簡及其《日書》的研究

　　《日書》是秦簡中的一個分支，是簡牘學和古代文化研究領域中興起的一個研究課題。目前所發現的秦簡中有《日書》的主要有幾下幾批：睡虎地秦簡（1975 年），青川木牘（1979～1980 年），放馬灘秦簡（1986 年），龍崗秦簡（1989 年），周家臺秦簡（1993 年），里耶秦簡（2002 年）等。

　　這幾批秦簡一揭露，在學術界就引起了強烈的反響和研究的熱潮，1986 年林劍鳴在西北大學歷史系專門開設了「《日書》研讀班」，吸收研究生和青年教師參加，爲後來的日書研究培養了一大批的人才。《文博》、《江漢考古》專門開設《日書》研究的專欄，不少有價值的研究成果因此問世。1988 年林劍鳴就發表了《曲徑通幽處，高樓望路時—評價當前簡牘日書研究狀況》（《文博》1988 年第 3 期）詳細敘述了這幾批簡牘出土的情況，對當時的研究狀況和研究成果進行了點評。

　　目前對於秦簡及其《日書》研究綜述性的成果可以參見沈頌金的《中日

兩國學者研究秦簡〈日書〉評述》（《中國史研究動態》1994 年 4 期）、張強的《近年來秦簡〈日書〉研究評介》（《文博》1995 年 3 期）、劉樂賢的《睡虎地秦簡〈日書〉研究二十年》（《中國史研究動態》1996 年 10 期）、王偉的《睡虎地秦簡論著目錄》（截止 2009 年 6 月）、伍成泉的《近年來湘西里耶秦簡研究綜述》（《中國史研究動態》2007 年第 6 期）。

1、《日書》和嬴秦政治

林劍鳴的《秦漢政治生活中的神秘主義》（《歷史研究》1991 年第 4 期）分析了秦漢時期官吏墓葬中，《日書》和律令共存這一現象，認爲《日書》在當時能起到指導官吏處理政務的作用，當時的官吏不僅要依靠律令，還要根據各地的風俗信仰，甚至是當地禁忌、崇尚等來處理公務。賀潤坤《從雲夢秦簡看秦的吏治》（《西安石油學院學報》1993 年第 1 期）通過《日書》可以看出當時民間對官吏的辦事效率和作風還是肯定和相信的。

2、《日書》中所見嬴秦的衣食住行。

蒲慕州《睡虎地秦簡〈日書〉的世界》（《中央研究院歷史語言研究所集刊》第 62 本第 4 分冊，1993 年）全面梳理了《日書》中的衣食住行，以及由此引出的嬴秦人的禁忌等。賀潤坤的《從雲夢秦簡〈日書〉看秦國的林業、桑麻業》（《江漢考古》1992 年第 4 期）、《雲夢秦簡〈日書〉所反映秦人的衣食狀況》（《江漢考古》1996 年第 4 期）、《從〈日書〉看秦國的穀物種植》（《文博》1988 年第 3 期）、《從雲夢秦簡〈日書〉看秦國的六畜飼養業》（《文博》1989 年第 6 期）對《日書》中的嬴秦普通民眾的衣食狀況進行考證，認爲當時的人們主要是以麻織品爲主，主食有禾、麥、稻、稷、豆、黍等，政府對漁獵業是有明確的規定的，林業、桑麻業受到一定程度的重視。

晏昌貴《楚秦〈日書〉所見的居住習俗》（《民俗研究》2002 年第 2 期）對《日書》中所反映的楚秦地區民居的布局、內部結構進行了復原。賀潤坤的《雲夢秦簡〈日書·門〉圖初探》（《簡牘學報》第 15 期，1993 年）、《從雲夢秦簡〈日書〉看民居建築的概況》（《國際簡牘學會會刊》第 2 號，1996 年）從建築學的角度分析了《日書》中的材料，概括了當時一般城鎮、村落的建築特徵。

王子今的《睡虎地秦簡〈日書〉秦楚行忌比較》（《秦文化論叢》第 2 輯，西北大學出版社 1993 年）、《睡虎地秦簡〈日書〉所見行歸宜忌》（《江漢考古》1994 年第 2 期）對《日書》中所見的秦楚人的出行進行了比較考察，認爲秦

人的出行比楚人出行的禁忌少，也較頻繁。他的《雲夢睡虎地秦簡〈日書〉所反映的秦楚交通狀況》（《國際簡牘學會會刊》第 1 號，1993 年），認爲嬴秦的交通已經很發達，秦人的出行帶有明顯的經濟利益。胡文輝《馬王堆〈太一出行圖〉與秦簡〈日書·出邦門〉》（《江漢考古》2007 年第 11 期）通過對兩個時期的出行，以「禹步」爲核心對出行的禁忌進行了考證。

3、《日書》中所見嬴秦的生老病死

吳小強《試論秦人婚姻家庭生育觀念》（《中國史研究》1989 年第 3 期）、《秦人生育意願初探》（《江漢論壇》1989 年第 11 期）、《從雲夢秦簡看戰國秦代人口再生產類型》（《西北大學學報》1991 年第 2 期）、《〈日書〉所見秦人之生死觀》（《秦陵秦俑研究動態》1992 年第 2 期）、《從〈日書〉看秦人的生與死》（《簡牘學報》第 15 期，1993 年）、《秦簡〈日書〉與秦漢時期的生殖文化》（《簡帛研究》第 3 輯，廣西教育出版社 1998 年）等文認爲嬴秦人的生育觀念是多子多福、重男輕女。並且重視婚育男女在體質、年齡上的搭配，重視生育時間的選擇，希望出生的孩子在體貌、智力、品行、壽命上都有上佳的表現等等結論。楊華《出土〈日書〉與楚地的疾病占卜》（《武漢大學學報》2003 年第 5 期），認爲從東周到漢代，在楚地流行的疾病都是有鬼神作祟所致的，針對具體不同的鬼神，有不同的占卜方法。范志軍的《從〈日書〉看漢代人的葬日》（《河南社會科學》2006 年第 3 期）對兩漢時期的葬日進行了考察，認爲漢人葬日的選擇不符合先秦中原禮樂文化的規定，但和〈日書〉中的記載是相符合的。宋豔萍《先秦秦漢喪葬習俗中的數術行爲》（《管子學刊》2008 年第 2 期）認爲先秦秦漢時期的人們相信鬼魂的存在，死後葬地和葬日得選擇對子孫後代是會有很大的影響的。

4、《日書》中所見嬴秦的婚姻家庭

王桂均《〈日書〉所見早期秦俗發微》（《文博》1988 年第 4 期）認爲嬴秦人的結婚儀式相對中原要簡單，女性在擇偶時不太關心對方的門第和才智，離婚現象多有記載，比較常見。

吳小強《試論秦人婚姻家庭生育觀念》（《中國史研究》1989 年第 3 期）、《〈日書〉與秦社會風俗》（《文博 1990 年第 2 期》）認爲嬴秦人的結婚生子要選擇吉日，趨吉避凶，《日書》中反映的婦女多是悍、多舌、妒、不寧、貧、病等字眼，沒有中原周禮文化中的所謂的「七出」之罪名，《日書》中還經常有離婚的記載，婦女還從事社會生產生活活動。

趙浴沛《睡虎地秦墓簡牘所見秦社會婚姻家庭諸問題》（《中國社會經濟史研究》2003 年第 4 期）系統研究了秦簡中的贏秦社會婚姻的形成、家庭形態、家庭財產、家庭關係等問題，認爲當時是一夫一妻爲主的家庭形態。寧江英《秦及漢初家庭結構研究》（《西安財經學院學報》2009 年第 4 期）運用睡虎地秦簡〈日書〉的材料，認爲當時贏秦社會中是以兩代人組成的小家庭爲主，輔以三世或者四世同堂。高兵《從睡虎地秦簡看秦國的婚姻倫理觀念》（《煙臺師範學院學報》2005 年第 4 期）也是從〈日書〉出發，認爲贏秦的男子希望能娶到富家女的功利思想，民間女子也是希望能嫁入豪門。文中也說到，當時還沒有後代的七出之罪。

5、《日書》中所見贏秦的民俗信仰

管仲超《從秦簡〈日書〉看戰國時期的擇吉民俗》（《武漢教育學院學報》1996 年第 5 期）認爲這時期的擇吉民俗反映了當時的時代特徵和人們的功利性，也體現了民俗和術數的結合的特徵。馬新《漢代民間禁忌與擇吉之術》（《民俗研究》1996 年第 1 期）認爲這一時期的禁忌風俗發展特別迅速，幾乎是所有的生產生活都會有特定的禁忌要求。劉道超的《論漢代擇吉民俗的發展及其特徵》（《廣西師範大學學報》2004 年第 3 期）認爲戰國時期擇吉民俗已經形成，並且得到了很大的發展，主要標誌就是「三合」、「生旺」爲代表的五行理論已經完全成熟，對漢代的擇吉民俗產生了深刻的影響。張富春《先秦民間祈財信仰研究》（《四川大學學報》2005 年第 6 期）認爲先秦的人們通過占卜、祭祀、哲理、相宅等途徑表達了對財富的渴望。

李曉東、黃曉芬《從〈日書〉看秦人鬼神觀及秦文化特徵》（《歷史研究》1987 年第 4 期）對贏秦的鬼神觀作了探索，認爲贏秦人的鬼神觀表現出來的多是直觀、質樸，具有很濃厚的世俗的特點，很少中原諸如楚人那樣的浪漫色彩和超人類力量。劉釗《秦簡中的鬼怪》（《中國典籍與文化》1997 年第 3 期）對睡虎地秦簡《日書·詰咎》中出現的二十多處的鬼的名字進行了詳細的考證、分類。劉信芳《〈日書〉驅鬼術發微》（《文博》1996 年第 4 期）認爲驅鬼術是古人在自然災異面前所表現出來的掙扎，既是人們尋求精神慰藉的手段，也是生產生活的經驗的總結。沈剛《睡虎地秦簡〈日書〉所見秦時民間信仰活動探微》（《西安財經學院學報》2009 年第 1 期）認爲贏秦民間祠祀活動頻繁，祭祀的神靈種類繁多，巫師的活動活躍，當時的贏秦政府對此也有一定的干預。

　　林劍鳴《從秦人價值觀看秦文化的特點》（《歷史研究》1987 年第 3 期）是從《日書》出發研究嬴秦宗教信仰的力作。該文認爲《日書》明顯反映了嬴秦近乎原始的多神崇拜的現象，特點是質樸、人格化，還沒有達到中原諸國那樣對「天」、「帝」的崇拜，也沒有達到西方古代世界「上帝之城」的程度。

　　工藤元男《雲夢睡虎地秦墓竹簡日書和道教的習俗》（日本《東方宗教》第 76 號，1999 年）認爲，道教中的「禹步」、「禹符」等法術和咒符和日書中的巫術是有一定聯繫，甚至就是從日書發展而來的。這一觀點在作者後來的專著中得到了更加充分的說明和論證。

　　吳小強《論秦人宗教思維特徵──雲夢秦簡日書的宗教學研究》（《江漢考古》1992 年第 1 期）、《論秦人宗教信仰的層次性》（《簡牘學報》第 14 期，1992 年）認爲嬴秦人的宗教信仰是以自然神崇拜爲核心的多神崇拜，宗教思維的基本特徵就是世俗化，當時的人們認爲鬼神就是人在另一個世界裡的化身，過著和人類一樣的生活。嬴秦人心目中幾乎沒有祖先神的位置，這和殷周的宗教觀念是不一樣的。嬴秦人的宗教信仰具有明顯的層次區別，中下層秦人宗教觀念特點是關注自我、重視疾病、人鬼相通、巫文化色彩重、陰陽五行思想流行。

　　另外，李零《中國方術正考》（中華書局，2006 年）、《中國方術續考》（中華書局，2006 年）、劉樂賢《睡虎地秦簡日書研究》（文津出版社，1994 年）、《簡帛數術文獻探論》（湖北教育出版社，2003 年）、吳小強《秦簡日書集釋》（嶽麓書社，2000 年）、王子今《睡虎地秦簡日書甲種疏證》（湖北教育出版社，2003 年）也對嬴秦社會生活作了不同程度的探討。

　　6、《日書》和天文曆法

　　主要有張銘洽的《秦簡〈日書・玄戈〉篇解析》（《秦漢史論叢》第四輯，西北大學出版社 1989 年版），楊巨中《〈日書・星〉釋義》（《文博》1988 年第 4 期），成家徹郎《睡虎地秦簡〈日書・玄戈〉》（《文博》1991 年第 3 期），王維坤《睡虎地秦簡〈日書・玄戈〉再析》（《陳直先生紀念文集》，西北大學出版社 1992 年版），張銘洽《〈日書〉中的二十八宿問題》（《秦陵秦俑研究動態》1992 年第 2 期），劉樂賢《睡虎地秦簡〈日書・玄戈〉篇新解》（《文博》1994 年第 4 期）等。

　　7、《日書》和古代數術

　　李學勤《睡虎地秦簡〈日書〉與楚、秦社會》（《江漢考古》1985 年第 4

期）第一次正式認為《日書》具有數術性質。之後有關的研究成果層出不窮，有張銘洽《雲夢秦簡〈日書〉占卜術初探》（《文博》1988 年第 3 期），劉樂賢的博士論文《睡虎地秦簡〈日書〉研究》（文津出版社）憑藉著紮實的古文字學和文獻學的功底，對《日書》作了系統、詳盡縝密的校勘、疏證，結合後世數術典籍的記載，對《日書》中的各種占卜術作了探討。除此外，他的科研成果還有《睡虎地秦簡〈日書·詰咎篇〉研究》（《考古學報》1993 年第 4 期）、《睡虎地秦簡〈日書·反支篇〉及其相關問題》（《簡帛研究》第一輯，法律出版社 1993 年版），劉信芳《〈日書〉四方四維與五行試探》（《考古與文物》1993 年第 2 期）等。

8、睡簡和放簡的比較研究

何雙全《天水放馬灘秦簡甲種〈日書〉考述》（《考古》1989 年第 2 期、《秦漢簡牘研究論文集》甘肅人民出版社 1989 年版），林劍鳴《睡簡與放簡〈日書〉比較研究》（《文博》1993 年第 5 期）、《從放馬灘〈日書〉（甲種）再論秦文化的特點》（《簡帛研究》第一輯，法律出版社 1993 年版）等。

9、港臺和海外學者的秦簡《日書》研究

林富士《試釋睡虎地秦簡〈日書〉中的「夢」》（《食貨》復刊第 17 卷 3-4 期，1987 年），蒲慕州《睡虎地秦簡〈日書〉的世界》（《中央研究院歷史語言研究所集刊》第 62 本第四分，1993 年），陳守亭《睡虎地秦簡〈日書〉歲星禁忌之研究》（《國際簡牘學會會刊》第一號，1993 年）等。

工藤元男《睡虎地秦簡所見秦代國家與社會》（上海古籍出版社，2010 年）、《論睡虎地秦墓竹簡〈日書〉》（《史滴》第 8 號，1987 年）、《被埋沒的行神——以秦簡〈日書〉為主》（《東洋文化研究所紀要》第 106 冊，1988 年）、《雲夢睡虎地秦墓竹簡〈日書〉所見的法與習俗》（《木簡研究》第 10 號，1988 年）、《雲夢睡虎地秦墓竹簡〈日書〉的史料可能性》（《東亞史上的國際關係和文化交流》）、《雲夢睡虎地秦墓竹簡〈日書〉所見秦楚二十八宿占——先秦社會文化的地域性和普遍性》（《古代》第 88 號，1989 年）、《雲夢睡虎地秦墓竹簡〈日書〉和道教的習俗》（《東方宗教》第 76 號，1990 年）、《〈日書〉的狀況》（《古代文化》第 43 卷第 8 號，1991 年）、《雲夢秦簡〈日書〉與秦史研究》（《秦漢史論叢》第五輯，法律出版社 1992 年），太田幸男《從睡虎地秦墓竹簡〈日書〉看「室」、「戶」、「同居」的意義》（《東洋文化研究所紀要》第 99 冊）等等。

三、嬴秦研究中存在的問題和不足

通過上述對嬴秦歷史和嬴秦文化史研究動態的綜述，不難發現，在這一領域，學術界的研究已經取得了斐然的成績，新見迭出，而且也開拓了眾多的新的研究方向，使之成為中國歷史研究中一個方興未艾的領域。另一方面，在這一領域的研究中，也還存在一些缺陷和不足，主要表現在以下幾個方面：

其一，以往學術界對秦簡《日書》的研究中一個共同的問題，就是都把秦簡中反映出來的問題和中原諸國的文獻聯繫起來看。比如有人就說，中原國家中有「國之大事，唯祀與戎」，所以秦簡《日書》中就有了祭祀天地、日月星辰、山川社稷、祖先、父母、五祀（門、戶、竈、行、中霤）以及卜筮等在內的各種宜忌活動，其實兩者之間是沒有因果關係的，魯國的原因和嬴秦的結果之間是如何發生關係的呢？這種貼標籤式的研究還是失之於簡單了，沒有看到嬴秦《日書》中的祭祀和中原各國的「國之大事，唯祀與戎」的祭祀還不是一回事，中原的祭祀是「國之大事」，而嬴秦的普通民眾都是可以祭祀的，而且還是多神崇拜，遇到什麼就祭祀什麼，完全不像是「國之大事」。

其二，宏觀性、系統性研究不足。更多的學者把研究重點放在微觀的考證上，有效地推動了秦史的研究向縱深方向發展，但同時也就存在了一定的不足，就是整體的方向性的研究明顯不足。

其三，對嬴秦禮俗的動態性關注不夠。嬴秦的發展歷史自其起源開始一直到二世而亡，先後持續了將近八百年，期間的政治、經濟、文化等等都是一個動態的發展過程，與之相適應的是嬴秦的禮俗也是一個不斷變化著的，對於這一點，學術界雖然已經做了大量的探索性的工作，但與真正意義上解讀恢弘的嬴秦歷史的學術要求還是有差距的。

此外，就嬴秦禮俗研究的整體狀況而言，和社會學、民俗學中的相關理論相比，在概念、方法和方法論上還有明顯的不足。

第三節　嬴秦禮俗研究的主要資料

秦國歷史和文化的所有資料來源並不是同時為人所知的，它們是陸續進入史學研究的領域。每一種資料都是在前一種出現後很久才被人認識和利用的，在這個長長的間隔中，總會有一種複雜的史學研究傳統建立起來，包括

它特有的文獻積累和研究慣例。所以，至今秦國歷史研究者們仍然經常被訓練成只在自己研究的領域內有成就的專家。然而，我們仍然有必要對這幾種史學研究傳統，也就是通往秦國歷史的幾條不同路徑，作個簡要描述。

一、傳統歷史文獻

一直以來，學術界研究贏秦歷史史實的主要依靠的、最基本的資料還是傳統歷史文獻記載，其中首先的就是《尙書》、《詩經》、「三禮」、《春秋左氏傳》和《史記》。

《尙書》是現存不多見的上古之書，在漢代被尊爲「五經」之首。大部份篇章都是君王或大臣的詔令或訓話，依照篇題，全書可分爲五類：（一）謨，指君王和大臣間的對話；（二）訓，大臣對君王的建議；（三）誥，君王向眾人發布的通告；（四）誓，君王在戰場的誓師講話；（五）命，君王對某個人封賜特權和責任的誥命。

裏面有關秦國的直接材料就有《秦誓》等篇，儘管人們對該篇有不同的看法，但其中強調個人的價值，應該是中原文化中所不具備的，也是贏秦人所獨具的特點。儘管有學者認爲該篇有可能是漢人增附的〔註 80〕，但是在經過逐條仔細的考證後，還是可以用來使用、說明問題。

《詩經》包括三百零五首詩，年代大約在公元前一千至前六百年之間。傳統上認爲，這些詩據說是由孔子從三千首詩中挑選出來的，包括四個部份：十五「國風」，是普通人的生活過程、節日和日常生活，裏面還提到的豐富的植物和動物是研究禮俗的最好的材料；「小雅」，內容與宮廷有關；一些詩被解釋爲反對那時當權者的一系列抱怨之聲；「大雅」，內容與周王朝及滅商有關；「頌」是宗教禮儀，宴會或者樂舞，內含有一種對於周室的讚美祝詞。

《詩經》的眞實性和史料價值已經無需多說了，已經經過幾代人的論證，證實了可以直接使用的史料。裏面有關贏秦的專門有「秦風」十篇，以前的論者多以此認爲贏秦就是「尙武」的民族〔註 81〕，其實除此之外，「秦風」還是贏秦的人們生產生活方式的寫照，專門記述了贏秦的車輿、馬政、田狩、喪葬、飲食等禮俗的，是研究贏秦歷史、地理、禮俗的最經典的史料。「秦風」裏的《車鄰》應該說是贏秦人在吸收周禮文化後與群臣們同樂的場景。

〔註 80〕 錢杭：《〈尚書〉託於〈秦誓〉原委考辨》，《史林》2003 年第 5 期。
〔註 81〕 朱熹就說：「秦人之俗，大抵尚氣概，先勇力，忘生輕死，故其見於詩如此。」

《黃鳥》反映了對三良從死的痛惜，是嬴秦人在東向的過程中，在和周禮禮樂文化的衝突的過程中表現出來的矛盾和痛苦之情。

《蒹葭》〔註 82〕應該是反映嬴秦禮俗在東向過程中，自身禮俗在吸收周人文化過程中的變化。

「秦風」中還有《駟驖》、《無衣》等等這樣描寫嬴秦生活生產水平、民風民俗的作品，反映了嬴秦人的手工業、服飾、車馬等的發展水平和嬴秦人包括燕饗、大田、賓、喪在內的禮俗文明。當然「秦風」中的最大的問題就是某些篇目的年代問題，只要經過認眞的考證，還是可以爲我們所用的。

「三禮」就是《周禮》、《禮記》、《儀禮》，儘管記述的是以西周爲代表的中原一帶的禮儀典章，但在和嬴秦的禮俗比較中可以起到標杆的作用。

《儀禮》成書於先秦時期，敘述的是適合於從士到公的諸侯國官員的明確而詳細的禮儀。全書除了基本的敘述文字，多數篇章還有稱爲「記」的文字，另外《喪服》還有「傳」〔註 83〕。

《禮記》是一部古人關於古代禮節習俗、規定、界定和軼事的文集，全書共四十九篇，內容是有關通論、喪服、祭祀、吉事等。該書在研究先秦儒家思想、古代禮制和當時的社會生活場景都有很大的價值，詹子慶師在《禮記的史學價值》一文中已經說得很詳細了，此不贅述。

先秦史料中還有《春秋左氏傳》、《國語》、《戰國策》等。

《春秋》是傳統經典之一，記載了魯國的國內事件、外交會盟、戰爭、與鄰國的關係，也記載日食、洪水、地震和自然奇觀。全書記述比較客觀。《春秋左氏傳》記述的時間（公元前 722～前 463）比《春秋》長，有時經文下沒有注，有時注前沒有要加注釋的經文。它注重所述史事的歷史背景，給我們後人留下的信息也比較多。近人楊伯峻的《春秋左傳注》（中華書局，1981 年）依據的底本是阮元本，在注釋中補充進了新材料，還加了標點，方便使用。

《國語》記錄了春秋時期各諸侯國國君及各重要人物的言論，是有關國事的對話或議論。全書共分周、魯、齊、晉、鄭、楚、吳、越等國的八個部份，所涉及的範圍與《春秋》及《左傳》幾乎一致。

《戰國策》〔註 84〕中專門列有《秦策》，開篇就有記載，衛鞅自衛往秦，

〔註 82〕　《詩序》：「《蒹葭》，刺襄公也，未能用周禮，將無以固其國焉。」
〔註 83〕　《〈儀禮‧喪服〉研究》，吉林大學博士論文。
〔註 84〕　徐中舒：《論〈戰國策〉的編寫及有關蘇秦諸問題》，《歷史研究》1964 年第 1 期。

之後在秦國進行了八年的改革，直到秦孝公死後他被車裂，這段內容與《史記》卷六十八相似，可以相信是比較真實的事實，或許就是依據當時官方的檔案編訂的。而且在別的卷中也都有涉及嬴秦的內容。

《戰國縱橫家書》〔註85〕是二十世紀七十年代出土的帛書，內容包括信件、對話和縱橫家的辯論，在風格和性質上同《戰國策》相似，這些材料中有九章（第 15、16 和 18～24 章）能在通行本《戰國策》和《史記》中找到對應部份，有兩章（第 4 和 5 章）的部份文字與《戰國策》相同，其他十六章則不見於現存的其他任何文獻，可以補充了《史記》、《戰國策》等文獻的不足，裏面專門有一章「秦客卿造謂穰侯章」是直接有關嬴秦的，提供嬴秦的史實。

《竹書紀年》，也稱爲《汲冢紀年》（河南汲縣墓出土的編年史），是一部編年史書。其紀年上起黃帝，下訖公元前 299 年。《竹書紀年》分原本、今本和古本。原本是指公元前 299 年魏王死時和他一同入葬的《竹書紀年》及許多其他文獻。西晉時期，在此墓被盜墓賊盜掘時，它出土亡佚。

今本始於黃帝，一直到公元前 299 年，即魏哀襄王二十年或周赧王十六年。兩卷大抵就是原本。第一卷截止於商朝最後一位統治者。第二卷分作西周和東周兩部份，東周部份記載得更加具體。

古本《竹書紀年》是輯佚本，是指從早期注文、類書及其他資料中輯錄的佚文輯本（如王國維的輯本）。

今古本的《竹書紀年》中也有零星的嬴秦史料，可以和別的史料對照使用，是研究所需的重要資料來源。

諸子中有《商君書》、《荀子》、《韓非子》、《呂氏春秋》等，另外《春秋左氏傳》應該是一部不可多得的信史，記載事實也是比較公正的。

諸子中的《商君書》、《呂氏春秋》都是嬴秦的當事人的作品，不僅書中記載的史料，就是該書的記事風格，也已經表明了它的嬴秦禮俗的性質。

《商君書》這部書關注的是發展法家學說；它通過懲罰制度使國家秩序得以維持，從而保證人民不脫離正軌，強本抑末；獎勵軍功，以利爭伐。在全文中，還提出了各種各樣的社會與經濟問題。其史料可以和《史記·秦本紀》、《史記·秦始皇本紀》、《史記·商君列傳》、《戰國策·秦策》（一、三）、

〔註85〕楊寬：《馬王堆帛書〈戰國縱橫家書〉的史料價值》，載《楊寬古史論文選集》，上海人民出版社 2003 年版。

《戰國策‧齊策》（四、五）、《戰國策‧楚策》、《戰國策‧衛策》（一）對照運用。

　　《荀子》的作者荀子據稱曾經到過秦國，書中也留有過秦後的感受。另外，李斯、韓非還都是他的學生，應該有很多對嬴秦有用的史料。

　　《韓非子》一書集商鞅、慎到、申不害等三家政治權力學說之大成，它以爲絕對的秩序需要靠法（法律）、術（政治策略）、勢（公認的權力權威）來維持。作者韓非曾與李斯一起就學於荀卿，曾在秦國遭到李斯等人的陷害而死於非命。之後有關韓非的作品，如《史記‧秦始皇本紀》、《韓世家》、《老子韓非列傳》以及《戰國策‧秦策》等，都是可資研究的材料。《韓非子》裏的《初見秦》與《戰國策‧秦策一》的說辭相仿。《飭令》在《商君書》中也能找到與之相應的本子，可能是韓非對商鞅思想的繼承和發揚對此也是可以考察使用的材料。

　　《呂氏春秋》分成十二紀、八覽、六論三個主要部份，內容全面，表述系統，是當時的一部百科知識全書。

　　兩漢時期，人們開始對嬴秦的歷史進行反思，出現了很多有關嬴秦的作品，其中最主要、最系統的就是《史記》了，其內容起自黃帝，止於漢武帝時代，一百三十卷，按照紀傳體編排，全書分作十二本紀，十表，八書，三十世家，七十列傳。本書的作者司馬遷本來就是「有良史之材」〔註86〕，《史記》也是「辨而不華，質而不俚，其文直，其事核，不虛美，不隱惡，故謂之實錄」〔註87〕，已經被歷朝歷代的學者確認是一部信史，清末民國更有以王國維爲代表的新史學人以兩重證據法對其進行考證，認爲《史記》是值得信賴的、基本符合史實的史書，因此該書也是我們研究嬴秦史的最系統、最可靠、最基本的史料。

　　《史記‧秦本紀》〔註88〕系統而又詳細地記述了嬴秦早期的歷史，按照世系、按照年代，詳細記錄了嬴秦人的政治、經濟、軍事、外交和文化活動等，爲我們提供了嬴秦的整個框架。

　　相對於《史記‧秦本紀》的主要圍繞著嬴秦前一段歷史不一樣的是，《史

〔註86〕 班固：《漢書‧司馬遷傳》，中華書局 1962 年版。

〔註87〕 班固：《漢書‧司馬遷傳》，中華書局 1962 年版。

〔註88〕 參見藤田勝久著，張新科譯：《〈史記‧秦本紀〉的史料特性》，《秦文化論叢》（第四輯），西北大學出版社 1996 年版。

記‧秦始皇本紀》則主要側重於秦始皇和二世時期嬴秦的發展歷史，比較全面地記錄了始皇統一中國的全部過程，以及在統一後，在全國實施的一系列的政策、法令、法規。

《史記》中和嬴秦最直接的資料還有《商君列傳》、《呂不韋列傳》〔註89〕、《李斯列傳》、《白起王翦列傳》、《蒙恬列傳》等等，這些傳主或者本來就是嬴秦，或者人生的大部份時間、大部份的業績都是和嬴秦有關的，所以這些內容應該是嬴秦的第一手的資料。

《史記》中還有一些其他相關的資料，比如《禮書》、《樂書》、《蘇秦列傳》、《孟子荀卿列傳》、《匈奴列傳》、《日者列傳》、《貨殖列傳》等等，這些篇章中或多或少地都有嬴秦的禮俗資料，比如《貨殖列傳》中就有把各地的風俗拿出來比較的章節，是很值得重視的史料。

除此之外，研究嬴秦的正史還有《漢書》、《後漢書》等；編年體史書有《資治通鑒》等；政書有《秦會要》、《春秋會要》、《通典》、《通志》、《通考》等，另外還有現代人做的傳世文獻彙編的工作，比如《秦集史》等；地理類的有《水經注》、《三輔黃圖》等。

其他還有諸如《風俗通義》、《華陽國志》等等都是我們研究嬴秦禮俗的最重要的參考資料。

《淮南子》記錄了在淮南王劉安宮廷內發生的學術辯論，它關注一個完美的社會的政治秩序所需的基本條件，題材極爲廣泛，從上古神話到當時的朝政，從用以說教的古代軼聞到地理學、天文學乃至哲學，無不囊括，綜合了先秦諸子百家之言而成，是一部專論彙編。

《風俗通義》的作者應劭是東漢末年人，「王室大壞，九州幅裂」，本文認爲這個時候正是各界思考社會的政治制度和社會風俗之間的關係的時候，《風俗通義》就是這個背景下的產物，書中也是詳細記述了當時祭祀和信仰的狀況，也體現了作者對社會禮俗的思考和認識，爲我們後人認識禮俗留下了寶貴的資料。近人王利器的校注本收羅了更多的資料，應該是該書的集大成之作。

漢代距離秦亡不遠，對於嬴秦的東西還是保持了很多的新鮮的記憶的，有些西漢的人甚至還都是從秦過來的，他們的東西大部份被保存在了《漢書》

〔註89〕 楊寬：《呂不韋和〈呂氏春秋〉新評》，載《楊寬古史論文選集》，上海人民出版社 2003 年版。

中，尤其是《地理志》，它是有關當時行政地理的著作，也是留下了兩漢時期各地的風土人情的史料，也應該是值得信賴的有關嬴秦的材料。除了《漢書》，其他的像賈誼的《新書》、陸賈的《新語》等也都保存了漢人對嬴秦的思考的材料。

馬非百的《秦集史》仿照了傳統的紀傳體史書的體例，按照紀、傳、志、表四個部份，專門收集散落在各書中有關嬴秦的資料，其中專門設有「風俗志」、「婚姻表」這樣直接有關嬴秦禮俗的章節，省去了後人研究時的翻檢之勞。

《秦會要》分為十四門，其中的禮、樂、輿服、學校、曆數、職官、民政、食貨、兵、刑法等是和嬴秦的禮俗有直接關係的，再經過清人和近人幾代人的努力，成為了有關嬴秦的各項經濟、禮俗、典章制度沿革的史料彙編。

相對於嬴秦同時代的其他民族和諸侯國，秦人留下來的可靠的文獻資料相對還是比較缺乏的，因此考古發掘的資料也越來越受到研究者的重視。

二、青銅器資料

自二十世紀七十年代陝西臨潼秦始皇陵兵馬俑坑面世以來，有關秦代、秦國及秦族的考古發現數量多，價值高，出現的資料越來越多，越來越豐富，主要表現在出土的墓葬遺存、青銅器上的文字、陶文、石刻文字、封泥文字、簡牘文字等。有了文獻記載作依託，考古發掘出土的實物資料、文字資料將促使人們重新認識、評估秦族、秦國及秦代的歷史。

有關嬴秦的青銅器主要的有秦公鍾、秦公鎛、杜虎符及青銅兵器上的銘文、度量衡器上的銘文。

嬴秦青銅器銘文在北宋就有發現，但銘文的大量發現則是近幾十年的事情，青銅器銘文的發現為秦文化的研究補充了很多難得的資料，對研究當時的政治、經濟、文化、軍事都有所裨益。

前幾年在甘肅禮縣發現的秦公大墓中出土了不少青銅器皿，有青銅壺、鼎、簋等，該墓葬是襄公、文公的墓葬，為中字形，墓葬規模大，隨葬品豐富，惜大墓被瘋狂盜掘，不少文物流失，從現在得到的部份秦青銅器上我們發現了一些銘文，內容主要為：「秦公作鑄用鼎」、「秦公作寶簋」等，從而使我們得知禮縣發現的大墓是秦先公的墓，為我們研究秦公帝王陵的發展演變和尋找秦的早期都城、研究嬴秦早期的歷史和文化提供了重要線索。

發現於陝西寶雞太公廟村的秦公鍾和秦公鎛共有八件，爲春秋早期秦武公時所製，器形碩大，器物銘文歷數贏秦歷代先公，直到憲公，包括武公、出子、德公，爲宮廷重器。「憲公」銘文的出現，糾正了《史紀‧秦本紀》中誤將「憲公」爲「寧公」的記載，爲研究秦國早期歷史提供了資料，也爲尋找秦都平陽提供了線索。

杜虎符 1975 年發現於西安市南郊山門口鄉北沈家橋村東北一里處，內容爲「兵甲之符，右在君，左在杜，凡興士被甲，用兵五十人以上，必會君符，乃敢行之」。也就是說當時發兵在 50 人以上者就必須使用虎符才可以，而且領兵者所持的一半虎符必須能和國王的另一半合符。杜虎府的發現也爲我們找到秦杜縣的位置提供了線索。比杜虎符時代晚的還有新虎符和陽陵虎符，虎符上的銘文內容大體相同。

在秦的度量衡器上不少都刻有銘文，有些只有始皇詔，有些則不僅有始皇詔，而且又有二世詔。文字既有刻在權上的，也有刻在詔版及其他量器上的，爲我們瞭解研究當時的度量衡制度提供了資料。

青銅兵器上也有很多的銘文，銘文的內容既有製作兵器的時間、地點，又有製作兵器的監造者等。如「王五年上郡疾戈」、「大良造鞅戟」、「七年相邦呂不韋戟」等，從而爲研究秦的兵器提供了有用的資料。

王輝對以前出土的和傳世的青銅器銘文進行考釋和研究，出版了《秦銅器銘文編年集釋》〔註90〕，使我們在做研究時可以省時很多。

三、封泥、陶文和刻石資料

封泥是贏秦簡牘文書通行時的一種封緘形式，上面記載了贏秦的官職名、地理等文字，還有很多的政令傳達、信息傳遞的文字。

秦封泥發現的歷史已經很長了，只是因爲對其斷代上存在分歧，加上發現得很少，所以在學術界一直沒有得到足夠的重視〔註91〕。

二十世紀九十年代，一批秦封泥破土而出，立即引起學術界的普遍關注。最早由路東之收藏的千餘枚，後來由周曉陸、路東之共同發布了《秦封泥集》

<hr>

〔註90〕王輝：《秦銅器銘文編年集釋》，三秦出版社 1990 年版。
〔註91〕主要有晚清吳式芬、陳介祺《封泥考略》十卷。另劉鶚《鐵雲藏封泥》一卷。
陳寶琛《澂秋館藏古封泥》五冊。周明泰《續封泥考略》六卷、《再續封泥考略》四卷。吳幼潛《封泥彙編》。北京大學研究院文史部《封泥存眞》。轉載自黃留珠：《秦封泥窺管》，《西北大學學報（哲社版）》1997 年第 1 期。

〔註92〕，引起了學術界的極大轟動，開始對秦封泥引起重視。該書分爲上下
兩編，上編是「秦封泥簡論」，回顧了封泥和秦封泥發現和研究的歷史，從秦
帝室研究、秦職官研究、秦地理研究、秦璽印研究等方面討論了所收羅的秦
封泥的科學價值；下編是「秦封泥釋讀」，從「中央及職官」、「地理及地方職
官」和「姓名」幾個角度對秦封泥進行分類釋讀。

　　封泥的資料有的已經可以在秦始皇陵的發掘過程中得到驗證，有的可以
印證史書記載的正確，比如南北宮的記載；有的又可以糾正史書上記載的缺
失，比如封泥中有專門關於秦職官的，這些職官相當一部份是宮廷內部和直
接爲宮室（包括爲皇帝、太后、太子）服務的官吏；還有的許多官職是以前
史書沒有記載的，有些雖然有記載但記載混亂，因而問題也說不清，秦封泥
發現的這些官職則使歷史上的許多問題迎刃而解。

　　秦封泥中的大量職官署名，比史書記載的秦官吏要多，補充和糾正了《漢
書·百官公卿表》中的一些關於秦官吏記載的缺失和錯誤，給嬴秦歷史和文
化制度的研究提供了前所未有的資料。

　　嬴秦時爲了滿足統治者的需要，在全國修建了大量的離宮別館和苑囿，
過去我們只能從文獻中找到秦在關中地區有一些苑囿，自從封泥出現以後，
封泥中也透露出不少的秦時苑囿的名稱，其中很多是以前史書中沒有的，另
外還有一些是可以糾正史書中的錯漏的，如「具園」封泥的發現糾正了過去
史書上記載的「具囿」。

　　沿襲著嬴秦人養馬的習慣，封泥中也有不少的封泥是反映了嬴秦馬廄管
理制度的，以前在秦陵也發現過一些馬廄方面的資料，但在封泥中發現得更
多、內容更豐富，從中可以看出嬴秦時的馬廄管理是很嚴密的，也反映出馬
在當時嬴秦社會生活中的重要作用。

　　還有不少的關於當時經濟方面的封泥，反映出當時嬴秦對鹽、鐵、紡織
等手工業行業的重視及當時手工業的分工已經很細緻的狀況。

　　在周、陸所著書中的秦封泥中，還發現了大批嬴秦時的地名，有些爲我

〔註92〕該書由三秦出版社 2000 年出版。此後，周、陸等人還陸續發表了《秦封泥再
　　　　讀》（載《考古與文物》2002 年第 5 期）等文章，對秦封泥進行一系列的研究。
　　　　此外還有傅嘉儀主編：《歷代印匋封泥印風》，重慶出版社 1999 年版。楊廣泰
　　　　主編：《秦官印封泥聚》，文雅堂 2000 年版。王輝：《西安中國書法藝術博物
　　　　館藏秦封泥選釋續》，《陝西歷史博物館館刊》（第八輯），三秦出版社 2001 年
　　　　版。傅嘉儀：《秦封泥彙考》，上海書店 2007 年版。

們過去所見過，有些則是新增加的，對於我們研究嬴秦時的郡縣、封侯制度情況大有裨益，也是研究當時政區、歷史地理的第一手資料。

之後，西安市文物園林局和西安中國書法藝術博物館對相家巷遺址進行了調查和科學發掘，又獲得了不少的秦封泥，使人們對秦封泥的出土地點有了明確的認識。這是秦考古的又一重大發現。

這些嬴秦的封泥資料是我們研究嬴秦歷史和禮俗的第一手可靠的資料。

現在已經發現的嬴秦的陶文也是很多的，我們能見到的有袁仲一的《秦代陶文》，一共收錄了嬴秦陶文拓片一千六百一十件陶文拓片，這些陶文大部份發現於秦都咸陽和秦始皇陵，一般都是刻在磚瓦上的，之後又發現了不少的陶文，袁仲一和劉鈺彙編成《秦陶文新編》（文物出版社，2009年版）面世。

陶文一般字數都很少，多數只有二、三字或三、四字，很少發現長篇銘文的，在陶文中文字最長的是「秦惠文王前四年賜宗邑瓦書」，上有119字。內容大體為：秦惠文王四年，周天子派卿大夫來到秦國，把祭祀文王、武王的祭肉賜給惠文王，第二年大良造、庶長遊宣佈惠文王的命令，把杜縣的土地封給右庶長，作為宗邑。

但是綜合起來看，內容卻豐富多彩，這些陶文反映了秦時的封邑制度和土地制度。我們比較全面地瞭解了秦代製陶手工業的發展狀況，特別是秦都咸陽發現了很多里名，為我們提供了多方面的研究課題，是研究嬴秦的里坊制度手工業發展狀況、封邑制度、土地制度的最好資料，也為我們研究嬴秦的禮俗提供了極大的方便。

嬴秦的刻石依據《史記·秦始皇本紀》的記載，始皇東巡時，一共留下六處七種刻石，分別是「嶧山刻石」、「泰山刻石」、「琅琊臺刻石」、「芝罘刻石」、「東觀刻石」、「碣石刻石」、「會稽刻石」。

這七種刻石在流傳下來的過程中，命運各異。

「嶧山刻石」在魏太武帝時代就已經毀佚了，宋代時人按照徐鉉對原刻石的模本重刻，前面有始皇的一百四十四字詔書，後面有二世七十九字的詔書。

「泰山刻石」原石早就損佚，明代末年出土，上面有殘字二十九個，都是二世時的內容，後來又佚亡，嘉慶時再得十字殘石。幸好該刻石有一百六十五字的宋拓本傳世，可以用作說明嬴秦問題的資料。

「琅琊臺刻石」殘石現存於中國歷史博物館，上面還有十三行八十六字，

這些字和《始皇本紀》內容對校，可以看出應該是二世的東西。

「芝罘刻石」原石刻早已佚亡，現在僅在宋代的《汝帖》中存有十幾個字。

「東觀刻石」至今還沒有發現秦代的原石刻，也沒有任何的拓本傳世。

「碣石刻石」現存有清代嘉慶年間的仿照「嶧山刻石」製作的刻石，內容和《始皇本紀》不完全相同。

「會稽刻石」原石已佚，元、清兩代相繼重刻，內容和《始皇本紀》的能夠對上，還都是全本。

這些刻石儘管在流傳的過程中多有散逸，但在和《史記》及別的文獻資料對照之後，應該是很重要的嬴秦的一手史料。

而且刻石文化本身與山東六國的文化就有差異，應該就是瞭解嬴秦這種特殊的禮俗文化的一個最好的載體。

刻石中還有一種特殊的種類，就是石鼓文〔註93〕，它將十篇秦國的四言古詩刻在十個鼓狀圓頂平底的黑色花崗岩石塊上，其風格和《詩經》中的相關篇章類似，也是研究嬴秦歷史和禮俗最直接的史料。

從大量發現的嬴秦金文、陶文和石刻文字來看，不但反映了當時社會的方方面面，為秦文化的研究提供了文字資料上難得的第一手資料，而且為研究秦文字的發展演變提供了素材，從發現的秦文字來看，既有大篆、小篆，又有隸書，到秦始皇統一中國以後，又實行「書同文」的政策，罷其不與秦文合者，統一全國的文字，本身文字字體的發展也為我們提供了嬴秦人文化的變遷，它本身就是嬴秦禮俗文化變化的一大證據，這對於我國社會的發展所產生的作用是巨大的。

上述嬴秦的金文、封泥、陶文、刻石文字，不僅是嬴秦人留下來的生活遺存，還是嬴秦人留下的最重要的出土文獻資料，現代也有學者作了很多的工作，《秦出土文獻編年》〔註94〕就是其中最好的代表。該書收錄了一九九九

〔註93〕 對於石鼓文，歷代都有很多的研究，目前最新的資料有趙超：《中國古代石刻概論》，文物出版社 1997 年版。徐寶貴：《石鼓文整理研究（上、下）》，中華書局 2008 年版。

〔註94〕 該書由新文豐出版公司 2000 年出版。此後，2002 年，王輝還收集了《續補一》，收錄在《秦文化論叢》（第九輯）中，條目增加了三百八十七條。2006 年，王輝又增加了三百零八條，編成《續補二》，收錄在《秦文化論叢》（第十三輯）中。2007 年王輝增加了八十六條，編成《續補三》，收錄在《秦文化論叢》（第十四輯）中。

年十月以前出土的有關嬴秦的銅器、陶器、漆器、石器、璽印、竹木器、雜器上的文字，共兩千一百四十五條，按照編年體的體例，進行編排，作者還對每一條都進行了考釋、分期，介紹了國內外研究狀況，考釋精當，做了很多很好的工作，為我們研究嬴秦的歷史和嬴秦的禮俗做了最基本的資料收集的工作，奠定了很好的基礎。該書和《秦集史》相得益彰，都是有關嬴秦問題研究必備的資料彙編。

四、簡牘資料

自 1975 湖北雲夢睡虎地十一號秦墓出土發現了竹簡〔註95〕，開始了嬴秦歷史和文化研究的新階段。這批秦竹簡數量達 1150 枚，近四萬字，內容極為豐富，為秦始皇時期人所手書，但其成文年代有早有晚，反映的是自商鞅變法到秦始皇三十年間長達一百多年的歷史。

之後 1979～1980 年在四川青川縣一座秦墓中，發現了一支更修田律的木牘，正背面共有 154 個字，內容是國王命令丞相甘茂、內史匽更修田律的事情，反映了秦國商鞅變法以後一次重大的律令修改和執行情況。

1986 年，在甘肅省天水市北道區黨川鄉放馬灘一座秦墓中發現了秦王政八年的秦竹簡，共有 470 枚，內容為《日書》、《墓主記》，其《日書》和雲夢睡虎地發現的《日書》大同小異，時間較雲夢《日書》早，反映的是秦文化社會風俗。在此墓中還發現了我國最早的木質地圖七幅，反映的是當時秦國上邽縣的地形圖，圖中除繪注地名、山川、水系以外，還標明了各處森林的具體位置。

1989 年，又在龍崗出土秦竹簡 150 餘枚，內容也是以律文為主，涉及禁苑、馳道、田地、馬牛羊管理等律文，有關馳道管理的律文則是目前瞭解當

〔註95〕 睡虎地秦簡目前主要有的版本：
　　　　雲夢秦簡整理小組：《雲夢秦簡釋文（一）至（三）》，《文物》1976 年第 6～8 期。
　　　　睡虎地秦墓竹簡整理小組：《睡虎地秦墓竹簡》（線裝本），文物出版社 1977 年版。
　　　　睡虎地秦墓竹簡整理小組：《睡虎地秦墓竹簡》（平裝本），文物出版社 1978 年版。
　　　　《雲夢睡虎地秦墓》編寫組：《雲夢睡虎地秦墓》，文物出版社 1981 年版。
　　　　睡虎地秦墓竹簡整理小組：《睡虎地秦墓竹簡》（精裝本），文物出版社 1990 年版。

時馳道及相關問題的唯一實物資料。

1993 年在湖北周家臺、2002 年在湖南湘西里耶鎮相繼發現了「周家臺秦簡」、「里耶秦簡」等等，內容涉及嬴秦的政事、法律，保存了當時的經濟、官制、刑法以至社會一般生活等方面的內容，對《史記》等傳世文獻的某些記載能起到補充或糾正的作用。

秦簡的出土，是一件具有重大意義的事，在此之前，還未出土過秦簡，這幾批竹簡是研究嬴秦文化和禮俗難得的實物資料，極大地彌補了嬴秦史料的不足，有力地促進了嬴秦文化的深入研究。

在這幾批秦簡中最重要的就是雲夢秦簡和里耶秦簡。雲夢秦簡發現最早，使我們認識到研究嬴秦歷史和文化的一種新途徑。里耶秦簡最多，目前共有十多萬字的文字資料，大大充實了文獻奇缺的嬴秦歷史的研究。

雲夢秦簡中的《南郡守騰文書》，不僅有助於瞭解秦始皇時期的政治、軍事鬥爭形勢，而且有助於認識秦的用人制度、縣道並立的地方行政系統、縣設嗇夫的制度、郡守與縣道嗇夫的職權範圍以及傳達文書的制度等等，還反映出從《田律》到《田令》的變化發展、區分良吏、惡吏的標準與意義等問題。

又如《編年記》，它可以訂正、補充與印證《史記·秦本紀》、《史記·六國年表》及有關《世家》、《列傳》和其他史籍記載中關於嬴秦統一戰爭時的若干年代、地區和具體經過，可以從中看出秦的地方官制、賦役制度、曆法及一些地名的歷史沿革變遷等等。

《秦律》填補了自李悝《法經》與商鞅《秦律》散佚以來的空缺，是研究法制史的重要史料；同時秦的官制、土地、賦役、賜爵、租稅、官吏考核、罪犯審訊、工匠培訓、戶籍、上計、仕進等制度，以及倉庫的類型、結算、設置、封提、管理等制度，由官府稟衣、稟食、傳食等制度和管理、財經出納的預算、決算制度等等，都在《秦律》中有明確而且比較詳細的反映。

秦簡中的《為吏之道》，就是嬴秦當時官吏的行為標準、善惡準則，除此之外，還反映嬴秦禮俗在吸收中原周禮文化時，不僅吸收了如商鞅為代表的法家文化，也同時吸收儒家的思想精華，開始形成儒法融合的跡象和當時嬴秦社會的禮俗風尚。

里耶處於今湖南境內，是楚人、巴人和秦人爭奪的戰略要地，是文化交流頻繁的地方，文獻對這一地區的記載又很少，從這裡發現的秦簡，是嬴秦

縣級政府的部份檔案資料，內容包括政令、各級政府之間的往來公文、司法文書、吏員簿、物資（含罰沒財產）登記和轉運、里程書等，必將復活秦時的各項制度，譬如行政管理制度、文書制度、郵驛制度等。該簡中還有不少的有關秦歷史地理的材料，有很多的地名，如遷陵、酉陽、陽陵、沅陵、益陽、零陽、臨沅等，特別是有數支簡中記載了「洞庭郡」，對洞庭郡的介紹十分詳細，不僅有行政機構建制，而且還出現了「洞庭郡司空」、「洞庭司馬」、「洞庭尉令」、「洞庭假尉」等官名。這是以前的史書中從未記載的，雖然目前對秦到底有多少郡有很大的爭論，但無論哪一種觀點都未提出過有洞庭郡。遷陵一帶原來是楚黔中郡之所在。

更需要說明一點的是，從里耶秦簡中對縣、鄉等基層官吏的記載中，我們可以瞭解嬴秦王朝行政機構的具體運作，隱約可以看到嬴秦政府對處於邊遠地方管理的高效，其中當時把每天嚴格地分為十二刻，每刻再分成十二分，計時精確，由年、月、日、地名、職官、事件及辦理的事可構成簡潔完整的公文，可知秦政權嚴格而高效的管理制度，豐富了我們對秦代政治制度的認識。

可以說里耶秦簡是當時嬴秦人的勢力發展到兩湖時的最直接的見證，對於研究當地的禮俗、嬴秦禮俗對當地的影響一定會有很多的益處，也可以補充文獻資料的缺失。

《里耶發掘報告》〔註96〕雖然發表了，但是共有十多萬字文字資料的里耶秦簡，至今還沒有完全釋讀發表，僅是片言隻語見諸報端〔註97〕，我們期待更多的里耶秦簡文字資料的釋讀和發表，一定會對研究嬴秦時的行政管理制度、文書制度、郵驛制度和禮俗文化等都有所幫助。

同時，還需要重點說明的是，秦簡中《日書》的出現是嬴秦禮俗研究的一個重要資料，《日書》原來被認為就是一些宗教算卦的數術書，經過很多學者較長時間的研究發現，出土《日書》的墓葬墓主多為社會中下層庶民、士

〔註96〕《里耶發掘報告》，嶽麓書社2007年版。

〔註97〕湖南省文物考古研究所、湘西土家族自治州文物處：《湖南龍山里耶戰國——秦代古城一號井發掘簡報》，《文物》2003年第2期。

張春龍、龍金沙：《湘西里耶秦代簡牘選釋》，《中國歷史文物》2003年第1期。

湖南省文物考古研究所：《湖南龍山縣里耶戰國秦漢城址及秦代簡牘》，《考古》2003年第7期。

人和低級官吏，即使是西北地區所出《日書》簡，也是屯戍士卒日常生活中使用的實用文書。因此，《日書》其實就是嬴秦人日常生活使用的百科全書，所反映的是社會基層日常生活的實態，是我們研究社會史和日常生活史的基本素材，更能體現出禮俗強調全體民眾共同創造的特殊性，這和本文的宗旨也是一致的。

對於《日書》，很多學者還做了很多大量的整理釋讀工作，其中吳小強的《秦簡日書集釋》所作的工作為最好，收集了睡虎地秦簡《日書》甲種、乙種和放馬灘秦簡《日書》甲種的全部簡文，作者自己還增加了注釋、譯文、述論，是我們現在研究秦簡《日書》最全面的資料，也是研究嬴秦禮俗的最直接的史料。除此之外，還有王子今的《睡虎地秦簡〈日書〉甲種疏證》〔註98〕，也是研究嬴秦禮俗最直接的史料。

這些秦簡都是秦人自己的東西，可以改變以往我們都是依據山東諸國人對秦人的臆測和統一後的漢代用自己中原人的制度去推測秦人的禮俗的治史方法，能夠根據第一手的資料直接進行研究。

五、考古學資料

考古學所研究的古代遺存，都是以一定的形態，存在於一定的時間和空間範圍之中。考古學研究的過程，即是揭示遺存及其時空所存在的矛盾，並給予合理解釋的過程。確認古代遺存間所存在的縱向和橫向關係，即通常所說的建立時空框架，是研究古代遺存的重要依據。

同時，處於一定時期的考古學文化，由於其內部往往還包含存在於不同層次上的遺存，進而形成了一定的層次結構，如高臺建築和小型居址、大型陵園和中小型墓地、青銅禮器和日用陶器等等。而遺存的層次結構反映了該文化中使用不同層次遺存的人群，處於不同的社會階層之中。因此對於考古學文化層次結構的劃分，考察不同的遺存在該考古學文化中所處的層次地位，是探索該文化社會階層結構的重要途徑，也是對該考古學文化進行深入研究的前提條件，更是進入歷史時期的考古學文化研究的必要條件。

和先秦時期所有的問題一樣，嬴秦史的研究也同樣面臨著文獻記載的嚴重缺乏，所以考古發掘材料的發現和運用就顯得尤其重要。在嬴秦文化的諸種考古學遺存中，以墓葬最能體現其層次結構，其中處於最高層次的遺存當

〔註98〕湖北教育出版社 2003 年版。

屬秦公陵園和秦始皇陵園。

　　已有的考古工作對其中的禮縣大堡子山秦公大墓做過劫餘的清理；對雍城南郊的一號秦公大墓進行過大規模的田野發掘；對雍城秦公陵園和「芷陽」秦公陵園做過鑽探和試掘；對秦始皇陵園所做的田野工作則自兵馬俑發現以來幾乎沒有停止，也有許多讓世人矚目的發現。由於這些大型陵園的墓主人都是秦國國君或者皇帝，身份明確，與統治集團內部成員構成的變化關係不大。而在關中地區發現的大量秦文化中小型墓葬，其墓主人則包括了秦文化中除了最高統治者以外的大部份人群，也是秦文化層次結構的主要資料。而且這些資料往往是分期、分區不清楚，是需要我們作大量工作的。

　　考古材料對於贏秦歷史的研究能夠起到很大的作用，不僅是墓葬的建制，還有墓葬中的隨葬品的擺放、組合、多少，都是和當時特殊的禮俗有很大的關係的，也都是研究贏秦禮俗最好的材料。墓葬構成的諸要素包括墓葬形制、規模、葬具、葬式和隨葬器物等等。具體落實到秦文化的墓葬中，墓葬形制經歷了從豎穴墓到洞室墓的變化，更多表現的是時間差異。在不同規模、不同葬具以及不同隨葬器物的墓葬中，葬式多以蜷曲十分嚴重的屈肢葬為主，但也可見到直肢葬，因此很難將墓葬形制和葬式作為對墓葬進行分類的前提條件。隨葬器物可以根據質地和功能劃分為青銅禮器、仿銅陶禮器、日用陶器等不同的類別，同時這些類別上的差異與墓葬規模、葬具多寡間沒有絕對的搭配關係，只是表現出一個大致的傾向，如隨葬青銅禮器的墓葬規模大多較大，多見有多重棺槨者，而在隨葬日用陶器的墓葬中，多見規模較小者，或僅有棺者。這些墓葬主要集中在禮縣、天水、長隴、寶雞、西安、銅川和大荔等地區。

　　另外，就是秦始皇陵兵馬俑的重見天日，為我們研究贏秦禮俗提供了很多實證的材料。陶俑身上的服飾、衣帽款式，以及髮飾等等都是禮俗的組成部份。秦兵馬俑中還出現了很多的陶文，就更能直接說明問題了。

　　由於考古資料的特殊性，比如必須有文獻資料的佐證，比如出土文物的主人和時代的確認等等，就使本文中禮俗的劃分得按照贏秦人地域的擴大來確定的。

　　以上所列的秦文化遺存都是最近發現的，資料還是比較貧乏和零碎，但一個文明在地理上擴張及由此類遺存所反映的遼闊，已經引起了秦文化研究者的注意。

第四節　研究思路和方法

一、研究範圍的基本界定

（一）本文中嬴秦的概念

或許是歷史學界長時間來對歷史時期的分段的緣故，把秦統一作為中國歷史上的一件大事。往往把統一以前的中國歷史稱為「先秦史」，和「先商」、「先周」就是商人、周人的前期歷史不一樣的是，「先秦」卻不是嬴秦人早期的歷史，而是秦統一以前的整個中國的歷史。

因此，以往人們在解讀「秦」的時候，往往是會把春秋戰國時期及其以前時代的、作為諸侯國時期「秦國」和統一以後的、作為朝代的「秦代」分開、被當做兩個階段來解讀和研究。

統一前的秦國，就被看作和東方諸國一樣的諸侯小國，或者說還是一個落後的、「愚昧」的諸侯國。統一後的秦代也是一個僅僅存在了十五年的短命王朝，作為統一以前的嬴秦民族、作為諸侯國的秦國對於嬴秦統一全國，到底起到多大的作用，似乎具體分析得還不夠，或者說，和嬴秦的統一中國、和秦政之沿用兩千年的歷史地位還不匹配。

本來就是一個民族的歷史，無端地就分成了兩截。

和「先商」、「先周」等其他的民族一樣，嬴秦的統一全國，其實並不是一個突發的事件，而是有一個漫長的「先秦」的歷史過程的，正是由於有了嬴秦族人在「先秦」時期長達八百多年的積聚、積澱，才會有秦始皇時代的統一，才會有秦王朝的輝煌。更有了和商周不一樣的是，嬴秦族之統一全國，實施了以往不一樣的政令、政策，還有禮俗，才使得「秦政」在中國能延續兩千年。

本文的「嬴秦」，不僅僅是春秋戰國時期，局限於今天陝西、甘肅一帶的秦人（秦族）所有的作為諸侯國的文化，而是作為立國以前的嬴秦族、始國後作為諸侯國的秦國以及統一後的秦王朝三部份組成的嬴秦文化，其地域也隨著勢力範圍的擴大而有所變化。

商代末期，秦之先祖中有一支歸於周室，遷居到渭水上游的天水地區〔註99〕。

〔註99〕嬴秦民族從什麼地方遷徙而來，學術界還有很多的爭論，主要的有東來說、西來說兩種說法。因為對於在此之前的嬴秦人尚處於傳說時代，對於他們的來源，還都是猜想，還沒有明確的文獻資料可以證明，所以本文僅從可以見

這是有史記載秦人的開始，嬴秦人從中潏「在西戎，保西垂」〔註 100〕開始，成爲周王室鎮守西部邊境的部族，部族中心在西垂、西犬丘。這些記載應該是信史。

這個時期的「西戎」、「西垂」、「西邑」，到後來的非子所居的「犬丘」和「西犬丘」等地望，儘管具體的地點在學術界還存有很大的爭議，是泛指西土，還是指具體的地名，都是可以討論。不過在當時西周的西部應該是沒有問題的，在學術界也是公認的，沒有什麼分歧。

《史記‧秦本紀》載，西周中期孝王時期，秦的祖先「非子居犬丘，好馬及畜，善養息之。」周孝王「賜姓嬴」，邑之秦。使復續嬴氏祀，號曰秦嬴。「秦」的稱號開始見於史載，包括此前的傳說時代，這是立國以前的嬴秦族時期。

周幽王時，西周發生了褒姒之亂，分封的諸侯叛周，西戎、犬戎、申侯趁機伐周。秦襄公將兵救周，有功，平王封襄公爲諸侯，賜之岐以西之地。……封爵之。秦襄公於是始國，與諸侯通使聘享之禮，開始有「秦國」的名稱，這在嬴秦歷史上是一件大事。

一直到秦王政「立二十六年，初併天下爲三十六郡」，一統全國。這是作爲諸侯國時期的秦國。

從秦王政統一山東諸國一直到二世三年，「楚將沛公破秦軍，入武關」，「殺子嬰及秦諸公子宗族……秦竟滅矣」。這是統一全國後的秦王朝時期。

只要是在這三個時期內，也就是文獻記載的中潏以後的秦人、秦族、秦國和秦代，嬴秦人生產生活所形成的禮俗就是我們所要研究的對象。因此本文中的「嬴秦」，是隨著秦人勢力的擴大，而隨之變化的。

從考古學意義上來說，嬴秦文化就是「分佈於一定區域、存在於一定時間、具有共同特徵」〔註 101〕的嬴秦人的活動遺存，從這個角度說，「嬴秦」的概念，其時間上限可以早到夏商時代，下限可以一直到西漢早期，在這長達八百多年的歷史裏，作爲嬴秦族、秦國和秦王朝的主體的嬴秦，在其生活、

到的明確的歷史記載開始說起。詳見吳小強：《二十世紀秦文化淵源討論評述》，《秦文化論叢》（第十二輯），三秦出版社 2005 年版。陳平：《關隴文化與嬴秦文明》，江蘇教育出版社 2005 年版。

〔註 100〕司馬遷：《史記‧秦本紀》，中華書局 1959 年版。

〔註 101〕張忠培：《研究考古學文化需要探索的幾個問題》，《中國考古學——走近歷史真實之道》，科學出版社 1999 年版，162 頁。

活動的範圍裏，所創造的有關禮俗文明的遺存，就是我們研究的對象。

　　還有那些在嬴秦歷史的發展過程中，由於種種原因，無論是主動，還是被動的，與嬴秦有著密切的聯繫（包括戰爭、聯姻等途徑）的其他族群，只要是在相同的時期、相同的區域內，被納入嬴秦的影響範圍之內的、與嬴秦文化有著相同或相近的文化遺存，都是我們研究的範圍。

（二）本文中禮俗的概念

　　梁啓超在《中國之舊史》中，說到了中國歷史的四大弊端：「知有朝廷而不知有國家」、「知有個人而不知有群體」、「知有陳跡而不知有今務」、「知有事實而不知有理想」，歸納起來就是，中國的歷史是一部「帝王將相」的歷史，是英雄人物創造的歷史，其中很少提及普通百姓的作用和生活。這一點自梁啓超後，已經成爲無論是學術界還是思想界的學人們一直思考的問題。

　　比如，有人開始關注起了和政治、國家對立面的「社會」，中國傳統的社會往往是一個有血緣關係衍生出來的更大的家庭，都是有「修身」、「齊家」再轉化過來的「治國」、「平天下」，換一個角度說，在中國古代，國家和天下也不過是一個「擴大了的家庭」。古代社會中，國、天下和身、家之間就是有著不可割裂的、千絲萬縷的聯繫的。

　　正如在第一部份討論到「禮」和法的問題的時候，現代法學界的人還有人認爲就是古代的禮有點類似於近現代意義上的「憲法」，只是古代的社會缺少了近代意義上的「公民社會」，有國家而無「社會」。

　　錢穆說的「中國人本不言社會，家國天下皆即社會」，「中國傳統，政府與社會爲一體」。

　　這在先秦時代諸子中就已有所體現的，最明顯的就是《荀子》，該書中就提到了人類之所以特殊於自然界，就在於人類「能群，彼不能群也」。人通過什麼「能群」？「曰：分」，〔註102〕是通過「分」來規範、維繫人和人之間的關係的。

　　道家歷來主張「無爲而治」，「至德之世，同與禽獸居，族與萬物並」〔註103〕，主張不要社會，回到小國寡民、人人平等的時代。

　　法家則是主張強化國家的功能，嚴刑峻法。

　　還有人就從以民俗學爲代表的別的學科的角度，來討論中國古代社會中

〔註102〕《荀子・王制》，《諸子集成》本，中華書局 1986 年版。
〔註103〕《莊子・馬蹄》，《諸子集成》本，中華書局 1986 年版。

的普通民眾的生活，以至於中國古代的整個社會。他們認為民俗學是社會學的一個分支，還有人認為歷史中也有民俗學，用它來討論歷史學也是理所當然的。

民俗學倒是關注人們生活狀況的婚姻、家庭，甚至是生活習慣等等。但因為「民俗學」的理論畢竟是個舶來品，它的很多的術語和研究方法都是在別的領域總結出來的經驗，它的理論是否能為我所用，還是一個未知的東西，所以，以往在對中國傳統社會的研究中的「民俗學」，往往成為一個只會收集材料、之後就為某種理論服務的一種手段而已。

幸好，在我國古代歷史上還有贏秦這樣一個民族，在這個民族中，正好還產生了以《日書》為代表的、能夠體現了贏秦民族上下層一起產生該民族共同文化特徵的禮俗。這種文化特徵不像民俗學中所說的民俗文化是下層人民創造的，也不是當時中原諸國的文獻記載那樣，輝煌的歷史是有少數英雄人物來書寫的那樣，在贏秦歷史中，贏秦的禮俗是有贏秦的上層和下層、民間和官方、主流和亞主流共同創造的，也為我們研究禮俗提供了方便的條件。

我們所謂的禮俗，不僅包含了禮儀制度，還包括禮儀習俗，不僅是有上層人士創造的「禮」，同時也是有中下層人們創造的所謂的「俗」。實際上即使在中原周禮文化中，禮和俗也不是決然分開的，《禮記》中還有「禮從俗，事從宜」的提法，禮制的修訂還會從民間吸收習俗，或許就是所謂的「禮失而求諸野」，只是由於在周禮文化中，資料的缺失，已經很難見到禮俗的面貌了，而正好通過贏秦這樣一個在中國古代歷史上、不僅有上層人士創造的禮法，還有中下層人們創造的風俗習慣，來尋找贏秦時代的，與國家和政治對立面的「社會」。

禮俗研究屬於民俗學、社會學、歷史學之間的一門學科。我國是一個具有悠久歷史文化傳統的文明古國大國，禮俗的研究，正是我們自身特色的一個體現，其中沒有全盤沿用和照搬西方的社會學和民俗學，甚至是人類學的理論。

在禮俗理論研究方面，楊樹達於 1933 年著有《漢代婚喪禮俗考》，鄧小琴 1947 年著有《中國禮俗學綱要》，柳詒徵於 1947 年發表《中國禮俗史發凡》，三文均以「禮俗」命名。

楊氏的禮俗實際上就是三十年代的學術界研究很甚的風俗的一種〔註104〕，王子今在解讀楊著時說：「禮俗」應當是包括了禮儀制度、民間風俗。這裡的禮儀制度是一種由俗而生的，還制約著俗，與俗有著密切的關係的「禮」，和政制還不一樣〔註105〕。

後兩篇文章則認爲，研究「禮」離不開「俗」。其中鄧文對禮與俗的關係作了辨析，就禮俗在中國文化中的價值、中西禮俗的比較、禮俗變遷等問題提出見解。這對以後的禮俗研究有開啓之功，對於嬴秦禮俗這樣具體的學科禮俗研究是有借鑒作用的。

王煒民 1997 年在商務印書館出版了《中國古代禮俗》一書，這是一本以「禮俗」名義命名的普及性圖書。

王氏認爲：禮儀的概念，就是社會中的人們在生活、生產，以及各種社會交際等各種活動中，應該遵循的各種社會規則、道德規範。這些規則規範是經過長時間的積澱而形成的，需要一定的具體的儀式和禮節來表現。這種種具體的儀式和禮節規範隨著時間的推移，就漸漸沿襲成爲人們約定俗成，並依照執行的社會風俗，這種風俗又稱之爲禮俗。

該書分爲禮俗的起源與形成、育子禮俗、成年禮俗、婚姻禮俗、日常禮俗、社交禮俗、節慶禮俗、盟誓禮俗、喪葬禮俗、祭祀禮俗十個部份。該書儘管是一本普及型讀物，但爲我們嬴秦禮俗的研究也是提供了方向性的指導意義。

自秦亡以來，就一直存在著對於嬴秦的各種看法，但對於嬴秦禮俗的研

〔註104〕當時流行的以「風俗」和「風俗史」命名的著述還有：張亮采的《中國風俗史》（商務印書館，1915 年版）、胡樸安的《中華全國風俗志》（大達圖書供應社，1936 年）、尚秉和的《歷代社會風俗事物考》（商務印書館，1938 年）、陳顧遠的《中國古代婚姻史》（商務印書館，1925 年）、陳顧遠的《中國婚姻史》（商務印書館，1936 年）、陳東原的《中國婦女生活史》（商務印書館，1928 年）、瞿宣穎的《漢代風俗制度史前編》（北平廣業書社，1928 年）、瞿兌之的《漢代風俗制度考》（北平廣業書社，1928 年）。
1949 年後，以「風俗」和「風俗史」爲書名的有：1966 年臺灣省立海洋學院出版周林根《中國古代社教史》，1973 年臺灣中華書局出版何聯奎《中國禮俗研究》，1978 年臺北市正中書局出版胡奚眞等《中國的風俗習慣》，1988 年巴蜀書社出版鄧子琴《中國風俗史》，同年陝西人民出版社推出一套《中國風俗叢書》，1991 年上海古籍出版社推出一套《中國古代生活文化叢書》，同年中國和平出版社出版申士垚、付美琳等編著的《中國風俗大辭典》……

〔註105〕詳見《漢代婚喪禮俗考》（王子今導讀），上海古籍出版社 2000 年版。

究，或者說把對嬴秦生活方式提高到禮俗高度來認識嬴秦社會的論著還較少。許多論著都是基於對嬴秦墓葬的方式、出土的器物組合、文字、社會生活、宗教等方面的，往往會對這一類社會生活方式的細節進行考釋。

這些考釋對於深入研究嬴秦社會的禮俗文化是有益處的，都會有促進作用的。

二、研究的基本思路

本文以禮俗爲切入的角度，在充分運用文獻資料和考古資料的基礎上，首先梳理了嬴秦人自起源階段的禮俗狀況，到東向吸收以禮樂文明爲代表的中原各族的禮俗，一直到最後全面華夏化的一個進程。在梳理的過程中還簡要地闡述了嬴秦各階段的禮俗進程對該階段嬴秦歷史的影響。

三、研究的基本方法

嬴秦歷史和其他古代歷史研究一樣，有兩種理論的基本傾向占主導地位：史料學和各種新理論。

把史料學等同於史學，是中央研究院歷史語言研究所在 1928 年廣東成立至今的基本觀點。史料學的一個宣言是發表於《歷史語言研究所集刊》第一本的傅斯年所著的工作旨趣。他們認爲只有某一個時代的史料大大地豐富和擴大了，史實也就明確了。比如甲骨學的發現大大地擴大了殷商史地研究，簡牘的發現對嬴秦史、嬴秦禮俗的研究也一定會起到推動的作用。

馬克思主義新理論的應用，當首推郭沫若。早在 1930 年，他在《中國古代社會研究》一書中就首次嘗試用科學的唯物史觀來研究和解釋歷史。直到 1954 年，他也認識到史料和理論結合的重要性。他說：「掌握正確的科學歷史觀點非常必要，這是先決條件。但有了正確的歷史觀點，假使沒有豐富的正確的材料，材料的時代性不明確，那也是得不出正確得結論。」此後，這一材料和理論結合的唯物史觀一直是我們研究歷史學的基本做法，也是本文研究的基本點。

儘管嬴秦在春秋戰國時期位列春秋五霸、戰國七雄之一，但與其他諸侯國不同的是，其他諸國的歷史研究有大量的、不同類型的歷史記載可以使用，而嬴秦則是不同於其他諸強，文獻中有像《秦本紀》、《秦始皇本紀》這樣比較系統的嬴秦歷史記載，也可以使我們基本瞭解嬴秦發展的輪廓，但由於當

時諸國「卑秦」，對嬴秦的記載相對較少，即使在少有的記載中還往往帶有自己的主觀臆斷，使得對於嬴秦的許多問題至今還仍然是聚訟紛紜。所以對於嬴秦歷史和禮俗的研究，還是要在文獻的基礎上，結合考古材料，尤其是結合出土文獻資料的方法，進行綜合研究，這樣才能得出比較科學、可信的結論。

在運用嬴秦考古材料的時候，一定要結合文獻資料，才能對考古出土文物的時代進行明確的定位。同時尤其要充分運用二十世紀七十年代以來出土的簡牘資料，這是嬴秦所特有的、反映嬴秦普通民眾生活的最好材料。只有幾方面結合起來相互印證，才能反映歷史的本來面貌。

同時，在進行嬴秦禮俗研究時，還要充分吸收諸如民俗學、社會學、地理學、古文字學等學科的研究成果和相關知識，還要借鑒和嬴秦同時代的其他諸國、諸民族的研究成果。嬴秦族本來就是在和周圍諸國、諸民族的相互吸收、相互影響的過程中，逐步完善自己的禮俗文化的，所以和嬴秦同時代的其他諸國、諸民族的社會生活生產方式的研究成果，可以為嬴秦禮俗的研究提供借鑒和旁證，在相互比較中凸顯嬴秦禮俗的特點。從嬴秦社會中走出來，站在更高的點上，從全面的角度上來考察嬴秦的禮俗，還原嬴秦禮俗的面貌，評估嬴秦禮俗在嬴秦歷史中的地位，是我們所要做的。

第五節　本書的創新之處

其一，本文認為，禮俗是有一個集團內部的全體民眾共同創造的，而不是傳統意義上的、僅是下層民眾創造的「俗」的概念，所以，本文把它和「禮」聯繫起來考察，就是考察嬴秦民族的上下層的、官的民的生活方式和統治制度。

其二，本文把僅存了十五年的秦代和嬴秦民族的起源、發展時期的秦族、秦國結合起來考察，並且力求通過用嬴秦本民族的材料，對於函谷關以東諸國的史料也是謹慎考察使用，再結合了嬴秦考古發掘的實物材料、出土文獻資料綜合考察了嬴秦的各項特殊的禮俗。並且認為嬴秦民族的發展基礎和發展過程不是如東方諸國評價的那樣的「落後」和「戎狄化」的，而是有著自身的發展道路的。較為系統地勾勒出嬴秦禮俗的概貌和發展的過程。

其三，在和周禮和山東諸國禮俗比較的基礎上，總結出了嬴秦禮俗的幾

個基本特徵。本文具體地在喪葬、祭祀、婚姻、宗法、宗教、其他方面和《日書》中所見到的禮俗這七個方面，得出了一些贏秦和東方諸國不同的禮俗特徵。具體內容涉及贏秦的衣食住行、婚喪嫁娶、生老病死、宗教祭祀等等方面，認爲贏秦是隨著統一中國的過程中，在保持了自身民族特有的禮俗的情況下，隨著東進的步伐，也是在逐步地吸收了東方諸國的禮俗文化的。

其三，簡要地剖析了贏秦禮俗在贏秦發展史上的作用和對以後歷史的影響。禮俗的形成與發展不僅是一個歷史進程，需要用歷史的、發展的觀點來梳理把握，它還是一個多種因素共同作用的系統工程，需要用系統的、聯繫的觀點來分析它。贏秦的禮俗也同樣如此，在研究的過程中，本文在把贏秦禮俗放在歷史過程中加以理解的同時，還把它看作一個系統工程，把它放在贏秦社會發展的歷史進程中考查它的變化、作用和影響，系統闡述了贏秦禮俗的發展與社會進步、文化發展等方面內容的關係，還重點闡述了贏秦禮俗對於以後歷史發展之間的相互關係。本文認爲，贏秦是一個獨具自身禮俗特色的民族，不僅異於中原諸國的禮俗，和西戎的禮俗也是不一樣的；贏秦人在東向的過程中，逐步吸收周禮文化和山東諸國的禮俗文化。

第六節　本章小結

本章首先明確本文的幾個概念：贏秦、禮俗。

本文認爲，應該把統一以前的贏秦族、秦國和統一以後的秦代綜合起來一起考察。秦族、秦國爲後來贏秦的統一奠定了基礎。

贏秦是一個變化的概念，不僅是指建國以前的贏秦民族，還有在建國以後的商周時期、春秋戰國時期和東方諸國平列的秦國，還包括秦始皇統一中國後建立起來的秦王朝。

禮俗不等同於俗。和傳統意義上的俗僅僅是下層人們的生活習慣和生活方式不一樣，贏秦的禮俗是有上下層贏秦族的人們共同創造的生活方式和生活習慣。

本文的禮俗和「禮」也不一樣。一般意義上的「禮」是指周禮，是中原禮樂文化最主要的組成部份，是不能「下庶人」的，也是儒家文化的重要組成部份，而這裡的禮俗不僅是贏秦族自身的、經過長期以來形成的本來的生活方式和習慣、制度，也包括了贏秦在東向的過程中吸收的中原文化中的儒

家的「禮」的部份，還包括了中原以法家爲代表的諸家文化的精華，一起組成的生活方式、生活習慣、統治方式和制度。

本文認爲的禮俗，是嬴秦人上下層、官民共同創造的不同於商周、不同於同時代的山東諸國的嬴秦人自身獨具的一種文化形態、生活方式。

由於距今較遠的緣故，對於嬴秦的文獻記載很少，即使有的話，其中大多數也都是帶有山東諸國人對嬴秦的偏見，所以，出土的有關嬴秦的文獻資料和出土文物就顯得尤其珍貴了。

研究嬴秦的歷史和禮俗，需要參考的資料主要分爲下面幾大塊：首先是以《尚書》、《史記》、《詩經》爲代表的、經過後人考證過的、比較可靠的文獻資料。其中，不僅有正史，還有以《春秋左傳》等爲代表的編年體史書、以《戰國策》、《國語》爲代表的雜史、以《秦會要》等爲代表的政書，地理類著作，諸子中很多資料都是可以爲我所用的。另外，還有現代人做的傳世文獻彙編的工作，比如《秦集史》等也是研究嬴秦禮俗的重要參考資料。

其中和嬴秦有關的相關人物的本紀、列傳、子書應該是第一手的材料。

前人在「禮俗」的理論問題上也有所涉及，爲我們研究嬴秦的禮俗提供了借鑒。

其中楊樹達《漢代婚喪禮俗考》，鄧小琴《中國禮俗學綱要》，柳詒徵《中國禮俗史發凡》等著作，雖然距今已經有些時日，但他們研究禮俗的角度也還值得借鑒。尤其是鄧文，就禮俗在中國文化中的價值、中西禮俗的比較、禮俗變遷等問題提出見解。這對以後的禮俗研究有開啓之功。

近年，王煒出版了《中國古代禮俗》一書，雖然是普及性質圖書，但書中對禮俗的分類還是值得我們好好珍惜的。

在對於嬴秦問題的研究上，前人所作的工作主要體現在這幾個方面：秦國時期的改革、秦國的歷史發展，秦代的政治以及速亡的原因等方面。

因爲秦代是我國第一個統一的多民族的王朝，但同時其存在的時間又很短，僅僅只有十多年的時間，因此自從秦亡後，自漢代開始的歷代統治者和思想家們對秦亡的經驗教訓開始做總結，其中有的已經開始涉及禮俗方面的原因。

1949 年以來，以陝西學者爲代表的一大批學者開始收集了有關嬴秦方面的文獻、考古、出土文獻方面的資料，對嬴秦的方方面面都進行研究，尤其是在二十世紀七十年代，秦始皇陵發掘開始，隨著對秦考古發掘的深入，出

土的實物資料增多，爲研究贏秦問題提供更多有利的條件。出現的科研成果也是大批增加。

但是其中對於統一前的贏秦族、秦國和秦的統一之間到底是什麼關係，前者爲後來的統一到底具備了什麼條件，還有值得繼續研究的必要。

我國傳統史學以王朝爲中心、關注王朝的興衰和帝王將相的生活，對社會基層的歷史、一般民眾的生活注意不夠。在研究明清及以後的社會生活史時，我們可以通過方志、私家著述和民間調查來彌補，但對戰國秦漢時期的社會生活史，則沒有這些便利。以秦簡《日書》爲代表的大量秦簡的出土面世，大大彌補了這方面的不足，豐富了我們對中國歷史早期社會基層民眾日常生活的認識，也讓贏秦禮俗的研究成了可能。

贏秦考古發掘中以秦簡爲代表的出土文獻的出現，更是對贏秦禮俗研究提供了方便的條件。秦簡中的《日書》本來就是贏秦社會中有關中下層人們生活生產方式記載的東西，這在東方諸國是很少見到的。隨著對《日書》研究的深入，也爲我們研究贏秦的禮俗開了方面之門。

但是，以前對日書的研究還多局限於文字的考釋，部份開始涉及贏秦人的生活之中，但對於由此引起的贏秦人的政治制度有什麼影響，以至於對贏秦最後的統一、速亡的關係，還有繼續研究的空間。

第二章 嬴秦禮俗產生的條件、背景

第一節 嬴秦的社會人文環境

　　嬴秦的起源，主要可以依據的最基本的史料就是《史記・秦本紀》。

　　《秦本紀》開篇就追述嬴秦人的祖先，是「帝顓頊之苗裔，孫曰女脩」。女脩善於織布，和中原人一樣也是「玄鳥隕卵，女脩吞之，生子大業」，似乎是中原人的思維，體現了嬴秦人早期的傳說時期。「大業取少典之子，曰女華。女華生大費，與禹平水土。」到了夏初，已經開始協助夏禹一起治水，或許還是傳說時代，不過可以想見，在中原人的眼中，嬴秦人似乎不全是游牧，水利的發達已經露出端倪。協助夏禹治水「已成，帝錫玄圭。禹受曰：『非予能成，亦大費爲輔。』帝舜曰：『咨爾費，贊禹功，其賜爾皂游。爾後嗣將大出。』乃妻之姚姓之玉女。大費拜受，佐舜調馴鳥獸，鳥獸多馴服，是爲柏翳。」柏翳在嬴秦的歷史上是一個很重要的人物，不僅其先人能夠協助夏禹治水，自己還能協助舜訓鳥獸，不光是游牧，還是家養了，舜因此賜柏翳嬴氏，開始了「嬴秦」。

　　大費生大廉、若木兩子，中間有缺環，之後就是大費的「玄孫曰費昌，子孫或在中國，或在夷狄」。這個時候已經到了夏桀時代了，「去夏歸商，爲湯御，以敗桀於鳴條」。

　　大廉的玄孫是孟戲、中衍，還是繼續爲商王服務，「以佐殷國」，作爲太戊駕車的，應該說還是以前嬴秦先人的「調馴鳥獸」的繼續，只是已經開始駕車，估計是馬車，應該說，能夠很好地駕馭馬車是歷史的一大進步，之後，

佐殷逐世有功，贏秦人中出現了很多的名人，被殷王封為諸侯。

中衍玄孫中潏，還是「在西戎，保西垂」，地緣上還是處於中原的西部，這是贏秦有確切歷史的開始，也開創了贏秦新時代。中潏「生蜚廉，蜚廉生惡來」，都是「以材力事殷紂」。

「蜚廉復有子曰季勝。季勝生孟增。孟增幸於周成王，是為宅皋狼。皋狼生衡父，衡父生造父。造父以善御幸於周繆王。」孟增到了西周成王的時代了，造父還是贏秦人一貫的善御，還因此在徐偃王作亂的時候，因為替繆王御車，從很遠的地方「歸周以救亂」，有功，繆王以趙城封造父，造父這一系由此為趙氏。對此，學術界還有爭論〔註1〕。

惡來「有子曰女防。女防生旁皋，旁皋生太几，太几生大駱，大駱生非子。以造父之寵，皆蒙趙城，姓趙氏。非子居犬丘，好馬及畜，善養息之。」「使復續贏氏祀，號曰秦贏。」

從以上史料記載中，可以看出，秦人最早的歷史和中原諸國的歷史有很多的相似之處。從大業開始，已經有了很確定的世系了。在很早的先祖時代，就已經和中原的諸部落（族群）有了聯繫，或「與禹平水土」，或「佐舜調馴鳥獸」。至遲到商代，秦人的先祖就已經活動在商人的西部了。

之後，贏秦的歷史在不少史家的眼裏，或者說，在山東諸國的人們看來，還仍然是十分落後的，一直到商鞅變法時，才能和中原諸國相提並論。

實際上，贏秦只是沒有中原以「親親」、「尊尊」為標誌的禮樂文明，沒有中原文明中的宗法制，沒有實施嚴格的嫡長子繼承……君位繼承均無定制，也沒有類似於中原那樣的思想家、政治家、軍事家等等。

但是贏秦有自己獨特的發展道路。秦人關心的是與生產、戰鬥有關的事情，「秦人家富子壯則出分，家貧子壯則出贅。借父耰鋤，慮有德色；母取箕帚，立而誶語。抱哺其子，與公並倨；婦姑不相說，則反唇而相稽。其慈子耆利，不同禽獸者亡幾耳」〔註2〕，這已經是漢代人對贏秦人的看法了，就是說，贏秦人沒有受過中原一帶的禮樂文化的薰陶。

〔註1〕 見王玉哲：《秦人的族源及遷徙路線》，《歷史研究》1991 年第 3 期。何清谷：《贏秦族西遷考》，《考古與文物》1991 年第 5 期。黃灼耀：《秦人早期史蹟初探》，《學術研究》1980 年第 6 期；《論秦文化的淵源及其發展途徑》，《華南師院學報》1981 年第 3 期。

〔註2〕 班固：《漢書·賈誼傳》，中華書局 1962 年版。

「秦國之俗，貪狼強力，寡義而趨利」〔註3〕，在中原禮儀人士看來，嬴秦的風俗，就是具有狼一樣的性格，講求「強力」，簡直就是無父無母的禽獸行為，中原的「義」在這裡很少，秦人都趨向於「利」，和虎狼無異，嬴秦人就是有這樣一種很功利的價值觀。至於說是不是像賈誼所說的「借父耰鋤，慮有德色；母取箕帚，立而誶語。抱哺其子，與公並倨；婦姑不相說，則反唇而相稽」，我們會在「嬴秦禮俗文化之特徵」中詳細評述的。

到戰國商鞅變法時，其中還有這樣的規定「能得甲首一者，賞爵一級，益田一頃，益宅九畝。級除庶子一人，乃得入兵官之吏」〔註4〕，無論是什麼身份的人，只要是能夠殺敵一個，就能獎賞爵位一級，和宗法繼承沒有任何關係。明令禁止私鬥，獎勵首戰之功，只要是在戰爭中英勇善戰，就能獲得獎勵，完全和血緣沒有關係，沒有中原周禮文化下的宗法精神，在此律令之下，嬴秦個個善戰，出現了「父遺其子，兄遺其弟，妻遺其夫，皆曰：『不得，無返』」〔註5〕的局面，在戰場上，唯一的勝利就是要有所「得」，目的性很明確，這也是自己能否晉升的動力所在。

二十世紀在湖北雲夢睡虎地發現了嬴秦竹簡以來，在其他地方也陸續發現了越來越多的嬴秦人的竹簡，這些出土的文獻資料為我們研究嬴秦禮俗提供了最直接、最可靠的史料。

就目前出土的嬴秦竹簡來看，其所在的墓葬墓主大多是社會中下層庶民、士人和低級官吏。即使是在西北，嬴秦的原來的地區所出土的秦簡，也都是屯戍士卒日常生活中使用的實用文書。因此，《日書》所反映的是社會基層日常生活的實態，是我們研究社會史和日常生活史的基本素材。

竹簡中更多表現的是嬴秦中下層人們的生活場景。中原禮樂文化一般都是以王朝為中心、關注王朝的興衰和統治者上層的生活，對社會基層的歷史、一般民眾的生活關注不多，少有表現普通人生活場景的描寫，有的只是「諸子」所表現出來的英雄人物的哲學、政治、倫理這些理論性的著述。與此不同的是，以《日書》為代表的竹簡資料，反映了普通的嬴秦人生活場景和生活習慣，彌補了這方面的不足，豐富了我們對嬴秦社會基層民眾日常生活的認識和嬴秦禮俗的瞭解。

〔註3〕　《淮南子·要略》，《諸子集成》本，中華書局 1986 年版。
〔註4〕　《商君書·境內》，《諸子集成》本，中華書局 1986 年版。
〔註5〕　《商君書·畫策》，《諸子集成》本，中華書局 1986 年版。

以前，學術界對於數術類的東西有一種忌諱，覺得那是一種「層次」不高的迷信的東西。隨著研究的深入，越來越多的人們覺得那是反映嬴秦禮俗最眞實的史料，也是反映那個時代普通人思想境界最好的材料。

第二節　嬴秦生活的自然環境

嬴秦原僻處於今隴西一帶，在一般人看來，嬴秦人最早居住的這個地方似乎是很荒凉的地方，嬴秦人就是一個游牧民族，逐水草而居。

有史籍記載開始，嬴秦曾建都於西犬丘（今甘肅天水禮縣）。以後隨著國力的壯大，逐步東遷。

西周末年，戎狄叛亂，秦襄公平叛有功，護送周平王東遷雒邑，始被封爲諸侯，並徙都於汧（今陝西隴縣東南），勢力開始進入今關中西部。

秦獻公二年（前 383）又遷都櫟陽。至其子孝公繼位，用衛人商鞅實行變法，國力更趨強大，遂成戰國七雄之一。

孝公十二年（前 350）徙都咸陽，自此開始和東方六國進行面對面的爭鬥。此後嬴秦北伐義渠，南滅蜀、巴、宛、郢，東取河東、太原、上黨及函谷關外之周國舊地。

到公元前 246 年秦王政即位時，嬴秦疆域已北抵長城（由今甘肅臨洮經陝北吳旗、靖邊、神木等縣，至內蒙古準格爾旗之十二連城），南邊包擴巴、蜀，東邊已經進至函谷關。

本文所說的「嬴秦」就是處在這麼一個地理環境之中的，在古代生產力水平低下的情況下，地理環境對人們生活生產的影響是十分巨大的。

說起古代的氣候，當然不能不說竺可楨的《中國近五千年來氣候變遷的初步研究》〔註6〕文章。竺可楨認爲，秦代處於我國氣候史上第二個溫暖期，當時「在戰國時期，氣候比現在暖和得多」，直接表現就是雨量充沛，四季分明，適宜於農業生產，「山林川谷美，天材之利多，是形勝也」〔註7〕。

除了竺可楨外，今人對嬴秦所處的地理位置也是有所涉及的，也有很多的研究，比如張仲立的《秦俑一號坑沈降與關中秦代氣候分佈》〔註8〕、朱士

〔註6〕　載《考古學報》1972 年第 1 期。
〔註7〕　《荀子・疆國》，《諸子集成》本，中華書局 1986 年版。
〔註8〕　載《秦文化論叢》（第四輯），西北大學出版社 1996 年版。

光的《秦國富強卒並諸侯之地理環境條件探析》〔註9〕等。

關中地區，「於天下三分之一，而人眾不過什三，然量其富什居其六」〔註10〕，人不算很多，物產倒是很豐富，其風景完全可以和齊魯媲美。

西部就有弦蒲澤，東部有陽華澤，涇河上有焦獲澤，河湖密佈，加上土質疏鬆肥沃，氣候溫潤，故秦地「於《禹貢》時跨雍、梁二州……其民有先王遺風，好稼穡，務本業……」在後人看來，具有雍梁大片肥沃土地的嬴秦人，不僅民風淳樸，這裡說的淳樸，並不是還沒有「開化」的「野蠻」，而是有先王的遺風，勤於農耕，物產也是很豐富：「有鄠、杜竹林，南山檀柘，號稱陸海，為九州膏腴。沃野千里，民以富饒」〔註11〕，在全國範圍內，也是稱得上是肥沃膏腴之地，適合農業生產，當地的人們因此安居樂業。

「安邑千樹棗；燕、秦千樹栗；蜀、漢、江陵千樹橘；淮北、常山已南，河濟之間千樹荻；陳、夏千畝漆；齊、魯千畝桑麻；渭川千畝竹；及名國萬家之城，帶郭千畝畝鍾之田，若千畝卮茜，千畦薑韭：此其人皆與千戶侯等。」〔註12〕文中作者所列舉的應該都是各地的名特產品，和別的地方相比較，嬴秦的地方是可以種粟的，好像產量還不錯，可以和千戶侯相酢。

不僅是土地肥沃，地理位置也是很好。

到了戰國時期，蘇秦入秦，對秦惠文王說：「大王之國，西有巴、蜀、漢中之利，北有胡貉、代馬之用，南有巫山、黔中之限，東有肴、函之固。」嬴秦所處的地理位置很好的，巴蜀漢中，包括北邊的胡貉、代馬都已經為秦所用了，是一個進可攻，退可守的地方，「田肥美，民殷富，戰車萬乘，奮擊百萬，沃野千里，蓄積饒多，地勢形便，此所謂天府，天下之雄國也」〔註13〕，不僅地肥，還物產豐富，人民富饒，是「天府」、是「雄國」。

「天府」最早是一種官職的名稱，見於《周禮》，其職責是「掌祖廟之守藏，與其禁令。凡國之玉鎮、大寶器藏焉，若有大祭大喪，則出而陳之，既事而藏之」〔註14〕，是一種專門保管國家珍寶、庫藏的官吏，一旦遇到有什

〔註9〕　載《秦文化論叢》（第八輯），陝西人民出版社 2001 年版。
〔註10〕司馬遷：《史記‧貨殖列傳》，中華書局 1959 年版。
〔註11〕班固：《漢書‧地理志下》，中華書局 1962 年版。
〔註12〕司馬遷：《史記‧貨殖列傳》，中華書局 1959 年版。
〔註13〕劉向集錄，高誘注：《戰國策‧秦策一》，上海古籍出版社，1985 年版。
〔註14〕鄭玄注，賈公彥疏：《周禮‧春官‧宗伯》，阮元刻十三經注疏本，中華書局1979 年版。

麼祭祀大事的時候，就要把它拿出來，用完了，再保管好。

秦末漢初，張良在和其他大臣論證定都地點的時候說：「夫關中左殽函，右隴蜀，沃野千里，南有巴蜀之饒，北有胡苑之利，阻三面而守，獨以一面東制諸侯。……此所謂金城千里，天府之國也！」〔註15〕說的和蘇秦差不多，地理位置很好，物產豐富。

「且夫秦地被山帶河，西塞以爲固，卒然有急，百萬之眾可具也。」地理位置險要，「因秦之故，資甚美膏腴之地，此所謂天府者也。」經過了贏秦修建的都江堰等等的治理，更是成了膏腴之地，成了天府之地，勸高祖「入關而都之，山東雖亂，秦之故地可全而有也」，即使「與人鬥，不搤其肮，拊其背，未能全其勝也」〔註16〕。

「關中自汧、雍以東至河、華，膏壤沃野千里」，地理位置位於汧雍之地。「自虞夏之貢以爲上田，而公劉適邠，大王、王季在岐，文王作豐，武王治鎬，故其民猶有先王之遺風，好稼穡，殖五穀，地重，重爲邪」，自古以來就是「上田」，再加上原來還是周人舊地，經過公劉、王季、文王、武王歷代治理，已經有了相當的基礎了。

到了贏秦的時候，又有「文、孝、繆居雍，隙隴蜀之貨物而多賈。獻孝公徙櫟邑，櫟邑北卻戎翟，東通三晉，亦多大賈。武、昭治咸陽，因以漢都，長安諸陵，四方輻湊並至而會，地小人眾，故其民益玩巧而事末也」，再經過贏秦先人幾代的努力，「南則巴蜀。巴蜀亦沃野，地饒卮、薑、丹沙、石、銅、鐵、竹、木之器。南御滇僰，僰僮。西近邛笮，笮馬、旄牛」，南邊的巴蜀物產很豐富，西邊還有各色牛馬，贏秦和周邊的交往也很方便，「棧道千里，無所不通，唯褒斜綰轂其口，以所多易所鮮」。

天水、隴西、北地、上郡都是贏秦自己舊地，「與關中同俗，然西有羌中之利，北有戎翟之畜，畜牧爲天下饒。然地亦窮險，唯京師要其道。故關中之地，於天下三分之一，而人眾不過什三，然量其富什居其六。」〔註17〕這是司馬遷對古代關中地區的描寫，一派欣欣向榮，應是當時全國最富庶的地區了，全然沒有「落後」的跡象。

諸葛亮在著名的《隆中對》分析天下的形勢，也對成都平原讚美有加：「益

〔註15〕 司馬遷：《史記・留侯世家》，中華書局 1959 年版。

〔註16〕 司馬遷：《史記・劉敬叔孫通列傳》，中華書局 1959 年版。

〔註17〕 司馬遷：《史記・貨殖列傳》，中華書局 1959 年版。

州險塞，沃野千里，天府之土，高祖因之以成帝業」，是成就帝王之業的地方。

李冰修都江堰後，不僅運輸方便，岷山的經濟作物可以得到開發，還能溉灌三郡，使得成都平原「水旱從人，不知飢饉」，「時無荒年，天下謂之天府」〔註18〕。「此渠皆可行舟，有餘則用溉浸，百姓饗其利。至於所過，往往引其水益用溉田疇之渠，以萬億計，然莫足數也」〔註19〕。

還有就是鄭國渠，《史記·河渠書》：「渠就，用注填閼之水，溉澤鹵之地四萬餘頃，收皆畝一鍾。於是關中為沃野，無凶年，秦以富強，卒並諸侯」。嬴秦佔有了非常有利的地理條件。

秦簡《倉律》、《效律》有說咸陽「十萬石一積」，櫟陽「二萬石一積」，說明當時嬴秦的糧食儲備已經很充足了，也可以對應了史籍中記載的秦地是上上等的肥沃之地，是適宜於農業生產的，並不是完全適宜於游牧生活的。

到了戰國後期，蘇秦到了秦國，嬴秦已經是「被山帶渭，東有關河，西有漢中，南有巴蜀，北有代馬，此天府也」〔註20〕，此中雖有溢美之詞，固也是實情使然，此時的嬴秦已經占盡了天下的優勢，已經不輸於擁有魚鹽之利的齊魯等東方諸國了。

秦王政正是佔有了黃土高原與四川盆地這兩大區域，地域廣闊，形勢險固，地理環境優越，自然資源豐富，宜農、宜林、宜牧，秦人正是生活在這一片最富庶地區，有了良好的物質保證後，才逐步向東擴張的，開始秦國之統一大業的。

第三節　嬴秦的生產特點

一直以來，學術界根據《史記·秦本紀》載周孝王時，嬴秦的先祖非子「好馬及畜，善養息之」認為嬴秦的祖先還過著游牧的生活〔註21〕，嬴秦是與戎狄長期生活在一起，生活方式也是以游牧為主導的，「秦人在當時還保持著狩獵、游牧民族的古老傳統」〔註22〕，「戎狄之教，父子無別，同室而居」〔註23〕，「與

〔註18〕《華陽國志校補圖注》卷三，上海古籍出版社 1987 年版。
〔註19〕司馬遷：《史記·河渠書》，中華書局 1959 年版。
〔註20〕司馬遷：《史記·蘇秦列傳》，中華書局 1959 年版。
〔註21〕王學理等：《秦物質文化史》，三秦出版社 1994 年版。
〔註22〕林劍鳴：《秦史稿》，上海人民出版社 1981 年版，第 19 頁。
〔註23〕司馬遷：《史記·商君列傳》，中華書局 1959 年版。

戎狄同俗」〔註 24〕。

其實，我們現在只能知道早期的嬴秦人是和戎狄雜居的，受著戎狄文化的影響，嬴秦文化中包含了戎狄文化和華夏文化等多種文化成分。

一、嬴秦的畜牧業狀況

秦人所處的天水、隴西、北地、上郡之地，地處山原廣闊，水草豐美的黃土高原，爲畜牧業發展提供了得天獨厚的條件，「畜牧爲天下饒」〔註 25〕。

嬴秦人馴馬的歷史很久遠，「大費拜受，佐舜調馴鳥獸，鳥獸多馴服，是爲柏翳。舜賜姓嬴氏」〔註 26〕，相傳在柏翳的時候，就助舜馴養鳥、獸，水平還很高，這些鳥獸都能夠馴服。

費昌「去夏歸商，爲湯御，以敗桀於鳴條」〔註 27〕，開始出現了嬴秦人「御」的記載，也就是已經能夠很好地駕馭馬了，或許這個時候已經有馬和馬車了，馬車的使用對於古代歷史是起著決定性的作用的，是會改變歷史的。

應該說，在中國古代的歷史上，對馬的馴化，是外來還是本土起源，這是有很大的爭議的〔註 28〕。

商代初，嬴秦人就已經能夠助湯御馬了。

馬的馴養和牛羊是不一樣的，馴養馬匹除了需要鮮嫩的牧草外，還要有一定量的豆類、穀類，所以和牛羊的放養不一樣的是，馬的放養除了需要草原外，還要有一定的農業的基礎的。

嬴秦人善御馬的習慣一直延續下來了。到了造父時，還有這樣的記載：「以善御幸於周繆王，得驥、溫驪、驊駵、騄耳之駟。」不僅善御，還得到了很多名貴的馬。

非子「居犬丘，好馬及畜，善養息之」，在養馬之外，還有其他畜牧的放養，嬴秦的歷代先人都「善御」、「好馬及畜」，應該不是偶而的現象，應該說這在嬴秦人這裡是有傳統的，或者說嬴秦先人在畜牧業方面有比較突出的成

〔註 24〕 劉向集錄，高誘注：《戰國策・魏策三》，上海古籍出版社 1985 年版。
〔註 25〕 司馬遷：《史記・貨殖列傳》，中華書局 1959 年版。
〔註 26〕 司馬遷：《史記・秦本紀》，中華書局 1959 年版。
〔註 27〕 司馬遷：《史記・秦本紀》，中華書局 1959 年版。
〔註 28〕 見韓東：《也談家馬的起源及其他》，《中國文物報》1999 年 6 月 23 日。鄭君雷：《西方學者關於游牧文化起源研究的簡要述評》，《社會科學戰線》2004 年第 3 期。

績，尤其是養馬。

到秦仲的時候，據說還能「知百鳥之音，與之語，皆應焉」〔註29〕。

嬴秦人對馬的飼養和訓練還進行了立法，這在《秦簡》中就有記載：「傷乘輿馬，決革一寸，貲一盾；二寸，貲二盾；過二寸，貲一甲」，對馬是很有保護的，一旦傷害了，會根據傷害的程度，處以不同的懲罰。應該說能夠對馬的飼養和訓練進行這樣嚴格的規定，一定是有了一個很長的養馬的過程的。

「課駃騠，卒歲六匹以下到一匹，貲一盾。」一年訓練的馬還不到六匹，就要罰錢。

「駕騶除四歲，不能駕御，貲教者一盾」，「鷰馬五尺八寸以上，不勝任，奔摯不如令，縣司馬貲二甲，令丞各一甲。先賦鷰馬，馬備，乃粼從軍者，到軍課之，馬殿，令丞二甲，司馬貲二甲，法」。〔註30〕管馬的人要是到時候沒有把馬訓練好，就要受到懲罰，還有具體的懲罰數字。

到了戰國時代，嬴秦已經有了著名的相馬師伯樂，馬和騎兵已經是令東方諸國膽寒的了，《韓非子》說秦穆公，「起卒。革車五百乘。疇騎二千。步卒五萬。輔重耳入之於晉」〔註31〕。

秦趙長平之戰時，「秦奇兵二萬五千人絕趙軍後，又一軍五千騎絕趙壁間，趙軍分而為二，糧道絕」〔註32〕，嬴秦騎兵的規模已經很大，在這場戰役中起到了很重要的作用了。

始皇時，有因經營畜牧業致富的著名人物有班壹〔註33〕，還有烏氏倮「畜牧，及眾，斥賣，求奇繒物，間獻遺戎王。戎王什倍其償，與之畜，畜至用谷量馬牛。秦始皇帝令倮比封君，以時與列臣朝請」〔註34〕。

可以看出，自有史以來，嬴秦始終和畜牧業有著很密切的關係的，水平還很高，嬴秦軍力的強大，與此不無關係。

現在很多學者據此認為，此時的嬴秦人還處於游牧狀態。其實，從現有的真實的史料看，當時的嬴秦應當是有非常豐富的畜牧業的存在的，與畜業是有著千絲萬縷的聯繫的。

〔註29〕　《藝文類聚》卷九十「鳥部」引《史記》曰。
〔註30〕　均見《睡虎地秦墓竹簡‧秦律雜抄》，文物出版社 1978 年版。
〔註31〕　《韓非子‧十過》，《諸子集成》本，中華書局 1986 年版。
〔註32〕　司馬遷：《史記‧白起列傳》，中華書局 1959 年版。
〔註33〕　班固：《漢書‧敘傳》，中華書局 1962 年版。
〔註34〕　司馬遷：《史記‧貨殖列傳》，中華書局 1959 年版。

二、贏秦的農業生產狀況

現存文獻記載中，往往能看到的是「佐舜調馴鳥獸，鳥獸多馴服」，「大廉玄孫曰孟戲、中衍，鳥身人言」〔註35〕，的確是贏秦多處於游牧的狀態，很少能看到有關於贏秦農業的情況。

其實，贏秦在春秋中期的時候，尤其是在秦穆公的時候，就已經在農業、手工業、科學技術方面和中原諸國相當了，有些已經是處於領先的地位的。

當時贏秦的農業生產已經很有傳統的，有關農業生產的史料有：「大費與禹平水土」〔註36〕，「令益予眾庶稻，可種卑濕」〔註37〕。

和所有的原始民族一樣，當時的贏秦人僅靠原始的農業是難以生存的，還必須兼有採集、漁獵，當然一定更有畜牧業。現在有的學者根據考古學和民俗學的材料，來關注了贏秦和畜牧馴養之間的關係〔註38〕。家畜的馴養當然一定是和發達的農業有密切關係的。

由此可見，當時的贏秦也是一個原始的農業部落，也是一個多元的民族。

穆公十二年，「晉旱，來請粟」，「秦於是乎輸粟於晉」，「以船漕車轉，自雍相望至絳」〔註39〕，「命之曰泛舟之役」〔註40〕，可見當時贏秦的糧食生產已經超過了中原糧倉三晉地區。

穆公後期，東向受挫，於是改向南下，公元前 451 年，奪取了楚國的南鄭，越過了秦嶺分界線。

公元前 316 年，秦人開始商議伐蜀，優點是「得其地足以廣國，取其財足以富民」，而且還能「拔一國而天下不以為暴，利盡西海而天下不以為貪」〔註41〕，於是，惠王「起兵伐蜀，十月，取之」，之後，又相繼取下了漢中六百里肥沃之地，「使司馬錯發隴西，因蜀攻楚黔中」，楚「割上庸、漢北地予秦」〔註42〕。

巴蜀、西楚分別佔據著四川天府之國和江漢大平原，自然條件優越，是

〔註35〕 司馬遷：《史記‧秦本紀》，中華書局 1959 年版。
〔註36〕 司馬遷：《史記‧秦本紀》，中華書局 1959 年版。
〔註37〕 司馬遷：《史記‧夏本紀》，中華書局 1959 年版。
〔註38〕 賀潤坤：《從雲夢秦簡日書看秦六畜飼養》，《文博》1989 年第 6 期。
〔註39〕 司馬遷：《史記‧秦本紀》，中華書局 1959 年版。
〔註40〕 杜預注，孔穎達正義：《春秋左氏傳‧僖公十三年》，阮元刻十三經注疏本，中華書局 1979 年版。
〔註41〕 司馬遷：《史記‧張儀列傳》，中華書局 1959 年版。
〔註42〕 司馬遷：《史記‧楚世家》，中華書局 1959 年版。

當時優質稻米生產基地。嬴秦佔領了這麼巨大的糧倉，也就有了統一中國的最大的保證。〔註43〕

　　戰國時，秦國已經是「積粟如丘山」〔註44〕、「粟如丘山」〔註45〕了。前人對嬴秦的糧食倉儲已經有了很多的研究〔註46〕，說明當時嬴秦的糧食生產和產量已經是相當可觀了。

　　在秦國國內各縣都有「是縣入之」的糧倉，這在雲夢秦簡中處處都有記載。

　　和農業息息相關的就是水利，嬴秦人還是很重視水利事業的。大費時就已經「與禹平水土」，「伯益作井」〔註47〕，可見，很早的時候，嬴秦人就已經很重視水利事業了水利。

　　水利工程主要有戰國末年的都江堰、鄭國渠以及統一後的靈渠，這些都是聞名遐邇的水利工程，除此之外，還有在湖北、浙江、河南等地修建的水利工程，都對嬴秦的農業生產產生了積極的影響。

　　從近年考古發掘來看，商周之際，嬴秦人已經生活在今甘肅東部一帶，以糧食為最主要的食物來源，既有自身的文化特色，又吸收商周文化。〔註48〕

　　在毛家坪遺址A組遺存中，發掘出了一件鐵製的鐮刀，長8釐米，寬2～3.5釐米，厚0.3～0.5釐米〔註49〕，這是考古發掘所見最早的嬴秦人使用鐵器的材料，也是我國大地上所見最早的鐵器農具。鐵製農具的使用，對於提高農業生產效率一定是起到非常大的作用的。

　　之後，在嬴秦的考古發掘過程中又出現了很多批次的鐵製器具，詳見下一小段「手工業狀況」。

　　該考古報告還說，出土了倉二件，分二型……泥質灰陶，圓形有蓋，蓋

〔註43〕　參見彭文：《試論巴蜀水利農業及其對秦的影響》，《秦文化論叢》（第三輯），西北大學出版社1993年版。
〔註44〕　司馬遷：《史記·張儀列傳》，中華書局1959年版。
〔註45〕　劉向集錄，高誘注：《戰國策·楚策一》，上海古籍出版社1985年版。
〔註46〕　蔡萬進：《秦國「是縣入之」糧倉社會功用述論》，《秦文化論叢》（第七輯），西北大學出版社1999年版。
〔註47〕　宋衷注，秦嘉謨等輯：《世本·作篇》，商務印書館1957年版。
〔註48〕　參見袁仲一：《從考古材料看秦文化的發展和主要成就》，《文博》1990年第5期。
〔註49〕　甘肅省文物工作隊、北京大學考古學系：《甘肅甘谷毛家坪遺址發掘報告》，《考古學報》1987年第3期。

作尖頂屋頂形。陶倉，一定是用來儲存糧食的，儘管出土的僅是模型，只是具有象徵意義，但也是說明，在現實的嬴秦人的生產生活中，已經實實在在有「倉」的存在，而且是用來存糧的，這和游牧民族的生產生活方式是有著根本性的區別的。

在該遺址中，還相繼出現了盛食具的盆、豆、缽，藏貯器的甕、罐等，而且這些器具和西周墓中出土的鬲、盆、豆、罐不一樣的是，西周的是灰陶的，毛家坪的是紅陶，表明嬴秦人是有自己獨特的飲食習慣的，不是由周地傳進來的。

嬴秦人除了用糧倉來儲糧外，在考古中，還發現了獨具嬴秦禮俗特色的陶囷模型〔註 50〕。這些陶囷分佈在今陝西、甘肅、四川、河南、湖北、湖南等地，時代從春秋中期一直到秦統一，墓葬分別分佈在陝西鳳翔、銅川、咸陽、臨潼、長武等地。

這些陶囷儘管是隨葬的「明器」，但應該在嬴秦人的現實生活中還是存在的，是這個時期嬴秦人農業生產發達和糧食儲備充足的物證。

《呂氏春秋》「十二紀」中就說到，到了仲秋的時候，就可以「築城郭，建都邑，穿竇窌，修囷倉」〔註 51〕了。

在毛家坪遺址中還發現了家養的牛、羊、豬、馬、狗和野生動物羚羊、野鹿的遺骸。家養動物的出現說明，嬴秦除了有比較發達的農業外，還有養殖業，而且，家豬的出現，也說明農業已經發達到了相當的程度了。養豬業是以農業爲基礎、以糧食爲前提的。

近年出土的秦簡中，也有很豐富的有關嬴秦農業生產情況的記載，有些學者還專門做了研究〔註 52〕。

經常出現「祠先農」的記載，如周家臺 30 號墓秦簡 348～353 就有：「臘日，令女子之市買牛胙、市酒。過街，即行拜，言曰：人皆祠泰父，我獨祠先農。」臘日這一天，當時的人們都去祭祀「泰父」，只有我去祭祀「先農」。

里耶秦簡中也有「祠先農」，因爲還沒有全部發表，所以只有片言隻語面

〔註 50〕 具體形制參見張穎嵐：《秦墓出土陶囷模型及相關問題研究》，《秦文化論叢》（第七輯），西北大學出版社 1999 年版。武麗娜：《秦墓出土陶囷模型的歷史原因及意義》，《秦文化論叢》（第十四輯），三秦出版社 2007 年版。

〔註 51〕 《呂氏春秋·仲秋紀》，《諸子集成》本，中華書局 1986 年版。

〔註 52〕 吳小強：《秦簡〈日書〉與戰國秦地農業經濟生活》，《秦文化論叢》（第十輯），陝西人民出版社 2001 年版。

世，從中也可以看出，這時候的「祠先農」大約在始皇時期，「某以壺露、牛胙，為先農除 348 舍。先農苟令某禾多一邑，先農恒先泰父食」。

可以想見，在嬴秦人那裡，農業的地位是很高的，還是很有悠久的歷史傳統的。

無論是文獻的記載，還是考古發掘，說明了嬴秦也是隨著其勢力的東向，其農業生產和農業經濟也是越來越發達的。

三、嬴秦的手工業生產狀況

嬴秦境內，礦產資源豐富，玉石、丹砂、銅、鐵等儲量十分多，為冶煉兵器、製造戰具提供了有利條件。

在手工業生產方面，嬴秦的青銅器生產到春秋晚期就已經和南方的青銅器製造形成鼎立的局面〔註 53〕。

另據最新的考古資料表明，在秦地，發現了春秋時代的鐵器。

中原地區目前所見最早的人工鐵器是河南三門峽市上村嶺虢國大墓，時代是春秋早期。

除此之外發現的鐵器都是在秦國地區，主要有：

陝西隴縣邊家莊春秋早期秦墓，出土銅柄鐵劍一件；

甘肅靈臺景家莊春秋早期秦墓出土銅柄鐵劍一件；

鳳翔雍城春秋晚期偏早秦公一號大墓出土鐵鏟、鐵插等；

鳳翔雍城馬家莊春秋中晚期宗廟建築遺址出土鐵插；

寶雞益門村春秋晚期偏早秦墓出土鐵器二十三件。

這幾批出土的鐵器中，甘肅靈臺景家莊春秋早期秦墓出土銅柄鐵劍、寶雞益門村春秋晚期偏早秦墓出土的鐵劍經過檢驗是塊煉鐵滲碳鋼。秦公一號墓和雍城馬家莊的鐵器是生鐵鑄件。

和中原諸國相比，秦國的鐵器不僅數量多，時代也都比較早，可見當時秦國鐵器冶煉和使用水平還是很高的。

另外，夏商周三代中原地區使用黃金的數量很少，似乎是習俗不喜黃金。相反，在嬴秦地區，近年出現了很多的黃金製品，主要有：

甘肅禮縣被盜掘的秦公大墓出土了一批棺飾金箔製品〔註 54〕；

〔註 53〕 李學勤：《東周與秦代文明》，文物出版社 1984 年版。
〔註 54〕 韓偉：《論甘肅禮縣出土的秦金箔飾片》，《文物》1995 年第 6 期。

禮縣大堡子山秦公大墓西漢水對岸的趙坪遺址出土有金柄銅劍等金器；

鳳翔春秋晚期秦公一號大墓在盜掘之餘還出土了金帶扣等金器〔註55〕；

鳳翔馬家莊春秋中晚期秦宗廟遺址祭祀坑出土金馬具等飾品〔註56〕；

寶雞益門村 M2 春秋晚期秦墓出土金器 204 件組，重量達 3.15 公斤〔註57〕。所出土的金柄鐵劍的柄部飾有蟠螭紋、獸面紋，紋飾上的目角用綠寶石和原始的玻璃珠鑲嵌。

鳳翔西村戰國墓葬群〔註58〕。

從中可以看出，嬴秦人的手工藝技術水平還是很高的，也可以看出嬴秦人有使用金器的禮俗，這和中原諸國不一樣的地方。

再從全國範圍來看，蜀地的三星堆也出現過使用金器的情況，和嬴秦使用金器一樣，現在還不知道他們之間是不是有聯繫，金器從哪裏進來的，也還有待新的物證的出現。

秦人還在建築、醫學等方面處於領先的地位。

第五節　小　結

本章主要介紹了嬴秦禮俗產生的條件，包括社會人文環境、自然環境、嬴秦人自身的生產生活特點。

以往對嬴秦歷史的研究著作對於嬴秦人生存的人文環境往往會認為是「戎狄之俗」的，認為和我們平時熟悉的周代的禮樂文明是不一樣的。本章的開始部份就說明了，嬴秦其實有自身的生存的人文環境，既不同於中原的禮樂文明，又和戎狄之俗有很大的區別，是一個有著嚴格「紀律」的民族，而且在這個民族中，不僅是嬴秦的「上層」人物創造著嬴秦的歷史，下層的普通百姓在其中也起著很大的作用，《日書》就是最好的證據。

嬴秦人生活的自然環境，以往的人在研究的過程中往往會依據後代的資

〔註55〕資料尚未發表，轉引自《秦物質文化史》，三秦出版社 1994 年版。

〔註56〕陝西省雍城考古隊：《鳳翔馬家莊秦宗廟遺址發掘簡報》，《文物》1985 年第 2 期。

〔註57〕寶雞市考古工作隊：《寶雞市益門村二號春秋墓發掘簡報》，《文物》1993 年第 10 期；白崇斌：《寶雞市益門村 M2 出土春秋鐵劍殘塊分析鑒定報告》，《文物》1994 年第 9 期。

〔註58〕雍城考古隊李自智、尚志儒：《陝西鳳翔西村戰國秦墓發掘簡報》，《考古與文物》1986 年第 1 期。

料，認為嬴秦所處的環境還是比較荒涼的地方。本節通過比較真實的史料認為，嬴秦所處的環境是一個氣溫適中，物產豐富並且多樣的地方，礦產資源很多，有著得天獨厚的生存環境。

嬴秦人正是在這樣一個環境下，不僅從事著以往人們認為的畜牧業，還有著良好的農業生產傳統。

畜牧業生產，這一點在中原的史籍記載中處處都有，其中，嬴秦人還善於御馬，這在世界歷史上應該是一個重要的突破，因為馬的馴養不僅需要有良好的農業作為保障，而且對於以後秦人軍事實力的增長也起著很重要的作用。

和以往的研究不同的是，以前很多的學者，或者教材中會認為，早期的嬴秦人一直是處於游牧狀態中，是逐水草而居的民族，本節通過對嬴秦水利的分析，通過對史籍記載中點滴嬴秦農業收集，對嬴秦考古發掘中有關農業的資料的歸類，認為嬴秦的早期農業也是很發達的。嬴秦族不僅是一個有著畜牧業悠久歷史的民族，農業也是很早的。

在討論嬴秦手工業發展狀況一節中，主要通過嬴秦考古發掘出土的實物資料進行說明問題，考古資料發現，嬴秦較早地使用了鐵器，時代上應該比中原時要早。另外，還有使用金器的習慣。所以嬴秦人在金屬的冶煉上應該有比較高的水準的，手工業生產也在和東方諸國相比處於領先的地位的。

第三章　嬴秦歷史的禮俗化進程

本文主要是依據存世的文獻資料，結合了考古學的研究成果，認爲現在所能見到的秦人最早是居住在甘肅一帶的，這一點是有比較可信的文獻史實作爲依據的，在此之前的秦人，不管是東來的，還是西來的，現在還僅是作爲推測。

本文認爲的秦史的分期研究可以以秦人的逐步東向爲分期的依據〔註 1〕。分爲以下三個階段：

第一節　嬴秦禮俗化的早期階段

這一時期是從嬴秦人的起源到秦襄公始國。

首先需要確認的是嬴秦人的來源。只有確知秦人的來源和居住地，才能對嬴秦人居住地的遺存物進行考查。目前學術界對嬴秦來源這個問題的看法，主要有東來說和西來說兩種〔註 2〕。

〔註 1〕　儘管對於秦國的起源問題，學術界還有很大的爭議，主要有東來說和西來說之爭，見另文詳述。很多人認爲秦人也是有吞玄鳥而生的傳說，就認爲秦人起源於東方，只是西遷的時間和路線不清楚而已。本文認爲隨著考古發掘的逐步進行，在我國大部份的土地上，從東北到渤海沿岸，再到江浙，以至於西南的三星堆，都有鳥圖騰的出現，這一點在國外的很多的記載中也有出現，所以說，是不是有鳥圖騰的，就一定是同一個民族，還有待於深入的探討。另外，有關夏商周人早期的歷史，本來就是神話多於史實，秦人尤其如此。對於秦人起源於東方，還是西方，現有的材料，無論是考古學的，還是文獻記載的，還不足以說明這一問題，本文僅主要就文獻資料所記秦人的情況進行分析。

〔註 2〕　吳小強：《二十世紀秦文化淵源討論評述》，《秦文化論叢》（第十二輯），三秦出版社 2005 年版。陳平：《關隴文化與嬴秦文明》，江蘇教育出版社 2005 年版。

　　東來說的觀點最早見之於司馬遷的《史記》。該觀點認爲贏秦起源於東方，後來才西遷到隴東地區，之後由西再向東發展，進而統一中國。

　　西來說的觀點是由近代學者王國維首倡。該觀點認爲贏秦起源於西方，與西戎有密切的關係，或許就是西戎的一支〔註3〕。

　　近年來，又有學者將贏秦起源和秦文化起源結合起來，提出贏秦和秦文化「源於東而興於西」〔註4〕。

　　在贏秦東來說中，關於贏秦是什麼時候西遷的和怎樣遷徙的這些問題，還有下面的這些分歧：時間上認爲夏末商初、商代晚期、西周初年等；西遷的路線上還有這些看法：贏秦曾分別由濟、淮流域遷到關中西部，由汾河流域遷到隴東天水地區，由東方遷到現在西安一帶的三次西遷。〔註5〕

　　無論是贏秦的起源是來自東方還是西方，也無論贏秦的任何一次的遷徙是怎樣進行的，現在還都沒有確切的文獻記載可以證明，也沒有直接的考古學材料可以明確地說明這個問題。目前所能知道的能夠揭示贏秦早期生活資料的文獻記載就是《史記》中說的中潏「在西戎，保西垂」。我們認爲，就史料來看，能夠知道的贏秦人應該是「居住」於「中國的」西部，古代人經常變換自己的生活地點，在東來說中提到的贏秦人從山東原住地遷到西部後仍然保持著在山東時的特點，這還是有疑問的。

　　說到贏秦的西來，現在也是缺少文獻的和考古的資料的確證，更多的還要有中亞考古和作者史學理論的提高。

　　生活在中原人西部的贏秦人有著自己獨特的生活習俗和習慣。這個時候的贏秦族已經處在商代晚期，我們也就從這一可以確知的時代開始說起，這也是本文所要描述的贏秦禮俗的起點。

　　當時有的中原人甚至認爲，贏秦就是戎狄。1973 年出土的湖北當陽季家湖楚城址中一件戰國銅器上還刻有「競墉王之定救秦戎」〔註6〕的字樣，可見即使是戰國時也是有人認爲贏秦是戎狄的。

〔註3〕　關於秦人「東來說」、「西來說」的代表性學者及論著，參見黃留珠《秦文化二元說》，《西北大學學報》(哲學社會科學版) 1995 年第 3 期，第 28～34 頁。

〔註4〕　黃留珠：《秦文化二元說》，《西北大學學報》(哲學社會科學版) 1995 年第 3 期，第 28～34 頁。

〔註5〕　段連勤：《關於夷族的西遷和秦贏的起源地、族屬問題》，《人文雜誌——先秦史論文集》，1982 年，第 166～175 頁。尚志儒：《早期贏秦西遷史蹟的考察》，《中國史研究》1990 年第 1 期，第 115～124 頁。

〔註6〕　湖北省博物館：《當陽季家湖楚城遺址》，《文物》1980 年第 10 期。

有人據此認爲這就是嬴秦，或者說至少其主體是西戎的一支〔註7〕；能夠提供確知的最早的考古學證據的是毛家坪遺址。這個確知的嬴秦族的時代已經到了商代晚期、西周時期，所以我們就從這一時代的前後開始說起。

結合著商鞅變法時期，嬴秦獎勵軍功，子壯則出分的事實。

我們認爲，依據史籍記載，這個時候的嬴秦應該是有自身的發展特點的民族，僅僅是居住地處於和戎狄雜處的地方，史籍上有說「雜戎翟之俗」〔註8〕，在中原人看來，當時的嬴秦所居住的地方起碼經常有戎狄人，或者是其他民族的人在這裡出沒的，而不能因此說嬴秦本身就是戎族，或者就是戎狄的一支。

再結合後來戎王派使臣由余使秦的故事中，穆公說，戎地沒有中原這些制度，是怎麼治理的，說明嬴秦和戎狄之間還是有區別的。應該說，這個時期的嬴秦是一個注重功利，也是注重效率的民族，他們的禮俗既不同於中原的周禮，也不同於戎狄之俗，而是有著自身特點的一種功利性的禮俗，正是帶著這樣功利性的禮俗特徵，嬴秦人開始走上了東向的道路。

據《史記·秦本紀》：「秦之先，帝顓頊之苗裔」。追溯祖先當是各個民族共同的慣例。

其孫爲女脩，「玄鳥隕卵，女脩吞之，生子大業」。「大業取少典之子，曰女華。」女華生大費。

大費「佐舜調馴鳥獸，鳥獸多馴服，是爲柏翳」。舜賜姓嬴氏。這也是「嬴」姓之最早的記載，相當於舜禹時代。

大費的玄孫「曰費昌，子孫或在中國，或在夷狄」。費昌正當夏桀之時，歸商，爲湯御。「鳥身人言」。這個時候的嬴秦族相當於中原的舜、禹、湯時代，只能算作是嬴秦人的傳說時代，期間的信史與神話雜糅，因爲沒有確切的文獻記載，對每個問題幾乎都有分歧。

中衍的時候，輔佐殷國，遂世有功，「遂爲諸侯」。

商代末期，秦之先祖中有一支歸於周室，遷居渭水上游的天水地區。這是有史記載秦人的開始，秦人從中潏「在西戎，保西垂」開始，成爲周王室鎮守西部邊境的部族，部族中心在西垂、西犬丘。這些記載應該都是信史。

〔註7〕 俞偉超：《古代「西戎」和「羌」、「胡」考古學文化歸屬問題的探索》，《先秦兩漢考古學論集》，文物出版社 1985 年版。

〔註8〕 司馬遷：《史記·六國年表》，中華書局 1959 年版。

這個時期的「西戎」、「西垂」，以及後來的非子所居的「犬丘」和「西犬丘」等地望在學術界還存有很大的爭議，是泛指西土，還是指具體的地名，都是可以討論〔註9〕，不過在西周的西部，或者確切地說是在甘肅的天水一帶應該是沒有問題的，這在學術界也是一致公認的，沒有什麼分歧。

由這一階段開始的秦國歷史，也是我們認為的是秦人的早期發展階段，也是嬴秦禮俗為中原人們認識的階段，秦人正是由此開始了他們的東向之路。

《史記‧秦本紀》：（中潏）「生蜚廉」，「惡來革者，蜚廉子也，蚤死。有子曰女防。女防生旁皐，旁皐生太幾，太幾生大駱，大駱生非子。」可以看到，非子在秦人中衍後裔中，出於中潏一系，在蜚廉諸子中，出自次子惡來一支。從中潏經惡來、女防，經過八代相傳就到了著名的非子。

「非子居犬丘，好馬及畜，善養息之。」孝王「賜姓嬴」，邑之秦，使復續嬴氏祀，號曰秦嬴。亦不廢申侯之女子為駱嫡者，以和西戎。史載中第一次出現嬴、秦連稱。這在嬴秦的發展史上是一件開天闢地的大事，秦人對此也是十分推崇的，在太公廟出土的秦武公所鑄鍾、鎛銘中，就有人稱之為「賞宅」〔註10〕。有學者在考釋秦武公鍾鎛銘「賞宅受國」語時認為是秦襄公因救周有功被周平王封為諸侯國一事〔註11〕。李零認為，「賞宅」和「受國」是分開的兩件事，「賞宅」是非子被孝王「賞」以秦邑之「宅」，而秦襄公自平王接受秦諸侯這件事情，在記載中是「受國」的說法，在他看來，兩者是同等重要的〔註12〕。我們認為這僅是嬴秦歷史上的「賞宅」，在中原人看來，嬴秦還遠沒有到要「受國」的程度和地步。

按照《史記‧秦本紀》的記載，嬴秦至西周中葉，因非子善於養馬，為周王室主馬政有功，周孝王打算讓他繼承大駱為「適嗣」，但因「申侯之女為大駱妻，生子成為適」，故申侯極力反對此舉。孝王只得封非子為附庸，另外分封都邑，稱為秦，使得延續嬴氏祀，號曰秦嬴，成也繼續存在，還是「駱適者，以和西戎」。這就形成了以成與非子各為宗主的兩個支系，也出現了以

〔註9〕 詳見禮縣秦西垂文化研究會、禮縣博物館編：《秦西垂文化論集》，文物出版社2005年版。陳平：《關隴文化與嬴秦文明》，江蘇教育出版社2005年版。

〔註10〕 盧連成、楊滿倉：《陝西寶雞縣太公廟村發現秦公鍾、秦公鎛》，《文物》1978年第11期。

〔註11〕 王輝：《秦銅器銘文編年集釋》，三秦出版社1990年版。

〔註12〕 李零：《新出秦器試探——新出秦公鍾、鎛銘與過去著錄秦公鍾、簋銘的對讀》，《考古》1979年第6期。

成爲首的西犬丘與以非子爲首的秦兩個都邑並立的局面，其中，「成」在中原人的眼中還是「適嗣」。

這些記載除了說明嬴秦人的世系外，還表明了當時在西戎人的眼中，嬴秦人和自己並不是一個民族的，而是和周人是一樣的。在周王室看來，嬴秦也非自己一族，僅僅是能夠抵抗戎人的一個力量而已，對於周人、戎人來說，嬴秦是一個和兩者保持有密切關係的獨立的民族。

雖然西犬丘較爲重要，也形成較早，在周人的宗法制看來，成還是適子，但非子是秦得姓之始，也是秦人受封之始，故秦之世系通常由非子算起，而「成」一系之後也就沒有什麼記載了，僅僅是起到「和西戎」的作用。春秋時秦成公〔註13〕作器秦公簋，刻文曰：「丕顯朕皇祖，受天命，鼎宅禹跡，十又二公，在帝之壞。」由成公向前數十二人，正是非子。

周人允許秦人「邑之秦」，非子死後，其子孫相繼，其重孫秦仲又立爲大夫，一支沒有記載說嬴秦人居地的改變，其後五十餘年都居於秦。因此，秦邑是秦人所築作爲政治中心的，開始有了明文記載的城市，也是中原禮樂文化承認的都邑。

秦邑地望，《史記》「集解」徐廣曰：「今天水隴西縣秦亭也。」「正義」轉引《括地志》云：「秦州清水縣本名秦，嬴姓邑。」參照《水經注·渭水注》的記載，基本可以確定，當時的秦邑在今甘肅清水縣北。它的地名稱爲秦，大概是源於秦水。這在學術界也是有認識的。

而此前的西犬丘是秦人世代相承的居住地，至少從非子起，就在史籍上有所記載的，每當西犬丘遭犬戎攻擊出現危險或陷落時，嬴秦人內部就會團結一致，去保衛它。至於說是一個具體的地名，還是一個範圍名稱，還有待於更多的材料的證明。

《史記·秦本紀》載，非子傳二世至秦仲，「仲立二年，周厲王無道，諸侯或叛之。西戎反王室，滅犬丘大駱之族」。當時的西戎很強大，秦仲奮起反擊，也被戎人殺死。秦仲之子莊公誓報父仇，率領嬴秦族人與周王室所與兵七千人合力猛攻，終於擊破西戎，收復了犬丘。

在這一系列的戰爭之後，居住在犬丘的「成」一系已覆滅，有的已經遷出，宣王將犬丘也劃歸莊公，封其爲「西垂大夫」，成和非子的兩系自此合爲一系，由莊公統領，統治中心也從秦邑移居西犬丘。

〔註13〕王輝的《秦銅器銘文編年集釋》（三秦出版社 1990 年版）認爲是秦景公時器。

西犬丘，到了戰國、秦時稱西縣。現在有學者認爲，後階段的秦襄公剛開始被列爲諸侯時，「故作西時，祠白帝」。這個「西」就是西犬丘，居然能在「西」地進行嬴秦人心目中最神聖的時祭，可見到了秦襄公時期的「西」地，應該是一個具體的地名了，在嬴秦人心中的地位應該是很重要的了。

「西」地地位的尊崇，一直延續到秦王朝建立後，嬴秦人一直在此進行自己特有的祭祀活動。《史記・封禪書》曰：「西亦有數十祠」，嬴秦人還在這裡有很多祭祀的場所，在嬴秦人的心中，仍然是一個重要的宗教之地。

從考古發掘來說，西犬丘的具體地點也已基本可以判斷。多年前，在甘肅省禮縣永坪鄉大堡子山發現的嬴秦早期墓葬群，形制巨大，墓葬規格與出土文物等級很高，對於墓主人是誰，學術界還有不同的看法，但有一點的看法，學術界是相同的，就是該墓葬群應該就是嬴秦的先公陵區，也就應該是西垂陵區的具體地點，這也與文獻記載方位一致〔註14〕。

從文獻和可以確認的其他資料來看，這一階段，嬴秦人處在他們自己的民族形成階段，開始走向中原歷史的舞臺，我們只知道這時期的嬴秦是一個豐富多彩的民族，是一個多元的民族，至少其中不僅有牧業，還有很值得稱道的農業、手工業等等，嬴秦人的生產生活方式應該是有自己的特點的，嬴秦的禮俗既不同於當時的中原禮樂文化，又不同於戎狄文化，至於具體的細節，因爲缺乏文獻和考古的材料，目前還不得而知。

《史記・秦本紀》：「中衍之後，遂世有功，以佐殷國，故嬴姓多顯，遂爲諸侯。其玄孫曰中潏，」在西戎，保西垂。

非子是中衍之後，經中潏、惡來、女防，八傳而來。從此開始了我們所知道的嬴秦禮俗的形成階段。

「非子居犬丘，好馬及畜，善養息之。犬丘人言之周孝王，孝王召使主馬於汧、渭之間，馬大蕃息。」

「孝王曰：昔柏翳爲舜主畜，畜多息，故有土，賜姓嬴。今其後世亦爲朕息馬，朕其分土爲附庸。」

「邑之秦〔註15〕，使復續嬴氏祀，號曰秦嬴。」徐廣曰：「今天水隴西縣

〔註14〕 禮縣秦西垂文化研究會、禮縣博物館編：《秦西垂文化論集》，文物出版社2005年版。

〔註15〕 非子「邑秦」之地望，以前學術界有陝西汧渭之會和甘肅清水縣兩說，近年來，隨著對以牛頭河流域等爲代表的早期秦文化的考古學的深入，越來越多的學者認爲，更應該接近後者。詳見早期秦文化聯合考古隊：《牛頭河流域考

秦亭也。」《十三州志》云：「秦亭，秦谷是也。」

　　非子時代的嬴秦在中原周人的眼裏，最擅長的就是「好馬及畜」，因爲當時的周人佔據著關中涇渭大片肥沃的土地，農業生產自然是沒有問題，欠缺的就是牧業，正好嬴秦人很早就有御馬的傳統，正好可以補充周人的這一缺漏，所以嬴秦自然能夠爲周人「息馬」了。

　　「分土爲附庸」，「邑之秦」，「復續嬴氏祀」，這在秦人的歷史上是一件大事。

　　學術界有人把在陝西寶雞太公廟出土的秦公鍾、秦公鎛上記載的「賞宅受國」就認爲是這件大事。〔註16〕儘管對此學術界還是有很多別的看法，〔註17〕但「秦」的稱號開始見載於史冊，是確鑿無疑的。

　　非子邑秦後，二世至秦仲，此時已當周厲王時代，諸侯叛周，西戎也隨之反周王室，滅「成」之秦。繼厲王之後，周宣王即位，以非子之後秦仲爲大夫，繼續伐戎，秦仲死於戎。莊公立，繼續伐戎大業，終破之，也並有「成」之犬戎地，爲西垂大夫。由非子而來的一系的活動中心也有秦邑重新回到秦人的故地西犬戎。有大駱以來分成「成」、「非子」兩系，至此合二爲一了。活動範圍還主要就是在周人的西部，主要是和戎人雜居。

　　這一時期的考古資料，學術界認爲「不其簋」就是秦莊公最重要的一件重器〔註18〕。秦人開始使用「簋」這樣的禮樂文化中的重器，說明秦人已經開始接觸、接受周人的禮樂文化了。

　　李學勤發表了《不其簋與秦早期歷史》一文，就認爲這是一件西周厲宣時期嬴秦史的金文資料。〔註19〕

　　長期以來，不其簋有蓋無器，但它的銘文較長，並且其內容涉及討伐獫狁、西戎之史實，而得到學界的重視。清末的《從古堂款識學》開始就有著錄，之後的《捃古錄金文迻記》、《奇觚室吉金文述》、《三代吉金文存》，包括

　　　　古調查》，《中國歷史文物》2010 年第 3 期。梁云：《非子封邑的考古學探索》，
　　　　《中國歷史文物》2010 年第 3 期。
〔註16〕盧連城、楊滿倉：《陝西寶雞縣太公廟村發現秦公鍾、秦公鎛》，《文物》1978
　　　　年第 11 期。
〔註17〕參見王輝：《秦銅器銘文編年集釋》，三秦出版社 1990 年版。李零：《新出秦
　　　　器試探——新出秦公鍾、鎛銘與過去著錄秦公鍾、鎛銘的對讀》，《考古》1979
　　　　年第 6 期。
〔註18〕王輝：《秦銅器銘文編年集釋》，三秦出版社 1990 年版。
〔註19〕《文物》1980 年第 9 期。

之後陳夢家的《殷虛卜辭綜述》對此都有著錄和研究，王國維、郭沫若、楊樹達、白川靜等學者也都進行過考釋。

直到 1980 年，在山東滕縣後荊溝出土了十五件青銅器，學術界認為，其中一件就是不其簋的器身〔註 20〕，理由就是其中就有「秦」字，這也是贏秦東來說的前提。我們認為在沒有得到文獻記載的確證之前，還是最好存疑。

李學勤認為，銘文中的「西俞」應該都為「西隅」，「西」是具體的地名，就是文獻中的「西垂」，在今甘肅天水西南。還認為，不其簋銘文中的「其」，就是文獻中秦莊公的名字「其」，所以，這件重器就是秦莊公時代的東西。

考古學界還有的學者認為，司宜鼎、叔趙父爐弓飾件、榮有司宜鬲也都是西周時期的秦人器物。〔註 21〕

二十世紀九十年代初，在甘肅禮縣大堡子山歷代屢次被盜掘的秦公大墓出土的銅器年代和墓主的身份，儘管有不一致的地方，但是一般認為也是這一階段的後期的，只是墓中的東西失散很多，已經沒有多少可以作為材料用來證史的了。

這一時期的秦人的考古材料主要集中在甘谷毛家坪的秦人遺存。主要可以參考的材料有甘肅省考古工作隊和北京大學考古學系聯合編寫的《甘肅甘谷毛家坪遺址發掘報告》〔註 22〕。

依據該發掘報告，該遺址可以分成石嶺下、A 組、B 組、TM7 四個遺存單位。其中的石嶺下類型，據報告人稱是早期羌民中馬家窯文化類型的先民生存。B 組遺存是春秋戰國時期的文化層。TM7 是介於石嶺下和 A 組遺存之間的、可能是隴東氏羌文化遺存。A 組的居址和墓葬可以把它定為西周的中晚期，正好就是秦人第二階段的文化遺存。對於這一時期秦墓的時期，考古學界的分歧也僅僅是局限在非子邑秦以前，或者以後的文化遺存。

甘谷毛家坪遺址西周時期的贏秦遺存，出土了石斧、石刀、紡輪等這些與從事農業和紡織手工業有關的工具，可以說明當時的贏秦人不僅僅是有畜牧業，還有一定的農業和手工業生產。

在墓葬的埋葬方面，這個時候的贏秦人是長方形的土坑豎穴墓。依據發掘報告稱，這一時期的一期五座墓葬葬式都是西向曲肢葬，一座是蜷曲得最

〔註 20〕滕縣博物館：《滕縣後荊溝出土不其簋等青銅器群》，《文物》1981 年第 9 期。
〔註 21〕尚志儒：《秦人青銅文化初探》，《文博》1984 年第 1 期。
〔註 22〕發表在《考古學報》1987 年第 3 期。

嚴重的，應該就是保存嬴秦原有禮俗比較多的，另外四座是比較鬆弛的，應該就是已經開始吸收了關中周人禮樂文化的結果了。

二期有三座墓葬，均為西向曲肢葬。

西周文化墓葬中絕大多數是直肢葬，而毛家坪秦人遺存中多見蜷曲特甚的屈肢葬，這種對屍體的特殊處理方式應該是和特定族群的埋葬習俗有很大的關係的〔註23〕，毛家坪西周時期的秦人墓葬中全部是屈肢葬說明這個時期秦人的人員構成還是比較單純的。這一墓葬葬式上的差別就是這一時期嬴秦禮俗和周人文化最大的區別。

另外在墓葬隨葬品方面，同時期的周人墓葬中有鬲、簋、豆、罐，而毛家坪秦人遺存中不用簋，出土有盆，還多為紅陶。之後，到了西周中期以後，雖然器物組合開始有所趨同，但在器物的具體形制上還有所區別，僅舉一例，西周墓葬分別出土有分襠鬲、聯襠鬲、仿銅鬲，而毛家坪嬴秦遺存中僅見有聯襠鬲，其他的區別還有，不一一列舉。

第二節 嬴秦吸收中原禮俗階段

這一階段從秦襄公始國一直到秦獻公遷都櫟陽。

莊公在位四十四年，卒，襄公代立。二年，徙都汧〔註24〕。汧，故城就在隴縣南汧水右岸。襄公在此建都達十四年（前776～前762年），汧成了嬴秦人從西犬丘向東跨出的重要據點，也是襄公東向的第一步。

應該說這一時期的史料有《詩經·車鄰》。《詩序》云：「《車鄰》，美秦仲也。秦仲始大，有車馬禮樂侍御之好焉。」嬴秦早就有車馬，至此開始有車馬之禮，顯然就是向周人學習的禮樂文化中的一個重要的部份，正如杜預說的那樣：「秦仲始有車馬禮樂，去戎狄之音而有諸夏之聲」〔註25〕。當然現在

〔註23〕對於屈肢葬的文化意義，前人多有研究，主要有：
　　　　韓偉：《試論戰國秦的屈肢葬儀淵源及其意義》，《中國考古學會第一次年會論文集》，文物出版社1980年版。
　　　　王子今：《秦人屈肢葬仿象「窋臥」說》，《考古》1987年第12期。
　　　　戴春陽：《秦墓屈肢葬管窺》，《考古》1992年第8期。
〔註24〕《帝王世紀》。《括地志》云：在唐隴州汧原縣東南三里。陳平在《關隴文化與嬴秦文明》一書中認為，此汧邑應該在隴縣東南邊家莊春秋秦墓附近，是一個秦人抗拒西戎的理想所在。
〔註25〕杜預：《春秋左傳集解》，上海人民出版社1977年版。

學界也有人認為這首詩是用來讚美秦襄公的。

襄公七年，周幽王褒姒之亂，諸侯叛之，西戎、犬戎、申侯伐周，殺幽王。秦襄公救周有功，兵送周平王東徙洛邑，避犬戎難，平王封襄公為諸侯，賜之岐以西之地，秦「於是始國」，與中原「諸侯通使聘享之禮」〔註26〕。

秦襄公「既侯，居西垂，作時祭，祠白帝」〔註27〕。

時祭是秦人一種特殊的祭祀方式，只是由於文獻記載不多，前人對於其祭祀過程、祭祀時需要些什麼、目的是什麼等等都不是很瞭解，材料很少，近人對時祭研究得不多〔註28〕，現在所能見到的有關時祭的文章也不是很多，主要還是有關時祭的原始材料很少，出土的文獻資料還不能說明時祭，所以有關時祭的狀態還很難說清楚。

據《史記》司馬貞「索隱」：「時，止也，言神靈之所依止也。……謂為壇，以祭天也。」就因為時祭在嬴秦人那裡是一種最高級別的祭祀，所以在司馬貞看來，時祭就應該是祭天的儀式了。實際上，在周人的祭典中，很少看到有此記載，這是嬴秦人自己一種特殊的禮俗。

「文公夢黃蛇自天下屬地，其口止於鄜衍。」〔註29〕

「太史公讀《秦記》，至犬戎敗幽王，周東徙洛邑，秦襄公始封為諸侯，作西時用事上帝，僭端見矣。《禮》曰：『天子祭天地，諸侯祭其域內名山大川。』今秦雜戎翟之俗，先暴戾，後仁義，位在藩臣而臚於郊祀，君子懼焉。及文公踰隴，攘夷狄，尊陳寶，營岐雍之間，而穆公修政，東竟至河，則與齊桓、晉文中國侯伯侔矣。」〔註30〕

司馬遷把嬴秦人的時祭和《禮記》中的祭祀行為進行對比，可以看出時祭是祭天的一種，按照周禮來說，祭天就應該說規模和規格都是很高的了，在西周時代，只有周天子才有這樣的資格，只是西周沒有時祭這樣的祭祀方式，司馬遷認為，當時的秦襄公只是一個地方諸侯，是不能祭天的，他要是時祭了，就是一種僭越行為，這完全就是從中原周禮的禮樂文化出發來看待

〔註26〕 司馬遷：《史記‧秦本紀》，中華書局1959年版。
〔註27〕 司馬遷：《史記‧封禪書》，中華書局1959年版。
〔註28〕 田亞岐：《秦漢置時研究》，《考古與文物》1993年第3期。武峰：《秦「時祭」考》，《臨沂師範學院學報》2005年第2期。李梅：《論秦時祭天》，《唐都學刊》2005年第6期。王暉：《秦人崇尚水德之源與不立黑帝時之謎》，《秦文化論叢》（第三輯），西北大學出版社1995年版。
〔註29〕 司馬遷：《史記‧封禪書》，中華書局1959年版。
〔註30〕 司馬遷：《史記‧六國年表》，中華書局1959年版。

嬴秦自己特有的禮俗的。其實上，司馬遷對當時嬴秦的時祭也已經是不清楚了，這只是嬴秦人自己特有的祭祀方式。

本文認爲這是嬴秦人的一種區別於周人的一種特殊的禮俗，此後的秦王，尤其是有作爲、能使秦強大起來的秦王，如秦襄公、秦文公、秦獻公等都曾親自設立過時祭，並以時祭爲手段加強國力，起到了很好的效果。嬴秦時祭是秦人自我管理和自我控制的一種方式，極大地擴大了嬴秦的影響，推進了秦勢力的擴展。

如果把自此開始的秦人的時祭地點從西時（天水）開始，之後的好時、鄜時（岐州雝縣）、密時（渭南）、吳陽上下時（岐州雝縣）、畦時（櫟陽）聯繫起來對照，可以看出，時祭的路線也是從「西」地一直向東的，是和嬴秦政治軍事勢力的擴展伴隨在一起的。

但進入岐周以後，自作密時、吳陽上下時、畦時始，嬴秦兼祭青帝、黃帝、炎帝，還自稱是顓頊的後代，主動吸收宗周地區的禮樂文明。

在文公鄜時時，還用三牢，用周禮中牢禮來祭祀。

到德公居大鄭宮時，「以狗御蠱」〔註31〕，就是在四門殺狗驅疫，也是中原的禮樂傳統。〔註32〕

嬴秦從岐、西、天水開始，走出原先生活的地區，沿著渭水流域經過好時、雝縣、鄜縣逐步的向北、向東擴展、推進，最後咸陽，往北到達櫟陽，往東到達渭南，這就爲秦進一步逐鹿中原做好了準備，爲最終完成全國統一奠定了基礎。

周室東徙以後，關中大部份地區被戎族控制，平王對襄公說：「戎無道，侵奪我岐豐之地，秦能攻逐戎，即有其地」，這就爲秦人伐戎，佔領整個關中找到了合法的理由。秦人隨後開始了對關中諸戎的征伐，不斷地向東開拓國土，都邑也隨之逐漸東移。

據《史記‧秦本紀》記載，襄公十二年（前 766），「伐戎而至岐」，惜其當年去世，沒能在關中站穩腳跟，其子文公在西垂即位。

文公在西垂即位，「三年，文公以兵七百人東獵。四年，至汧渭之會……」

〔註31〕 司馬遷：《史記‧秦本紀》，中華書局 1959 年版。

〔註32〕 詳見史黨社：《「以狗御蠱」解》，《秦文化論叢》（第五輯），西北大學出版社 1997 年版。王子今：《秦德公「磔狗邑四門」宗教文化意義試說》，《周秦文化研究》，陝西人民出版社 1998 年版。

汧渭之會，顧名思義，應該在汧水和渭水交匯處。近年在寶雞市以東臥龍崗、賈村、石羊廟一帶發現有大面積的春秋早期居址與墓地，這裡隔汧水東北與雍地諸戎相峙，實爲文公進攻犬戎的前哨重地，應是汧渭之會的範圍。

「乃卜居之，占曰吉，即營邑之。」〔註33〕城邑所在地就在今眉縣西北渭河北的陳倉，一直到前 714 年，這是秦人正式立國後繼續東向，在關中的第一個都邑。正是憑此都邑，秦文公用十餘年時間基本擊潰了諸戎在岐、雍的勢力，才有了岐山以西的封地。

秦文公十六年，以兵伐戎，戎敗走。於是文公遂收周餘民有之，地至岐，岐以東獻之周。十九年，得陳寶。「索隱」按：《漢書・郊祀志》云：「文公獲若石云，於陳倉北阪城祠之。」考古學者李零、陳平力主文公東獵，就是到達了陳倉，並且在此建都。〔註34〕

文公十年，沿用了秦人原來的傳統，繼續在鄜地時祭，祭祀的仍然是白帝。

《秦本紀》：「（文公）十三年，初有史以紀事，民多化者。」開始在秦人中推行周人文字、周人文化，大力吸收西周的禮樂文化，仿傚周人設史紀事，習史通文者爲史官。

秦人開始「周」化，開始大面積地接受周的禮樂文化。中原人的記載，一直是用中原的眼光，認爲以前的嬴秦還沒有「化」，開始吸收周禮文化，才開始「化」了。

十六年，文公收周餘民有之，地至岐，嬴秦在東向的過程中，佔有了原來的周地，滯留在關中的周之餘民，盡爲所用，這也是嬴秦吸收周禮樂文化最簡捷、最有效的辦法。

還需要說明的是，這時期周秦之間，其實是沒有天然的界限的，沒有像後世那樣的如鴻溝一樣的屏障的，還有可能完全是雜居的。

二十七年，「伐南山大梓，豐大特」。這也是一種嬴秦自己特殊的祭祀方式，和周人禮樂文化中的祭品是不一樣的。

這一階段，秦人還有一個特殊的地方就是有點後來漢初的天人感應的味道。「十九年，得陳寶。」根據前人的研究，這些就是隕石雨。這一點在中原周人的地方是沒有的禮俗特徵。

〔註33〕司馬遷：《史記・秦本紀》，中華書局 1959 年版。
〔註34〕李零：《史記中所見秦早期都邑葬地》，《文史》第二十輯。

在此之前的秦人到底使用何種書寫方式，我們現在是不知道的，只是知道整個嬴秦部族是有自己獨特的文字和文化的。從中原的文獻記載所反映的秦人歷史文化面貌來看，其生活習俗和精神文化（文字、社會制度）等方面，都只能大概地看出是和西部氏羌的風習相類似。

這一時期，有關嬴秦的最主要的考古材料就是禮縣秦公大墓。學術界一直認爲，這是秦人東向前的最後一個西垂故地，只是該墓葬在歷史上屢經盜掘，即使後來出土的東西，也是下落不明，或者就是地層關係不清，因此該墓，以及出土的東西一直不爲人所關注，一直沒有系統的發掘報告。

現在所能知道的材料也並不多，現在所能知道的僅有大型墓坑四座，已經發掘的小型墓葬九座，青銅器百餘件，還有出土金箔若干，韓偉的《論甘肅禮縣出土的秦金箔飾片》〔註 35〕，記載了這些金箔的情況。因爲對於秦人使用金箔的情況還沒有更具體的瞭解，所以，還不能對此進行過多的評價，也不能依此和別的地區的使用金箔的情況進行對比研究。

另外一個現象值得注意的是，隨著嬴秦人的東向，吸收周禮因素的增多，原來一直使用黃金的數量是在逐漸減少的。一直到商鞅時期，開始用自己的粟米去和楚國等國家換取金幣，「金一兩生於境內，粟十二石死於境外。粟十二石生於境內，金一兩死於境外。」〔註 36〕

《秦本紀》：寧公二年（前 714），乃東越汧水，「徙居平陽」。平陽故城在今寶雞市楊家溝鄉、陽平鎮太公廟一帶〔註 37〕，這裡南臨渭水，北靠鳳翔，是關中渭水流域肥沃的地方，也是建都立邑之好地方，一直到前 677 年。之後，秦人在此建都達四十年，爲秦都自汧渭之會繼續東向後的一個重要據點。

遷都平陽當年，寧公「遣兵伐蕩社。三年，與亳戰，亳王奔戎，遂滅蕩社」。其後武公立，「伐彭戲氏，誅三父，夷三族」，影響力「至於華山下」，秦人的勢力推進到今關中中部，咸陽、西安一帶。

武公十年，西面「伐邽、冀戎，初縣之」，開始有了置縣的記載。「十一年，初縣杜、鄭。」「集解」《地理志》京兆有鄭縣、杜縣也。「正義」曰：《括

〔註35〕載《文物》1995 年第 6 期。
〔註36〕《商君書‧去強》，《諸子集成》本，中華書局 1986 年版。
〔註37〕具體地望，學術界還有爭論。「集解」注云：徐廣曰：「郿之平陽亭。」「正義」曰：《帝王世紀》云秦寧公都平陽。按：岐山縣有陽平鄉，鄉內有平陽聚。《括地志》云：「平陽故城在岐州岐山縣西四十六里，秦寧公徙都之處。」有學者認爲，《帝王世紀》所言之陽平聚，就是寧公建都之所在。

地志》云：下杜故城在雍州長安縣東南九里，古杜伯國。華州鄭縣也。這些地方都應該是在岐的東部。秦人的統治中心已經達到了華山腳下，已是關中的東部，周人的故地已經全部被嬴秦所佔領了。

武公二十年，卒，初以人從死，從死者六十六人。〔註38〕「從死」也是秦人和中原墓葬的不同禮俗。

這一時期的墓葬主要有甘谷毛家坪二期的 M9、三期的 M14、隴縣邊家莊的 M5、寶雞西高泉的 81BYXM36。〔註39〕

這些墓葬比以前更多地吸收周文化的墓葬葬俗，開始使用仿銅陶禮器，很好地反映了秦人華夏化的過程。比如，西高泉 M36 的墓葬中，一個陶鼎配有兩個陶簋，影響了後來的銅器墓。

從這一時期開始，秦人墓中明器份額開始逐漸加大，開始的時候全部是實用器，之後是明器和實用器兼有，一直到戰國時期，全部變成明器。

而且，這些明器化的墓葬大多是三鼎以下的，都是士一級的小貴族墓。但是其組合，還都是禮器鼎、簋，數量倒是符合周禮的等級規定的。

五鼎以上的墓葬中，鼎簋數量及組合還是嚴格遵循周禮的規定。

在一些日常的禮儀習慣上，秦人也吸收周人的特點。比如賦詩言志，《詩經》中記錄了「秦風」的，就有十篇。另外，僖公二十三年，重耳入秦，秦穆公迎接，重耳賦詩《河水》，穆公賦詩《六月》。穆公太子罃送重耳歸晉，賦詩《渭陽》。〔註40〕

之後還有申包胥如秦乞師，秦哀公賦詩《無衣》。

這些都說明了，秦人已經在自己的禮俗中很大程度地吸收了周人的禮樂文化了。

以前還有學人認為秦人的音樂是很落後的，僅為「彈箏搏髀，而歌手嗚嗚快耳者」，實際上，當時已經有了「秦樂」了，《秦風·車鄰》中就記載了

〔註38〕「從死」，學術界對此也有討論。尚志儒在《先秦從死從葬制度初探》（載《陝西省文博考古科研成果彙報會論文選集》）文認為，從死和殉葬不同，從死者的身份較高，多為全屍，與墓主同處一槨，或者是夾棺而葬，還有隨葬品。這一點或許也是秦人墓葬和中原墓葬的不同之處。

〔註39〕學術界把這幾個墓葬界定為西周晚期到春秋早期的時代，代表作有甘肅省文物工作隊、北京大學考古學系：《甘肅甘谷毛家坪遺址發掘報告》，《考古學報》1987 年第 3 期；陝西省考古研究所寶雞工作站、寶雞市考古工作隊：《陝西隴縣邊家莊五號春秋墓發掘簡報》，《文物》1988 年第 11 期。

〔註40〕《左傳·僖公二十三年》。

有鼓、瑟、簧等〔註41〕。

　　寧公遷都平陽，儘管勢力已經達到華山，但是當時只是出於軍事上的考慮，易守難攻，對於整個關中的影響還是十分有限的。隨著贏秦人的發展壯大，其缺點也逐漸暴露出來了，就是土地狹窄，在這樣的形勢下，雍城就應運而生了。

　　雍城地勢廣闊，交通方便，西邊和贏秦故地汧隴相去不遠，南邊又可以去往巴蜀，加上還是西周故地，對於如饑似渴地吸收周禮文化的贏秦人來說，建都雍城正當其時。

　　「德公元年〔前 677），初居雍城大鄭宮」，其後一直到獻公元年（前 383）東遷櫟陽為止，秦人在雍城建都時間達到二百九十四年，這在秦人都邑中建都時間最長。

　　雍城的位置在今陝西省鳳翔縣城南，是秦國歷史上極為重要的一個都城，地理位置退可守，進可東向。德公居雍以後，「後子孫飲馬於河」，《正義》也云：「卜居雍之後，國益廣大，後代子孫得東飲馬於龍門之河。」

　　秦國建都於雍城後，佔據了周原的有利地理條件，又吸引了西周的文化遺產，使秦國的政治、軍事實力和社會經濟得到了較迅速的發展，征服了周圍許多部族。正是有了德公在雍城的集聚，才有以後贏秦的走向鼎盛。

　　秦德公兩年而卒，繼任的長子宣公在位十二年、次子成公在位四年，均無大的作為。

　　宣公四年，「作密時」。至此，時祭在史籍上是最後一次記載。

　　前 659 年，德公少子任好即位秦君，是為秦繆公，和晉侯聯姻，重用五羖大夫百里奚和蹇叔。

　　「十二年，晉旱，來請粟。以船漕車轉，自雍相望至絳。」可以想見，當時秦人的農業生產狀況還是很盛的，已經能夠救濟鄰國。農業生產的大發展，固然有贏秦人接受了西周舊地、土壤肥沃的緣故，也有贏秦人固有的農業傳統的因素，不然是不可能馬上在農業上取得這麼大的成績的。

　　秦繆公十五年（前 645），秦在韓原大敗晉軍，生俘了晉惠公。後繆公釋放了惠公夷吾，「夷吾獻其河西地」，從此秦國的領土擴展到黃河岸邊。

　　秦繆公三十三年，「秦兵遂東，更晉地，過周北門」。秦人接著東向，中原人對此的看法就是「秦師無禮」，是不符合中原人的「禮」的。也有的學人

〔註41〕詳見王輝：《秦樂芻論》，《秦陵秦俑研究動態》1991 年第 4 期。

認爲當時諸侯國之所以「卑秦」，也就是因爲秦人的「無禮」，沒有符合中原人的「周禮」。

殽之戰失敗，秦東向晉楚受到嚴重打擊。其後繆公更欲東霸中原，遭晉軍多次阻擊後，秦的外交政策由過去的助晉東向爭霸中原，改爲聯楚以抗晉。此期間的《詛楚文》〔註42〕就是記述了秦繆公和楚成王結盟的故事。〔註43〕

秦繆公也因此把自己的主要精力集中在西向的戎狄方面。

三十四年，誘降戎王謀臣由余。

三十七年，「用由余謀伐戎王，益國十二，開地千里，遂霸西戎。天子使召公過賀繆公以金鼓。」秦國向西北征伐戎國，擴張領上，鞏固了後方，秦繆公也因此成爲春秋五霸之一。正如後來孝公所說：「昔我繆公自岐、雍之間，修德行武，東平晉亂，以河爲界，西霸戎翟，廣地千里，天子致伯，諸侯畢賀，爲後世開業，甚光美。」

「三十九年，繆公卒，葬雍。從死者百七十七人，秦之良臣子輿氏三人名曰奄息、仲行、鍼虎，亦在從死之中。」可以想見，「從死」是秦人的一種特殊的禮俗，是和中原的殉葬不是一回事。

厲共公二年，蜀人來賂。出子十三年，「伐蜀，取南鄭」。嬴秦人的勢力範圍已經影響到了巴蜀。

其後至獻公二年（前383）東遷櫟陽爲止，秦人都雍城294年，在秦人都邑中建都時間最長。

獻公時，停止了秦人原有的從死的習俗。

這一時期，嬴秦的禮俗文化發生了一次大的轉變，進入了大發展時期。在此後的近百年時間裏，秦人在葬俗文化中，從用鼎制度、器物配置組合、器物造型、裝飾風格、墓葬形制葬式等方面，在原有嬴秦的禮俗基礎上，全面吸收和承襲周人文化。

這一時期秦人的主要墓葬有毛家坪 A 組三期的 M11〔註44〕、戶縣宋村

〔註42〕楊寬：《秦詛楚文所表演的「詛」的巫術》，載《楊寬古史論文集》，上海人民出版社 2003 年版。

〔註43〕郭沫若《石鼓文研究詛楚文考釋》（科學出版社 1982 年版）認爲，詛楚文應該是戰國中期楚懷王、頃襄王時期的作品，追敍了秦穆公和楚成王結成同盟的故事。

〔註44〕甘肅省文物工作隊、北京大學考古學系：《甘肅甘谷毛家坪遺址發掘報告》，《考古學報》1987 年第 3 期。

M3〔註45〕、戶縣南關 82M1〔註46〕、馬家莊建築群遺址〔註47〕、雍城秦公陵園〔註48〕。其具體年代的確定，學術界、考古界還有分歧，但都在春秋之世，應該是沒有問題的，應該是可以作爲這一階段的秦人的遺存的。

馬家莊一號建築群遺址，和周人的左昭右穆的葬俗不一樣，是完全呈現品字形〔註49〕。二號建築群遺址應該是一個呈矩形的平面，由兩個以上的院落組成，年代和一號建築群應該相當，具體用途未知。〔註50〕

三號建築群遺址處在雍城的中央和秦公宗廟的右側，其五門三朝的宮寢禮俗制度很符合周人禮書上的記載，符合春秋時期諸侯僭越天子禮制。〔註51〕

在秦都雍城的發掘過程中，還發現了「蘄年宮當」、「來穀宮當」字樣的秦瓦當〔註52〕，字體是隸變體，這種隸變體居然超越了秦統一中國後使用的小篆體，它是要到西漢時期，才成爲通用的字體的，所以從這裡看，或許是嬴秦人自身固有的一種書寫方式。此前人們一直認爲，嬴秦的書寫方式和西周是一脈相承的，起碼這個時候，嬴秦的文字和東方諸國是有明顯的差異的〔註53〕。以後，隨著嬴秦的統一全國，強行推行自己的文字，東方諸國的文字只

〔註45〕陝西省文物管理委員會秦墓發掘組：《陝西戶縣宋村春秋秦墓發掘簡報》，《文物》1975 年第 10 期。

〔註46〕曹發展：《陝西戶縣南關春秋秦墓清理記》，《文博》1989 年第 2 期。

〔註47〕陝西省考古研究所雍城考古工作隊《鳳翔馬家莊春秋秦一號建築遺址發掘簡報》，《考古與文物》1982 年第 5 期。《鳳翔馬家莊一號建築群遺址發掘簡報》，《文物》1985 年第 2 期。

〔註48〕發掘報告詳見陝西省考古研究所雍城考古工作隊：《秦都雍城鑽探試掘簡報》，《考古與文物》1985 年第 2 期。韓偉、焦南峰：《秦都雍城考古發掘研究綜述》，《考古與文物》1988 年第 5、6 合刊。尚志儒：《秦都雍城的總體布局與考古發掘》，《中國文物報》1990 年 6 月 28 日。

〔註49〕對此的研究成果有韓偉：《馬家莊秦宗廟建築制度研究》，《文物》1985 年第 2 期。徐揚傑：《馬家莊秦宗廟遺址的文獻學意義》，《文博》1990 年第 5 期。陳全方、尚志儒：《秦都雍城新出陶文研究》，《文博》1987 年第 4 期。

〔註50〕詳見韓偉、焦南峰：《秦都雍城考古發掘研究綜述》，《考古與文物》1988 年第 5、6 合刊。

〔註51〕具體圖片和數據詳見韓偉：《秦公朝寢鑽探圖考釋》，《考古與文物》1985 年第 2 期。

〔註52〕圖片參見陝西省考古研究所雍城考古工作隊：《1982 年鳳翔雍城秦漢遺址調查簡報》，《考古與文物》1984 年第 2 期。劉亮、王周應：《秦都雍城遺址新出土的秦漢瓦當》，《文博》1994 年第 3 期。

〔註53〕王國維曾把戰國時期的文字分爲西土、東土兩個系統，西土文字就是《說文》中的籀文，也就是嬴秦文字。參看何琳儀：《戰國文字通論》，中華書局 1989 版。

能殘存在了西方才發現的「古文」中了。

從中可見，秦人的文化對中原文化也是有很大的影響的，不僅是秦人在吸收中原周文化中的禮樂文化，嬴秦人的禮俗也在影響著中原、它的勢力所到達的地方的文化。

雍城的秦公陵墓共發掘了四十五座大墓，分別呈現「中」字形、「甲」字形、「凸」字形、「目」字形、刀把形、圓形六種類型。〔註54〕

「中」字形、「甲」字形墓葬都呈現的是東西走向，墓室呈西向，可以想見，它是吸收了中原墓葬的格局，僅僅是在走向上還保有自己的特點。

秦公陵園的特殊之處還在於其四周挖有壕溝，而不是修築圍牆，有人就認為是秦人特有的葬俗，是西北民族特有的禮俗特徵，〔註55〕還認為日本發現的公元前三世紀的方形周溝墓也是秦人東渡時帶過去的。

春秋中期到戰國中晚期，秦人的墓葬主要集中在鳳翔八旗屯，在這裡發掘了四十座秦墓〔註56〕和陝西隴縣邊家莊一號墓〔註57〕，這幾組墓葬的隨葬品組合、隨葬品的器形、上面的花紋，具體詳見考古發掘報告，這一時期中，就這幾個墓中，最大的禮俗特徵幾乎都是仰身直肢葬，應該是和吸收中原禮樂文明有關。

共公到桓公，嬴秦人的政治軍事緩慢發展，在外部環境上，東邊的晉國在靈公之亂後，成、景兩公立。南方楚莊王強盛，與晉國爭奪霸主之位，晉國既忙於與楚國爭霸，又興兵伐齊，無力對付秦國，使得秦國得到了休養生息的大好機會，政理通和，逐步進入鼎盛時期。

這一階段的考古發掘主要有：秦公一號大墓（景公）〔註58〕；傳世的秦公鎛、秦公簋，對它們的考釋是二十世紀初以王國維為代表的學者們開始秦

〔註54〕詳見韓偉、焦南峰：《秦都雍城考古發掘研究綜述》，《考古與文物》1988年第5、6合刊。尚志儒：《秦都雍城的總體布局與考古發掘》，《中國文物報》1990年6月28日。

〔註55〕俞偉超：《方形周溝墓與秦文化的關係》，《中國歷史博物館館刊》1993年第2期。王志友：《中國古代圍溝墓的發現》，《秦文化論叢》（第十二輯），西北大學出版社。謝堯亭：《圍溝墓初探》，《秦文化論叢》（第十二輯），西北大學出版社。

〔註56〕陝西省考古研究所雍城考古工作隊吳鎮烽、尚志儒：《陝西鳳翔八旗屯秦國墓葬發掘簡報》，《文物治療叢刊（3）》文物出版社1980年版。

〔註57〕尹盛平、張天恩：《陝西隴縣邊家莊一號春秋秦墓》，《考古與文物》1986年第6期。

〔註58〕王輝：《論秦景公》，《史學月刊》1989年第3期。

史研究的開始；中國的石刻之祖石鼓文，對於石刻文化的起源，有人認爲正是嬴秦人帶來的，還有的學者認爲，《詩經・秦風》記載的事實就是與此有關；寶雞益門二號墓的金柄鐵劍，還依然保持著嬴秦人舊有的禮俗特徵；秦式勾連蟠虺紋〔註59〕，是在青銅器的使用過程中有了周文化的因素。

秦公一號大墓〔註60〕，自漢、唐、宋以來，歷代幾經盜掘，隨葬品幾乎被洗劫一空，其平面呈「中」字形，是秦公陵園中規模最大的一座，也是目前發掘所見先秦墓葬中規模最大的，依然是嬴秦傳統的坐西朝東樣式。主槨是我國現今發現最早的「黃腸題湊」式葬具，後代中原的這種葬式，應該也是受此影響才有的。所以說，嬴秦不僅是吸收中原的各種禮俗文化，同時以「黃腸題湊」葬俗爲代表的嬴秦禮俗也給當地帶來了很大的影響的。

在主副槨室之間的底部，都用木炭塡充，看來是爲了防盜、防潮的，這一習慣中原要到戰國時才有。

秦公一號大墓出土有多枚銘石磬，銘文大多清楚，爲早期的隸書。經專家整理，有銘文二十六條，二百零六字，〔註61〕專家們都已經對其內容進行了考釋，從中可以知道，秦人的禮俗是受到的周人的影響的。

儘管石鼓文起源的具體年代，學術界還有爭論，還有待學術界的考證，但秦人很重視刻石，這個時期已經可以見到了，而相同時期的中原倒是不多

〔註59〕據《歐亞草原古代墓葬文化》（(日)林俊雄著，張志堯譯，載《草原絲綢之路與中亞文明》，張志堯主編，新疆美術攝影出版社 1994 年版）認爲早期的秦瓦的紋飾中的動物紋都是單耳雙腿的側面形體輪廓，其中的奔虎逐雁紋瓦當、獵人鬥虎瓦當的繪畫風格、裝飾布局，與黑山、陰山一帶匈奴人岩畫很相似。

〔註60〕秦公一號大墓的發掘報告至今還沒有發表，細節材料可以見於以下當事人的片言隻語：

韓偉：《略論陝西春秋戰國秦墓》，《考古與文物》1981 年第 1 期。

陝西雍城考古隊：《秦都雍城鑽探試掘簡報》，《考古與文物》1985 年第 2 期。

韓偉撰文、李淼攝影：《秦都雍城何處尋》，《人民畫報》1986 年第 1 期。

王輝、焦南峰、馬振智：《秦公大墓石磬殘銘考釋》，《中央研究院歷史語言所集刊》第六十七本第二分冊。

韓偉、焦南峰：《秦都雍城考古發掘研究綜述》，《考古與文物》1988 年第 5、6 合刊。

馮宗遊、金育欣：《鳳翔秦公一號大墓的槨木鑒定》，《考古學研究》三秦出版社 1993 年版。

〔註61〕具體銘文詳見王輝、焦南峰、馬振智：《秦公大墓石磬殘銘考釋》，《中央研究院歷史語言所集刊》第六十七本第二分冊。陳平：《關隴文化和嬴秦文明》，江蘇教育出版社 2005 年版。

見的。之後到戰國，有石鼓文、詛楚文，嬴政統一後，又有泰山、琅琊臺、之罘、東觀、會稽等刻石，是隨著秦人的東進、後來秦始皇的東遊而逐漸東向的。〔註 62〕秦人的好石刻這一文化傳統是否受到西方文化的影響，或者和新疆的卡約文化是什麼關係也未可知。〔註 63〕

共公到景公時期的墓葬，朝向已經有了很大的變化，有的頭向南〔註 64〕，有的向南偏東〔註 65〕。葬式大多是仰身屈肢，少有仰身直肢的。在器物的組合上，也開始逐漸打破以前器物五鼎配四簋、三鼎配兩簋組合的傳統模式，代之以三鼎配四簋、四鼎配四簋、兩鼎配兩簋的新模式。

秦國自哀公開始，國內動蕩，內憂外患。這一階段相當於春秋晚期到春秋戰國之交。

這一時期最典型的考古發掘墓葬有鳳翔高莊 M10〔註 66〕、長武上孟村 M27〔註 67〕、鳳翔八旗屯三期墓〔註 68〕、八旗屯 M2〔註 69〕、鳳翔高莊 M12〔註 70〕、八旗屯西溝道一期墓〔註 71〕、鳳翔鄧家崖 M3〔註 72〕、咸陽任家嘴 M88〔註 73〕等等。這一階段的嬴秦禮俗文化中出現了與周邊地區文化交流的跡

〔註 62〕參見王輝：《由「天子」「嗣王」「公」三種稱謂說到石鼓文的時代》，《中國文字》新 20 期。

〔註 63〕趙超：《中國古代石刻概論》，文物出版社 1997 年版。

〔註 64〕陝西省文物管理委員會：《陝西寶雞陽平鎮秦家溝村秦墓發掘記》，《考古》1965年第 7 期。

〔註 65〕寶雞市博物館等：《寶雞縣西高泉村春秋秦墓發掘記》，《文物》1980 年第 9期。

〔註 66〕陝西省考古研究所雍城考古工作隊吳鎮烽、尚志儒：《陝西鳳翔高莊秦墓地發掘簡報》，《考古與文物》1981 年第 1 期。

〔註 67〕陝西省考古研究所吳安志：《陝西長武上孟村秦國墓葬發掘簡報》，《考古與文物》1984 年第 3 期。

〔註 68〕陝西省考古研究所雍城考古工作隊吳鎮烽、尚志儒：《陝西鳳翔八旗屯秦國墓葬發掘簡報》，《文物資料叢刊（3）》，文物出版社 1980 年版。

〔註 69〕陝西省雍城考古隊：《一九八一年鳳翔八旗屯墓地發掘簡報》，《考古與文物》1986 年第 5 期。

〔註 70〕陝西省考古研究所雍城考古工作隊吳鎮烽、尚志儒：《陝西鳳翔高莊秦墓地發掘簡報》，《考古與文物》1981 年第 1 期。

〔註 71〕陝西省考古研究所雍城考古工作隊尚志儒、趙叢蒼：《陝西鳳翔八旗屯西溝道秦墓發掘簡報》，《文博》1986 年第 3 期。

〔註 72〕陝西省考古研究所雍城工作站：《鳳翔鄧家崖秦墓發掘簡報》，《考古與文物》1991 年第 2 期。

〔註 73〕咸陽市文物考古研究所：《咸陽任家嘴春秋墓清理簡報》，《考古與文物》1993年第 3 期。

象，在這幾個墓葬中出土的兵器比較明顯地受到北方少數民族文化的影響，隨葬的大多是北方系的直刃匕首式短劍，嬴秦的禮俗文化出現在兵器的原因或許是這一時期嬴秦人爲了爭奪中原的戰略要地，戰爭頻繁的結果。而在規格較高的墓葬中，更多地出現的是青銅禮器，或許就是這部份人受到周人文化的影響比較多的緣故。

這一時期秦墓葬中最典型的禮俗就是陶倉囷的出現，囷就是圓的糧倉。

首先出現在戰國早期的關中八旗屯四期墓 BM103 中，以後隨著秦人勢力的逐漸東移，一直到秦漢，山東及江漢地區也出現大批的陶倉囷，隨葬的陶囷儘管是明器，儘管還只是囷的模型，但是在嬴秦的現實生活中應該是大量存在之後，在墓葬中才會有的，所以可以想見，當時嬴秦人的農作物生產已經很盛了。

哀公嫁女平王爲太子妻，聯楚抗晉，導致伍子胥奔吳。

厲公卒後，躁、懷、靈、簡、惠公、出子、獻公七君爭立，國勢益衰，趁著嬴秦國衰，晉復奪秦河西之地。

隨著嬴秦人東向影響力在中原越來越大，隨之而來的可以確定的考古墓葬也越來越多。這一時期的主要有灃西 K202〔註 74〕、鳳翔八旗屯 CM9〔註75〕、鳳翔高莊三墓〔註 76〕、武功趙家來 M1〔註 77〕、鳳翔八旗屯西溝道 M26〔註 78〕、鳳翔八旗屯 M14〔註 79〕、鳳翔鄧家崖兩墓〔註 80〕、鳳翔西村 S1〔註 81〕、

〔註 74〕 中國科學院考古研究所：《灃西發掘報告》，文物出版社 1962 年版。
〔註 75〕 陝西省考古研究所雍城考古工作隊吳鎮烽、尚志儒：《陝西鳳翔八旗屯秦國墓葬發掘簡報》，《文物資料叢刊（3）》，文物出版社 1980 年版。
〔註 76〕 陝西省考古研究所雍城考古工作隊吳鎮烽、尚志儒：《陝西鳳翔高莊秦墓地發掘簡報》，《考古與文物》1981 年第 1 期。
〔註 77〕 中國社會科學院考古研究所武功發掘隊：《陝西武功縣趙家來東周時期的秦墓》，《考古》1996 年第 12 期。
〔註 78〕 陝西省考古研究所雍城考古工作隊尚志儒、趙叢蒼：《陝西鳳翔八旗屯西溝道秦墓發掘簡報》，《文博》1986 年第 3 期。
〔註 79〕 陝西省雍城考古隊：《一九八一年鳳翔八旗屯墓地發掘簡報》，《考古與文物》1986 年第 5 期。
〔註 80〕 陝西省考古研究所雍城工作站：《鳳翔鄧家崖秦墓發掘簡報》，《考古與文物》1991 年第 2 期。
〔註 81〕 陝西省考古研究所雍城考古工作隊李自智、尚志儒：《陝西鳳翔西村戰國秦墓發掘簡報》，《考古與文物》1996 年第 1 期。

甘谷毛家坪五期墓〔註 82〕、鳳翔八旗屯四期墓〔註 83〕、鳳翔高莊二期墓〔註 84〕、鳳翔八旗屯西溝道二期墓〔註 85〕、灃西客省莊東周墓〔註 86〕、西安半坡戰國墓早期墓〔註 87〕、甘肅靈臺兩周墓兩座墓〔註 88〕、寶雞譚家村 M23〔註 89〕、寶雞市茹家莊東周墓兩座墓〔註 90〕、武功趙家來兩座墓〔註 91〕、寶雞秦家溝 M4〔註 92〕、鳳翔南指揮小墓〔註 93〕、鳳翔鄧家崖兩座墓〔註 94〕、鳳翔西村 80M89〔註 95〕、鳳翔八旗屯兩座墓〔註 96〕。

這一時期的秦墓中最主要的禮俗變化就是直接出現了中原禮器〔註 97〕，說明在贏秦人的現實生活中，已經大量吸收了中原的禮俗制度。

〔註 82〕甘肅省文物工作隊、北京大學考古學系：《甘肅甘谷毛家坪一直發掘報告》，《考古學報》1987 年第 3 期。

〔註 83〕陝西省考古研究所雍城考古工作隊吳鎮烽、尚志儒：《陝西鳳翔八旗屯秦國墓葬發掘簡報》，《文物資料叢刊（3）》，文物出版社 1980 年版。

〔註 84〕陝西省考古研究所雍城考古工作隊吳鎮烽、尚志儒：《陝西鳳翔高莊秦墓地發掘簡報》，《考古與文物》1981 年第 1 期。

〔註 85〕陝西省考古研究所雍城考古工作隊尚志儒、趙叢蒼：《陝西鳳翔八旗屯西溝道秦墓發掘簡報》，《文博》1986 年第 3 期。

〔註 86〕中國科學院考古研究所：《灃西發掘報告》。

〔註 87〕中國科學院考古研究所金學山：《西安半坡的戰國墓葬》，《考古學報》1957 年第 3 期。

〔註 88〕甘肅省博物館文物隊、靈山縣文化館：《甘肅靈臺縣兩周墓葬》，《考古》1976 年第 1 期。

〔註 89〕寶雞市考古工作隊：《寶雞市譚家村春秋及唐代墓》，《考古》1991 年第 5 期。

〔註 90〕寶雞市博物館、寶雞市渭濱區文化館：《陝西寶雞市茹家莊東周墓》，《考古》1962 年第 9 期。

〔註 91〕中國社會科學院考古研究所武功發掘隊：《陝西武功縣趙家來東周時期的秦墓》，《考古》1996 年第 12 期。

〔註 92〕陝西省文物管理委員會：《陝西寶雞陽平鎮秦家溝村秦墓發掘記》，《考古》1965 年第 7 期。

〔註 93〕田亞岐、王保平：《鳳翔南指揮兩座小型秦墓的清理》，《考古與文物》1987 年第 6 期。

〔註 94〕陝西省考古研究所雍城工作站：《鳳翔鄧家崖秦墓發掘簡報》，《考古與文物》1991 年第 2 期。

〔註 95〕陝西省考古研究所雍城考古工作隊李自智、尚志儒：《陝西鳳翔西村戰國秦墓發掘簡報》，《考古與文物》1996 年第 1 期。

〔註 96〕陝西省雍城考古隊：《一九八一年鳳翔八旗屯墓地發掘簡報》，《考古與文物》1986 年第 5 期。

〔註 97〕見陳平：《關隴文化和贏秦文明》，江蘇教育出版社 2005 年版，第 507 頁。

第三節　嬴秦禮俗全面華夏化的階段

這一階段起自秦獻公殺出子即位，並於次年遷都櫟陽，一直到前 206 年，秦王子嬰出降。

獻公是嬴秦歷史上具有雄才大略的有爲賢君之一，受命於危難之際。對國內，秦獻公銳意改革秦國內政，頒布新的社會、經濟法令，使秦國勢復振，開始告別連年內亂，走向了繁榮強盛。比如在禮俗上，「止從死」，就是在吸收了山東禮俗的情況下進行的。

在對外關係上，在秦獻公繼位之初，中原各國「卑秦」，「醜翟遇之」，諸侯間的會議也不約秦參加。軍事上，嬴秦人被動挨打，大片國土被人侵奪。

面對這樣的局面，當時的秦君也試圖注重對東方的防務，當時畢竟還是有很大的壓力。雍城儘管土地肥沃，但還是地處關中偏西的位置，不利於東進。對此雍城的地位就已經在獻公的考慮之中了。

繼位次年，獻公就把首都從雍城向東移了一百五十公里，城櫟陽〔註98〕。櫟陽的位置在今臨潼縣閻良鎮東南的武家屯附近，處於「北卻戎翟，東通三晉，亦多大賈」〔註99〕的戰略要地，是秦魏作戰的前線，遷都至此，以便於和魏國爭奪河西這塊戰略要地，表明了嬴秦繼續東向的決心和方向。

嬴秦遷都櫟陽確實收到了顯著的效果，在對魏的軍事戰爭中，戰爭的形勢開始向有利於秦的方向發展。獻公二十年（前 365），秦大敗魏趙聯軍，關東諸強震驚，魏國被迫修築長城採取守勢。

獻公遷都櫟陽以前，秦人對周的禮樂文化的吸收還主要集中在實用性上，僅僅局限於表面，對於國家制度層面，對於周文化中的禮樂文化、「尊尊」、「親親」的觀念等，還沒有完全吸收，甚至還有懷疑和牴觸。《史記》中戎王派使臣由余使秦的故事就很好的體現這一點。

這一時期，就是秦人統一中國的時期。儘管此前嬴秦人在東向的過程中，已經大量吸納了中原的禮俗，但嬴秦人和山東六國在禮俗上，還是有很大的區別的。

嬴秦人對周文化的吸收在宗法制度和用人問題上的基本政策就是只要是賢能的、且願意爲秦所用的，都能進入秦的高層和核心，還沒有遵循西周以

〔註98〕陝西省文物管理委員會：《秦都櫟陽遺址初步勘探記》，《文物》1966 年第 1 期。

〔註99〕司馬遷：《史記‧貨殖列傳》，中華書局 1959 年版。

來的宗法制度中最基本的特徵「親親」、「尊尊」、「嫡長子繼承」的原則。

「古者，民各有鄉俗，其所利及好惡不同，或不便於民，害於邦。是以聖王作爲法度，以矯端民心，去其邪避，除其惡俗。……今法律令已具矣，而吏民莫用，鄉俗淫佚之民不止，是即法主之明法，也，而長邪避淫佚之民，甚害於邦，不使於民。故騰爲是而修法律令、田令及爲間私方而下之，令吏明布，令吏民皆明智之，毋巨於罪。」這是當時雲夢秦簡《語書》的記載。

《語書》是秦王政二十年（前 227），南郡守騰頒佈的文告，南郡原屬於楚地，至此已經有秦人管轄了近五十年了，《語書》中還仍然透露出秦人的法律令在推行的過程中遇到阻礙，就是因爲禮儀風俗的不同造成的。

從中也可以看出，秦人對待不同的禮俗的態度，已經不僅像以前沒有入關時那樣，吸收不同的禮俗了，而是試圖輔以用強硬的手段來改變當地的禮俗。這一做法就是秦人統一後在政治上推行的「車同軌」、「書同文」外，後人所謂的「行同倫」其實很早就已經推行了。

「今法律令已具矣，而吏民莫用，鄉俗淫佚之民不止，是即法主之明法。」

公元前 361 年，孝公立。秦孝公認爲三晉攻奪河西之地，秦國沒有能收復，「諸侯卑秦，醜莫大矣」。於是在即位當年就發布求賢令，立志變法圖強。「今吾欲變法以治，更禮以教百姓，恐天下之議我也。」〔註100〕

現在孝公明白一味地通過改變山東六國的禮俗來適應自己的需要可能是要走不通了，只有改變嬴秦原有的禮俗，「常人安於故俗」〔註101〕，「今我更制其教，而爲其男女之別，大築冀闕，營如魯衛矣」〔註102〕，才能使諸侯們不再「卑秦」。

其變法圖強的目的不僅在於收復河西失地，更在於富國強兵，東進中原與六國一爭短長。故漢人賈誼《過秦論》說：「秦孝公據殽函之固，擁雍州之地，君臣固守而窺周室，有席卷天下，包舉宇內，囊括四海，併吞八荒之心。」

著名政治家商鞅主持變法，「宗室非有軍功論，不得爲屬籍」，即使是宗室，假如沒有軍功的話，也是不能有「屬籍」的，完全按照「尊卑、爵秩、等級」來分配田宅，「有功者顯榮，無功者雖富無所芬華」〔註103〕，完全是鼓

〔註100〕《商君書·更法》，《諸子集成》本，中華書局 1986 年版。
〔註101〕司馬遷：《史記·商君列傳》，中華書局 1959 年版。
〔註102〕司馬遷：《史記·商君列傳》，中華書局 1959 年版。
〔註103〕司馬遷：《史記·商君列傳》，中華書局 1959 年版。

勵軍功。

　　嬴秦自商鞅變法後，國力漸強，首先就是奪取了河西部份失地，確立了對魏作戰的優勢；同時也迫使魏國把國都從河東的安邑遷到大梁，減輕了在河西對秦的威脅，秦人基本上實現了變法圖強的第一階段目標。

　　隨著對魏戰爭的勝利，東鄰魏國已經不是嬴秦最主要的對手了，函谷關外的中原與武關外的江漢流域這一廣闊的區域成了嬴秦人的新目標。爲了與東方六國爭奪這一新的目標，櫟陽這一對魏戰爭時期的首都就隨著對魏戰爭的勝利而失去了意義，能夠照顧到這兩個區域的咸陽就提上議事日程了。

　　「十二年，作爲咸陽，築冀闕，秦徙都之」〔註104〕。秦人遷都至此，一直到公元前 206 年，秦王子嬰出降秦亡爲止。咸陽從孝公「築冀闕宮庭於咸陽，秦自雍徙都之」，到秦滅亡遭項羽焚毀，作爲秦國與秦帝國八代國君的國都，時間跨度長達一百四十四年。

　　咸陽，從地理位置上看，位於渭水的北岸，九陽山的南面，山南水北，「山水俱陽」，而且較之於櫟陽，更有利於嬴秦對東方諸國的戰爭。

　　在人文環境上，咸陽與周人的故地豐鎬十分接近，附近有豐富的周人的文化積澱，嬴秦人在該地輕而易舉地就能吸取周人的禮俗。

　　秦昭王時代，咸陽城就開始逐漸擴展到了渭水南岸。剛開始時，只是在渭南修建了一些宮殿，如章臺宮、興樂宮等，還沒有形成規模，個別重大的國事活動也在渭水南岸的宮殿中舉行。

　　秦始皇時代尤其是他統一全國以後，更加大興土木，在渭水南岸大規模地規劃和建設咸陽新城。始皇二十七年，修建了信宮與甘泉前殿，「作信宮渭南，已更命信宮爲極廟，象天極。自極廟道通酈山，作甘泉前殿」〔註105〕。之後又在渭南的上林苑修建了新的政治中心朝宮，最後甚至把皇宮也由渭北遷到渭南去了。

　　到始皇三十五年，「於是始皇以爲咸陽人多，先王之宮廷小，吾聞周文王都豐，武王都鎬，豐、鎬之間帝王之都也，乃營作朝宮渭南上林苑中」〔註106〕。匯聚了東方諸國的建築風格，《史記・秦始皇本紀》載，秦軍「每破諸侯，寫放其宮室，作之咸陽北阪上」，「自雍門以東至涇、渭，殿室複道周閣相屬」。

〔註104〕司馬遷：《史記・秦本紀》，中華書局 1959 年版。
〔註105〕司馬遷：《史記・秦始皇本紀》，中華書局 1959 年版。
〔註106〕司馬遷：《史記・秦始皇本紀》，中華書局 1959 年版。

嬴秦的宮殿建築一般都是建在夯土臺基上，每座建築都是自成一體的，相互之間又有甬道、複道相互連接。

在嬴秦眾多的宮室中，阿房宮無疑是規模最大、也最具代表性的。

之後，始皇又「因北陵營宮殿，制紫宮象帝居，渭水貫都以象天漢，橫橋南度以法牽牛也」〔註107〕，完全仿照周人的禮制，尤其是建築中的規格等級，據《三輔黃圖》記載，阿房宮始建於秦惠文王時期，秦始皇時開始大規模營建，一直持續到二世。「規恢三百里，離宮別館，彌山跨谷，輦道相屬。閣道通驪山八十餘里。表南山之顛以爲闕，絡樊川以爲池。」〔註108〕其中前殿「東西五百步，南北五十丈，上可以坐萬人，下可以建五丈旗」〔註109〕，還鑄金人立於殿前〔註110〕，這是銅像裝飾建築之始。

考古發掘也說明了這一點。考古鑽探阿房宮的實際範圍東西長1320米，南北寬420米，面積達到554400平方米，高出地面7～9米。〔註111〕

一系列宮殿及極廟這樣禮制性建築的興修，標誌著咸陽已經成爲橫跨渭河兩岸的大都市了，這個新興的大都市格局還充分融入了周人建築中的禮制，成爲了嬴秦人自己的禮俗。

「武王死。無子。立異母弟，是爲昭襄王。」

「五十六年秋，昭襄王卒，子孝文王立。」

「十月己亥即位，三日辛丑卒，子莊襄王立。」

「四年五月丙午，莊襄王卒，子政立，是爲秦始皇帝。」

秦王政八年，呂不韋糾集門人，著有《呂氏春秋》。現在我們把《呂氏春秋》是歸入雜家類得，其實它是嬴秦在東向的過程中，對關東諸國的禮俗文化進行的一次大整理，它是「以道德爲標的，以無爲爲綱紀，以忠義爲品式，以公方爲檢格，與孟軻、孫卿、淮南、揚雄相表裏也」〔註112〕，也是一個以嬴秦本身的禮俗爲主題，吸收了山東諸國各地不同禮俗的基礎上綜合而成的。

嬴秦自始皇始，進入了帝國時期，終於秦王子嬰。

〔註107〕《史記‧刺客列傳》「正義」引《三輔黃圖》云。
〔註108〕陳直：《三輔黃圖校正》卷一，陝西人民出版社1980年版。
〔註109〕司馬遷：《史記‧秦始皇本紀》，中華書局1959年版。
〔註110〕宋敏求：《長安志》引《三輔舊事》。
〔註111〕西安市文物局文物處等：《秦阿房宮遺址考古調查報告》，《文博》1998年第1期。
〔註112〕《呂氏春秋‧高誘序》，《諸子集成》本，中華書局1986年版。

　　這一時期對於後人更多的瞭解是秦政。夏曾佑說：「中國之教，得孔子而後立。中國之政，得始皇而後行。中國之境，得漢武而後定。三者皆中國之所以爲中國也。自秦以來，垂二千年，雖百王代興，時有改革，然觀其大義，不甚懸殊。」〔註113〕柳詒徵也說：「蓋嬴政稱皇帝之年，實前此二千數百年之結局，亦爲後此二千數百年之起點，不可謂非歷史一大關鍵。」〔註114〕後人往往是通過「前事不忘，後事之師也」的角度，來總結嬴秦速亡的功過得失的。〔註115〕

　　始皇在統一全國的過程中，以及統一後，沿用了以前呂不韋的做法，吸納東方諸國的文人學者，「悉召文學方術士甚眾，欲以興太平」〔註116〕，繼續任用文學方術士參與政治。始皇首開了博士制度〔註117〕，這些博士大多是從齊魯來的碩儒，參與制訂統一後的國家禮儀和封禪大計。

　　更是大張旗鼓地吸納東方諸國的禮俗文化，強調「法度」，「二十六年，端平法度，萬物之紀。以明人事，合同父子。聖智仁義，顯白道理」，「悉內六國禮儀，采擇其善」，「徙天下豪富於咸陽十二萬戶。諸廟及章臺、上林皆在渭南。秦每破諸侯，寫放其宮室，作之咸陽北阪上……所得諸侯美人鐘鼓，以充入之。」〔註118〕將東方諸國的上層人士遷到咸陽。

　　另一方面，又將自己的禮俗文明推廣到東方六國舊地。實行書同文、行同倫，「罷其不與秦文合者」〔註119〕。當時，秦國使用的是籀文，六國使用的是古文〔註120〕。隨著政治的統一，文字的應用越來越頻繁，也要求書寫方便一致，才有了「書同文字」。把小篆作爲全國統一的官書，這已經比以前的大篆有很大的簡化了，用於書寫莊重的石刻文字。大量的官文書則採用更爲簡化、書寫更爲快捷的隸書。開始了漢字有象形到筆畫化的改進。

　　始皇對東方諸國有夏商周三代以來的禮儀制度也進行了增刪。「悉內六國

〔註113〕夏曾佑：《中國古代史》，三聯書店 1955 年版。
〔註114〕柳詒徵：《中國文化史》（上卷），東方出版中心 1988 年版，第 289 頁。
〔註115〕張文立：《漢代人的始皇觀》，《秦文化論叢》（第二輯），西北大學出版社 1993 年版。
〔註116〕司馬遷：《史記·秦始皇本紀》，中華書局 1959 年版。
〔註117〕詳見田靜：《秦代的博士和博士制度》，載《秦文化論叢》（第七輯），西北大學出版社 2000 年版。
〔註118〕司馬遷：《史記·秦始皇本紀》，中華書局 1959 年版。
〔註119〕許慎：《説文解字·敘》，中華書局 1985 年版。
〔註120〕王國維：《觀堂集林·戰國時秦用籀文六國用古文説》，中華書局 1959 年版。

禮儀，采擇其善，雖不合聖製，其尊君抑臣，朝廷濟濟，依古以來」〔註121〕，始皇本人也經常東巡諸郡縣，到泰山行封禪禮，「其禮頗採太祝之祀雍上帝所用」〔註122〕，自此以後，始皇的歷次東巡所留下的刻石，其內容不僅包含了法家的「霸道」，還有儒家的「王道」，這或許也是始皇內心深處的一直追求。

可見，統一後的禮俗就是以嬴秦本國的禮俗為根本，吸收了東方六國的文化融合的一套綜合的禮俗制度。

始皇后期，雖然實施了「焚書坑儒」，被鎮壓的也只是作為政敵的一小部份，只是和當時的當政者有不同意見的儒生，很多的儒生仍然存在，儒家維護統治秩序的政治倫理觀點仍然受到征服者的倡導和利用的。

例如，始皇病死，趙高兵變，就對李斯說：「君聽臣之計，即長有封侯，世世稱孤，必有喬松之壽，孔、墨之智。」〔註123〕也是很提倡孔子的。

二世殺戮諸公子時就是以「忠孝」的名義，逼死扶蘇也是以「不忠」、「不孝」的名義。

在秦代，還有很多提倡「孝道」的記載。《秦始皇本紀》中就有例子，在秦簡《封診式》中也有很多這樣的案例。

在《睡虎地秦墓竹簡·為吏之道》中，處處體現出了與《禮記》、《大戴禮記》相似的儒家倫理道德思想，講究「君鬼，臣忠，父茲，子孝，政之本也，志徹官治，上明下聖，治之紀也」。

嬴秦對道、墨、兵、縱橫等其他諸家學說也都是採取了吸收、為我所用的策略。由此可見，秦人在吸收東方諸國各種禮俗的時候，並沒有光是吸收法家的學說，而是只要對自己有用的，都進行了利用，只是在不同的場合、不同的時期，有所側重而已。

這一時期表現出來的嬴秦的另一最大的特點就是民間的鬼神崇拜和多禁忌的禮俗。中國的歷代正史一般都是表現王侯將相的行為的，自從雲夢秦簡出現後，這一現象有所改觀，雲夢秦簡一依嬴秦的傳統，更多的是表現了秦人下層人的生活場景，尤其是在《日書》中，更多的體現了五行相生相剋，人們建房、出門、生子、娶婦等的吉凶。〔註124〕

〔註121〕司馬遷：《史記·秦始皇本紀》，中華書局 1959 年版。
〔註122〕司馬遷：《史記·封禪書》，中華書局 1959 年版。
〔註123〕司馬遷：《史記·李斯列傳》，中華書局 1959 年版。
〔註124〕《雲夢睡虎地秦墓》，文物出版社 1981 年版。

　　秦始皇在泰山刻石中說的主旨大意也就是讓山東的臣民能順從地接受秦人制定的秩序。在泰山刻石中，始皇還強調了「男女禮順，慎遵職事。昭隔內外，靡不清淨」〔註125〕的思想，從文字字面上看，都是以四言詩的形式來表達的，整齊押韻，很明顯的就是和《詩經》中的「雅」、「頌」的風格相似，全然沒有法家的蹤跡，完全是儒家的做法。〔註126〕

　　此後的會稽刻石，內容除了一如既往的歌頌外，就是開始用儒家的倫理思想來「整理」社會風俗，強調的是「飾省宣義，有子而嫁，倍死不貞」，「防隔內外，禁止淫泆，男女潔誠」〔註127〕。在這裡還需要說明的是，以前還有的學者從中認爲嬴秦原來就是子可以母的，所以這裡才提出「子不得母」的說法，其實事實還不一定的，我們從山東各地的情況看，山東舊地情況很複雜的，有的地方男女之間還沒有像周禮中說的那樣的嚴格，所以這裡的說法還有可能是說給東方諸國的部份人聽的。這和秦簡《日書》的提法是一致的。

　　從這兩個刻石的內容來看，嬴秦人要「大治濯俗，天下承風，蒙被休經」，嬴秦禮俗中並沒有排斥儒家的東西的。

　　明末顧炎武對此深有認識：

　　「當其時蓋欲民之多，而不復禁其淫泆。傳至六國之末，而其風猶在。故始皇爲之屬禁，而特著於刻石之文。以此與滅六王倂天下之事並提而論，且不著之於燕、齊，而獨著之於越，然則秦之任刑雖過，而其坊民正俗之意固未始異於三王也。」〔註128〕

　　從中不難看出，秦人這些政策法令中已經不僅僅是秦人原來固有的禮俗文化了，儼然已經吸收了山東的禮樂文明了，這其中不僅有典型的法家的思想和文明，還有以前人們不是很熟悉的儒家的東西，比如男女之間要以禮相待，女治內，男治外，更有「有子而嫁，倍死不貞」的規定，已經是儒家學說的深化了。

　　這樣的內容在琅琊臺刻石中還有：「以明人事，合同父子。聖智仁義，顯白道理」，嬴秦人需要「匡飭異俗，陵水經地」〔註129〕，這裡的異俗，就是各

〔註125〕司馬遷：《史記‧秦始皇本紀》，中華書局1959年版。
〔註126〕參見何宏：《讀史隨筆——從秦刻石看秦對儒家思想的吸收》，《秦文化論叢》（第四輯），西北大學出版社1994年版。
〔註127〕司馬遷：《史記‧秦始皇本紀》，中華書局1959年版。
〔註128〕《日知錄‧秦紀會稽山刻石》，嶽麓書社1994年版。
〔註129〕參見臧知非：《周秦風俗的認同與衝突——秦始皇「匡飭異俗」探論》，《秦文

個諸侯國之間不一樣的禮俗，就要像「陵水經地」一樣，統一禮俗。

封禪文刻石中還都有顯示內容的體現。

始皇在東尋的過程中，也有很多東方六國的儒生隨身跟從的，「二十八年，始皇東行郡縣，……立石，與魯諸儒生議刻石頌秦德，議封禪望祭山川之事。乃遂上泰山，立石，封，祠祀。」說明了始皇的心中還是有儒生禮樂文化的位置的。

始皇三十五年，在聽信了盧生說「求芝奇藥仙者」，可以「陵雲氣，與天地久長」，「不死之藥殆可得」的時候，始皇居然還能說：「吾慕眞人，自謂『眞人』，不稱『朕』」〔註130〕，則是另一種的「道」的禮俗。

在雲夢睡虎地出土的秦簡中，也同樣有這樣類似的嬴秦吸收東方諸種禮俗的說法：

「戒之戒之，材不可歸；謹之謹之，謀不可遣；愼之愼之，言不可追。綦之綦之，食不可賞。術悐之心，不可長。以此，爲人君則鬼，爲人臣則忠；爲人父則茲，爲人子則孝。能愼此行，無官不治，無志不徹，爲人上則明，爲人下則聖。君鬼臣忠，父茲子孝，政之本也；志徹官治，上明下聖，治之紀也。」〔註131〕

這是其中的《爲吏之道》裏的內容，其中的意思就是完全吸收了東方的儒家思想的東西，要求官員認眞辦事，忠於上級。

一直到嬴秦王朝的滅亡，嬴秦人是一直在不斷地吸收著東方諸國的、以儒、法、道爲代表的各種禮俗文化的。

秦人戰國早中期的典型墓葬有咸陽任家嘴殉人墓〔註132〕、鳳翔八旗屯BM31〔註133〕、大荔朝邑M107、M103、M203〔註134〕。

咸陽任家嘴殉人墓出土了十一件青銅容器，其中十件是和中原的禮器十

化論叢》（第十輯），三秦出版社2003年版。
〔註130〕司馬遷：《史記・秦始皇本紀》，中華書局1959年版。
〔註131〕睡虎地秦墓竹簡整理小組：《睡虎地秦墓竹簡》，文物出版社1978年版，第284～285頁。
〔註132〕咸陽市博物館：《咸陽任家嘴殉人秦墓清理簡報》，《考古與文物》1986年第6期。
〔註133〕陝西省考古研究所雍城考古工作隊吳鎮烽、尚志儒：《陝西鳳翔八旗屯秦國墓葬發掘簡報》，《文物資料叢刊（3）》，文物出版社1980年版。
〔註134〕陝西省文物管理委員會、大荔縣文化館：《朝邑戰國墓葬發掘簡報》，《文物資料叢刊（2）》，文物出版社1978年版。

分的相似，這和以前的西溝道、八旗屯偶而出現一兩件中原禮器已經有了很大的不同。學術界有人認為是戰爭，或者其他渠道交流而來的。本文認為，這只會是秦人已經充分吸收了中原的禮俗文化之後，自身的變化造成的。

這一時期墓葬中出現的器形特徵和容器組合也出現這一特徵。

朝邑墓中的葬式，還仍為曲肢葬。

葉小燕的《秦墓初探》〔註135〕一文認為，在戰國後期六國境內的秦人墓中夾雜了一些當地的葬俗、葬具，從而得出的結論是，秦作為武力強盛的征服者，在文化上卻是被征服的結論。

其實，在文化上，秦人墓中確是出現了當地的葬俗葬具，更應該是受到六國禮俗影響的結果，也是嬴秦人在東向的過程中吸收山東諸國禮俗文化的結果。

在這過程中，嬴秦人的禮俗也對六國故地產生了極大的影響，禮俗的影響是相互的、雙向的。秦惠王「九年，司馬錯伐蜀，滅之」，派秦大夫陳莊為蜀相，加以鎮戍，還關中秦人填蜀。由於嬴秦稱為蜀地的統治者，在蜀地就形成了一個嬴秦文化圈。此後揚雄的《方言》甚至把「梁」、「益」劃到一個方言區中了，可以看出蜀地文化和嬴秦禮俗的一致性，也是秦人填蜀的結果。

這樣一方面使關中秦文化得以在蜀地傳播，同時秦人也吸收了很多的蜀文化因素。

在四川的秦人墓，現在見諸報導的主要有青川戰國墓〔註136〕、滎經古城坪秦漢墓〔註137〕、曾家溝戰國秦漢墓〔註138〕。這些墓葬均為豎穴土坑墓，直肢葬。還有巴蜀本地的船棺葬墓、受秦文化影響的豎穴土坑木棺槨。

「故工商致結駟連騎，豪族服王侯美衣，娶嫁設太牢之廚膳，歸女有百兩之徒車，送葬必高墳瓦槨，祭奠而羊豕夕牲，贈襚兼加，賵賻過禮，此其所失。原其由來，染秦化故也。」〔註139〕

〔註135〕葉小燕：《秦墓初探》，《考古》1982年第1期。

〔註136〕四川省博物館等：《青川縣出土秦更修田律木牘——四川青川縣戰國墓發掘簡報》，《文物》1982年第1期。

〔註137〕滎經古墓發掘小組：《四川滎經古城坪秦漢墓葬》，《文物資料叢刊（4）》，文物出版社1981年版。

〔註138〕四川省文物管理委員會等：《四川滎經曾家溝戰國墓第一、二次發掘》，《考古》1984年第12期；《四川滎經曾家溝21號墓清理簡報》，《文物》1989年第5期。

〔註139〕常璩：《華陽國志》卷三，巴蜀書社1984年版。

這一時期的關中秦文化遺存有甘肅平涼廟莊戰國墓﹝註140﹞、寶雞鬥雞臺曲肢葬晚期墓﹝註141﹞、寶雞李家崖晚期秦墓﹝註142﹞、寶雞鳳閣嶺戰國墓﹝註143﹞、鳳翔八旗屯六期墓﹝註144﹞、鳳翔高莊野狐溝戰國墓﹝註145﹞、鳳翔高莊秦墓四期墓﹝註146﹞、鳳翔西村三期墓﹝註147﹞、咸陽黃家溝戰國晚期墓﹝註148﹞、咸陽塔兒坡戰國墓﹝註149﹞、咸陽楊陵區戰國晚期墓﹝註150﹞、西安半坡戰國晚期墓﹝註151﹞、西安南郊山門口戰國秦墓﹝註152﹞、武功遊鳳張窯浮沱村戰國墓﹝註153﹞、藍田泄湖戰國晚期墓﹝註154﹞、大荔朝邑戰國晚期墓﹝註155﹞、河南陝縣秦漢墓一組晚期與二組早期墓﹝註156﹞、河南泌陽官莊秦墓﹝註157﹞。

﹝註140﹞魏懷珩：《甘肅平涼廟莊的兩座戰國墓》，《考古與文物》1982 年第 5 期。

﹝註141﹞蘇秉琦：《鬥雞臺溝東區墓葬》，《蘇秉琦考古學論述選集》，文物出版社 1984 年版。

﹝註142﹞何欣云：《寶雞李家崖秦國墓葬清理簡報》，《文博》1986 年第 4 期。

﹝註143﹞王紅武、吳大焱：《陝西寶雞鳳閣嶺出土一批秦代文物》，《文物》1980 年第 9 期。

﹝註144﹞陝西省考古研究所雍城考古工作隊吳鎮烽、尚志儒：《陝西鳳翔八旗屯秦國墓葬發掘簡報》，《文物資料叢刊 （3）》，文物出版社 1980 年版。

﹝註145﹞陝西省考古研究所雍城考古工作隊：《鳳翔縣高莊戰國秦墓發掘簡報》，《文物》1980 年第 9 期。

﹝註146﹞陝西省考古研究所雍城考古工作隊吳鎮烽、尚志儒：《陝西鳳翔高莊秦墓地發掘簡報》，《考古與文物》1981 年第 1 期。

﹝註147﹞陝西省考古研究所雍城考古工作隊李自智、尚志儒：《陝西鳳翔西村戰國秦墓發掘簡報》，《考古與文物》1986 年第 1 期。

﹝註148﹞秦都咸陽考古隊：《咸陽市黃家溝戰國墓發掘簡報》，《考古與文物》1982 年第 6 期。

﹝註149﹞咸陽市文物考古研究所：《咸陽塔兒坡戰國墓發掘簡報》，《文博》1997 年第 4 期。

﹝註150﹞咸陽市文物考古研究所：《咸陽市楊陵區秦漢墓葬清理簡報》，《考古與文物》1996 年第 2 期。

﹝註151﹞金學山：《西安半坡的戰國秦墓》，《考古學報》1957 年第 3 期。

﹝註152﹞王久剛：《西安南郊山門口戰國秦墓清理簡報》，《考古與文物》1994 年第 1 期。

﹝註153﹞羅昊：《武功縣出土平安君鼎》，《考古與文物》1981 年第 2 期。

﹝註154﹞中國社會科學院考古研究所陝西六隊：《陝西藍田泄湖戰國墓發掘簡報》，《考古》1988 年第 12 期。

﹝註155﹞陝西省文物管理委員會、大荔縣文化館：《朝邑戰國墓葬發掘簡報》，《文物資料叢刊 （2）》文物出版社 1978 年版。

﹝註156﹞中國社會科學院考古研究所：《陝縣東周秦漢墓（黃河水庫考古報告之五）》，科學出版社 1994 年版。

﹝註157﹞駐馬店地區文物管理委員會、泌陽縣文教局：《河南泌陽秦墓》，《文物》1980 年第 9 期。

這一時期、這一地區的秦人墓中已經開始出現了巴蜀人的器物，說明已經開始有巴蜀的文化因素進入了，而且這些禮俗因素是隨著秦人的擴張而逐漸向河南、湖北地區傳播。

秦人在逐滅荊楚的過程中，也留下了許多的遺蹟，主要有：宜昌前坪戰國秦漢墓〔註158〕、江陵鳳凰山秦漢墓〔註159〕、雲夢睡虎地、大墳頭秦漢墓〔註160〕、宜城楚皇城秦漢墓〔註161〕、江陵張家山秦漢墓〔註162〕、江陵王家臺秦墓〔註163〕、雲夢龍崗秦墓〔註164〕、襄陽山灣秦墓〔註165〕、鄂城鋼廠與七里界秦墓〔註166〕、黃崗太平寺秦墓〔註167〕、隨州城東北秦墓〔註168〕等。

這一地區的墓葬主要集中在雲夢和江陵地區，都是小型的長方形豎穴土坑墓，東西向居多，偶有南北向者，沒有封土堆、墓道〔註169〕，說明贏秦禮俗中已經開始吸收了楚地的葬俗。

〔註158〕湖北省博物館：《宜昌前坪戰國兩漢墓》，《考古學報》1976 年第 2 期。
〔註159〕長江流域第二期文物考古工作人員訓練班：《湖北江陵鳳凰山西漢墓發掘簡報》，《文物》1974 年第 6 期。
　　　　鳳凰山一六七號漢墓發掘整理小組：《江陵鳳凰山一六七號漢墓發掘簡報》，《文物》1976 年第 10 期。
　　　　紀南城鳳凰山一六八號漢墓發掘整理小組：《湖北江陵鳳凰山一六八號漢墓發掘簡報》，《文物》1975 年第 9 期。
〔註160〕孝感地區第二期亦工亦農文物考古訓練班：《湖北雲夢睡虎地十一號墓發掘簡報》，《文物》1976 年第 6 期；《湖北雲夢睡虎地十一座秦墓發掘簡報》，《文物》1976 年第 9 期。
　　　　雲夢縣文物工作組：《湖北雲夢睡虎地秦漢墓發掘簡報》，《考古》1981 年第 1 期。
　　　　《雲夢睡虎地秦墓》編寫組：《雲夢睡虎地秦墓》，文物出版社 1981 年版。
　　　　湖北省博物館：《1978 年雲夢秦漢墓發掘簡報》，《考古學報》1986 年第 4 期；《雲夢大墳頭一號漢墓》，《文物資料叢刊》第 4 期；《湖北雲夢西漢墓發掘簡報》，《文物》1973 年第 9 期。
〔註161〕楚皇城考古發掘隊：《湖北宜城楚皇城戰國秦漢墓》，《考古》1980 年第 2 期。
〔註162〕湖北省博物館《湖北省文物考古工作新收穫》，《文物考古工作三十年》。
〔註163〕荊州地區博物館：《江陵王家臺 15 號秦墓》，《文物》1995 年第 1 期。
〔註164〕湖北省文物考古研究所等：《雲夢龍崗秦漢墓地第一次發掘簡報》，《江漢考古》1990 年第 3 期；《湖北雲夢龍崗秦漢墓地第二次發掘簡報》，《江漢考古》1993 年第 1 期。
〔註165〕楊權喜：《襄陽山灣十八號秦墓》，《考古與文物》1983 年第 3 期。
〔註166〕湖北省鄂城縣博物館：《鄂城楚墓》，《考古學報》1983 年第 2 期。
〔註167〕黃州古墓發掘隊：《湖北黃崗太平寺西漢墓發掘》，《江漢考古》1983 年第 4 期。
〔註168〕隨州市博物館左得田：《湖北隨州市發現秦國銅器》，《文物》1986 年第 4 期。
〔註169〕湖北省博物館：《1978 年雲夢秦漢墓發掘報告》，《考古學報》1986 年第 4 期。

睡虎地十一號墓，首次發現了秦簡〔註170〕，此後，相繼在雲夢龍崗六號墓〔註171〕、江陵王家臺十五號墓〔註172〕、天水放馬灘一號墓和湖南龍山的里耶發現秦簡。

睡虎地十一號墓秦簡包括《編年記》、《語書》、《秦律十八種》、《效律》、《秦律雜抄》、《法律答問》、《封診式》、《爲吏之道》、《日書甲》、《日書乙》，共十種。

雲夢龍崗六號墓秦簡，殘斷散亂嚴重，經過輟合，有《禁苑》、《馳道》、《馬牛羊》、《田贏》、《其他》五類。

江陵王家臺十五號墓秦簡也是殘斷嚴重，可以分爲《建除》、《夢占》、《病》、《日忌》、《門》等內容。

天水放馬灘一號墓出土的秦簡甲種《日書》釋文，發表在《秦漢簡牘論文集》〔註173〕內。

里耶已經有《里耶發掘報告》〔註174〕問世，但是出土的十多萬枚秦簡的釋讀還沒有完成，至今僅能看到零星的片言隻語發表。

在這一地區發現的這一時期的秦墓前人已經有了很多的研究〔註175〕，主要有甘肅天水放馬灘秦墓十三座（M1～M13）〔註176〕，秦安上袁家秦墓一座

〔註170〕雲夢秦簡整理小組等：《雲夢秦簡部份釋文》，《光明日報》1976 年 4 月 6 日。
雲夢秦墓竹簡整理小組《雲夢秦簡釋文》（一）（二）（三），《文物》1976 年第 6、7、8 期。
季勳：《雲夢睡虎地秦簡概述》，《文物》1976 年第 5 期。
睡虎地秦墓竹簡整理小組：《睡虎地秦墓竹簡》，文物出版社 1978 年版。
〔註171〕湖北省文物考古研究所等：《雲夢龍崗秦漢墓地第一次發掘簡報》，《江漢考古》1990 年第 3 期。
湖北省文物考古研究所等：《雲夢龍崗 6 號秦墓及出土簡牘》，《考古學集刊》第 8 集。
〔註172〕荊州地區博物館：《江陵王家臺 15 號秦墓》，《文物》1995 年第 1 期。
〔註173〕甘肅人民出版社 1989 年版。
〔註174〕嶽麓書社 2006 年版。
〔註175〕詳見葉小燕：《秦墓初探》，《考古》1982 年第 1 期。
韓偉：《略論陝西春秋戰國秦墓》，《考古與文物》1981 年第 1 期。
尚志儒：《秦國小型墓的分析與分歧》，《陝西省考古學會第一屆年會論文集》，1983 年。
滕銘予：《關中秦墓研究》，《考古學報》1992 年第 3 期。
李陳奇：《秦代墓葬初探》，《史學集刊》1982 年第 3 期。
〔註176〕甘肅省文物考古研究所、天水市北道區文化館：《甘肅天水放馬灘秦漢墓群的發掘》，《文物》1989 年第 2 期。

〔註 177〕，陝西鳳翔高莊秦墓五期墓十座（M6、M7、M16、M17、M21、M32、
M33、M45～M47）〔註 178〕，鳳翔八旗屯西溝道秦墓五期墓三座（M2、M10、
M19）〔註 179〕，咸陽黃家溝秦墓六座（M21、M34、M38、M44、M48、M50）
〔註 180〕，咸陽西北林學院秦墓三座（M1、M2、M5）〔註 181〕，咸陽機場陵
陽導航臺秦漢墓一期墓兩座（M6、M8）〔註 182〕，咸陽楊凌區秦墓兩座（M15、
M28）〔註 183〕，咸陽塔兒坡戰國末至秦代甕棺墓葬九座〔註 184〕，西安北郊大
白楊秦墓一座（M16）〔註 185〕、臨潼上焦村秦墓八座〔註 186〕，臨潼驪山床單
廠戰國末秦墓一座（M3）〔註 187〕，臨潼劉莊戰國末秦墓五座（M1～M3、
M18、M19）〔註 188〕，臨潼秦俑館兩側小型磚棺秦墓一座〔註 189〕，臨潼驪山
北麓磚棺秦墓一座〔註 190〕，臨潼縣城東側磚棺秦墓四座〔註 191〕，秦始皇陵西

〔註 177〕甘肅省文物考古研究所：《甘肅秦安上袁秦漢墓葬發掘》，《考古學報》1997
　　　　年第 1 期。
〔註 178〕陝西省考古研究所雍城考古工作隊吳鎮烽、尚志儒：《陝西鳳翔高莊秦墓地發
　　　　掘簡報》，《考古與文物》1981 年第 1 期。
〔註 179〕陝西省考古研究所雍城考古工作隊尚志儒、趙叢蒼：《陝西鳳翔八旗屯西溝道
　　　　秦墓發掘簡報》，《文博》1986 年第 3 期。
〔註 180〕秦都咸陽工作隊：《咸陽市黃家溝戰國墓發掘簡報》，《考古與文物》1982 年
　　　　第 6 期。
〔註 181〕高中玉、趙彩秀：《西北林學院基建中發現的古墓葬》，《文博》1996 年第 5 期。
〔註 182〕馬志軍、孫鐵山：《咸陽機場陵陽導航臺基建工地秦漢墓葬清理簡報》，《考古
　　　　與文物》1992 年第 2 期。
〔註 183〕咸陽市文物考古研究所：《咸陽市楊凌區秦、漢墓葬清理簡報》，《考古與文物》
　　　　1996 年第 2 期。
〔註 184〕咸陽市文物考古研究所：《咸陽塔兒坡戰國秦甕棺墓葬發掘簡報》，《文博》1998
　　　　年第 3 期。
〔註 185〕陝西省考古研究所：《西安北郊大白楊秦漢墓葬清理簡報》，《考古與文物》1987
　　　　年第 2 期。
〔註 186〕始皇陵秦俑坑考古發掘隊：《臨潼上焦村秦墓清理簡報》，《考古與文物》1980
　　　　年第 2 期。
〔註 187〕陝西省考古研究所配合基建考古隊：《陝西臨潼驪山床單廠基建工地古墓葬清
　　　　理簡報》，《考古與文物》1989 年第 5 期。
〔註 188〕陝西省考古研究所秦陵工作站、臨潼縣文物管理委員會：《陝西臨潼劉莊戰國
　　　　墓地調查清理簡報》，《考古與文物》1989 年第 5 期。
〔註 189〕始皇陵秦俑坑考古發掘隊：《秦俑博物館西側發現小型磚棺墓》，《文博》1987
　　　　年第 1 期。
〔註 190〕林泊：《臨潼驪山北麓發現秦人磚棺墓》，《文博》1991 年第 6 期。
〔註 191〕臨潼縣博物館、臨潼縣文物管理委員會：《臨潼縣城東側第一號秦墓清理簡
　　　　報》，《考古與文物》1993 年第 1 期。

側趙背戶村秦代役夫居貲墓三十二座〔註 192〕，大荔朝邑戰國末至秦代墓〔註 193〕，安康一里坡秦墓一座（M3）〔註 194〕，河南陝縣秦漢墓第二組晚期墓〔註 195〕，三門峽上村嶺戰國末至秦代墓〔註 196〕，鄭州崗杜戰國末至秦代墓〔註 197〕，山西侯馬喬村戰國末至秦代墓〔註 198〕，平朔戰國末至秦代墓〔註 199〕，榆次貓兒嶺秦墓〔註 200〕，內蒙古準格兒旗勿爾圖戰國末至秦代墓〔註 201〕，廣東廣州淘金坑秦墓〔註 202〕，廣州華僑新村秦墓〔註 203〕，廣州東郊羅崗秦墓〔註 204〕，廣西灌陽、興安、平樂秦墓〔註 205〕等等，可以分別參看各墓的發掘報告。

從這些墓葬中可以看出，這一時期的嬴秦禮俗文化主要就是帶著自身的特點，在向東發展的過程中，把自己的特點發揮到了極致，同時對東方諸國的文化，尤其是三晉兩周的禮俗特點吸收、接納，表現在這些墓葬中出現了青銅禮器、青銅兵器、仿銅陶禮器和服飾用品增多，而這些東西都是三晉兩周地區的典型物品。到了戰國時代的嬴秦墓葬中，秦式青銅器開始逐漸減少的事實也說明了，嬴秦本身的禮俗特徵也是處在相應的融化過程中的。

〔註 192〕始皇陵秦俑坑考古發掘隊：《秦始皇陵西側趙背戶村秦刑徒墓》，《文物》1982年第 3 期。

〔註 193〕陝西省文物管理委員會、大荔縣文化館：《朝邑戰國墓葬發掘簡報》，《文物資料叢刊（2）》文物出版社 1978 年版。

〔註 194〕李啓良：《陝西安康一里坡戰國墓清理簡報》，《文物》1992 年第 1 期。

〔註 195〕中國社會科學院考古研究所：《陝縣東周秦漢墓（黃河水庫考古報告之五）》，科學出版社 1994 年版。

〔註 196〕黃士斌：《上村嶺秦墓和漢墓》，《中原文物》1981 年特刊。

〔註 197〕河南文物工作隊第一隊：《鄭州崗杜附近古墓葬發掘簡報》，《文物參考資料》1955 年第 10 期。

〔註 198〕山西省文物工作委員會：《建國以來山西省考古與文物保護工作的成果》，《文物考古工作三十年》，文物出版社 1978 年版。

〔註 199〕山西省考古研究所平朔考古隊：《山西朔縣秦漢墓發掘簡報》，《文物》1987年第 6 期。

〔註 200〕山西省文物工作委員會：《建國以來山西省考古與文物保護工作的成果》，《文物考古工作三十年》，文物。

〔註 201〕崔璿：《秦漢廣衍故城及其附近的墓葬》，《文物》1977 年第 5 期。

〔註 202〕廣州市文物管理處：《廣州淘金坑的秦漢墓》，《考古學報》1974 年第 1 期。

〔註 203〕麥英豪：《廣州華僑新村西漢墓》，《考古學報》1958 年第 2 期。

〔註 204〕廣州市文物管理委員會：《廣州東郊羅崗秦墓發掘簡報》，《考古》1962 年第 8 期。

〔註 205〕王克榮：《建國以來廣西文物考古工作的主要收穫》，《文物》1978 年第 9 期。

這一時期贏秦外來禮俗文化中，除了有三晉兩周文化因素外，還有北方、西北地區的文化的影響，比如雙耳罐、鏟腳袋足鬲，主要是存在在長隴地區。還開始有了巴蜀文化因素，比如有實用的炊器——銅鍪，和贏秦傳統的炊器是不一樣的。楚文化的因素，主要有各種羽狀紋的銅鏡在秦墓中出現，這種銅鏡原來只是在楚地流行。

這一時期的小型墓基本可以分為豎穴土坑墓、豎穴土洞墓、豎穴土洞甕棺墓、豎穴磚砌槨室墓、豎穴磚砌棺室墓幾種。

第四節　小　結

本單元從可靠的歷史史籍出發，從贏秦最早在隴西起源開始，以贏秦人東向為線索，從最早的中潏保西垂、文公東獵汧渭之會、秦德公遷雍、秦獻公遷都櫟陽，秦人的每一次遷都都是為了有利於東向，本文因此把贏秦發展的歷史分為三個階段，主要依據是傳世文獻和考古資料相結合，考古發掘的資料可以補充文獻資料的不足。

從秦人始祖開始一直到襄公始國是贏秦人的第一個階段。在這個階段，贏秦人基本保持著原來的禮俗習慣，已經開始和中原的夏、商有所接觸。在中原史籍中，可以看出他們已經有豐富的畜牧業的經驗，還有自己特殊的祭祀方式——時祭，這一時期的墓葬也較少，但也能說明贏秦人還保存著原來特有的禮俗習慣。

從襄公始國到獻公遷都櫟陽是贏秦發展的第二個階段。在這個階段，贏秦人繼續和中原的周人接觸，並且取得了良好的效果，已經能夠和中原諸國通使聘享之禮，在和周人以及東方諸國接觸過程中，全面吸收以周為代表的東方的禮俗文化，比如墓葬中開始出現中原的禮器等，中原禮器逐漸增多，器物組合有的和中原禮制相吻合。較之以前的贏秦人，更多地吸收了周禮文化。

本階段的贏秦人不僅鞏固了自己的後方，已經開始做好了全力東向的準備。在禮俗上，開始部份廢止自己的一些習慣，比如「從死」，全面吸收東方的禮樂文化，墓葬形制、朝向、墓中的隨葬品等等，在保持有自己特色的前提下，已經大規模地吸收了周人的文化。同時還吸收周邊的其他禮俗文化。

從秦獻公遷都櫟陽一直到秦亡，作為贏秦歷史發展過程中的第三階段。

這一階段，包括了秦人的櫟陽、咸陽階段，已經是贏秦人統一全國的階段，禮俗文化已經和贏秦統一後的是一致的，這一時期是秦人全力東向，以至於最後統一全國的歷史時期。相對於雍城，櫟陽、咸陽又是處於東向的前線，此時的贏秦人不僅吸收周人的禮樂文化，「悉內六國禮儀，采擇其善」，贏秦禮俗中出現了全面的華夏化同時也吸收了戎狄在內的有利於自己的治國之策，出現了吸收了周文化中儒家文化，還吸收了法家等諸家之長的石刻、《呂氏春秋》等，墓葬中也出現了和贏秦人不一樣禮俗特徵的新的特點，贏秦的禮俗全面華夏化。

贏秦人的禮俗在全面吸收山東諸國的禮俗過程中，也把自己的禮俗特點加到山東諸國人們的身上，出現了秦人東向過程中，遇到禮俗不一致的矛盾的情況。

這個時期的贏秦禮俗特徵在體現贏秦人日常生活的普通人的《日書》中得到了很好的反映。

第四章　嬴秦禮俗的特徵

　　秦國，以及嬴秦文化，一直不被東方諸國所重視，甚至被斥之爲「夷狄」，更多的不是種族意義上的，而是文化上的，是東方諸國認爲嬴秦沒有更多地採用中原地區的詩書禮樂，而是與戎狄雜處，與中原諸國來往較少，非「禮儀之邦」，所以才是沒有文化，所以「卑秦」〔註1〕。

　　《戰國策》所載策士之辭，在述及秦國時，常常稱秦爲「虎狼之國」或「虎狼之秦」。

　　《楚策一》載蘇秦說楚威王曰：「夫秦，虎狼之國也，有吞天下之心。秦，天下之仇讎也，橫人皆欲割諸侯之地以事秦，此所謂養仇而奉讎者也。夫爲人臣而割其主之地，以外交強虎狼之秦以侵天下，卒有秦患，不顧其禍。」在蘇秦看來，有併吞天下之心，這就是「虎狼」的意思。

　　楚王回答的也是相類似的話：「秦有舉巴蜀、并漢中之心。秦，虎狼之國，不可親也。」楚王說的是嬴秦要滅巴蜀，還要併吞我漢中，這是「虎狼」。

　　《趙策三》「秦攻趙於長平」章，虞卿對趙王說：「秦，虎狼之國也，無禮義之心。其求無已，而王之地有盡。」虞卿說的虎狼才有點嬴秦人沒有中原人的「禮」、「義」的味道

　　《魏策一》「蘇子爲趙合從說魏王」章，蘇子說魏惠王曰：「然橫人謀王，外交強虎狼之秦，以侵天下，卒有國患，不被其禍。」

　　此外，秦漢以後「虎狼之秦」和「暴秦」一樣，在史載中處處都是。

〔註1〕　《史記・秦本紀》：「三晉攻奪我先君河西地，諸侯卑秦。醜莫大焉。」徐俊
　　　　祥：《六國卑秦與秦的統一──秦民族心理與秦發展的思考》，《揚州大學學報
　　　　（人文社會科學版）》1997 年第 5 期。

《淮南子·要略》亦云：「秦國之俗，貪狼強力，寡義而趨利，可威可刑，而不可化以善，可勸以賞，而不可屬以名，被險而帶河，四塞以為固，地利形便，畜積殷富，孝公欲以虎狼之勢而吞諸侯，故商鞅之法生焉。」

《鹽鐵論·褒賢篇》也說：「秦以虎狼之心，蠶食諸侯。」

「虎狼之秦」和「暴秦」的觀念一樣，一直存在於人們的思想中，尤其是中原人們的思想中。

東方諸國的政治家、思想家都認為嬴秦和中原諸國不一樣，視嬴秦為「異類」，認為它是「虎狼之國」〔註2〕、「貪戾好利無信」〔註3〕。

當時的中原諸國都簡單地把嬴秦當作「戎狄」看待。《史記》記載，秦之先祖，有「子孫或在中國，或在夷狄」。

「秦始小國僻遠，諸夏賓之，比於戎翟」。山東諸國沒有把嬴秦放在平等的地位上，就是比作「戎翟」了。

「秦僻在雍州，不與中國諸侯之會盟，夷翟遇之。」嬴秦在雍州的時候，還不和山東的諸國會盟。

公元前 262 年魏國想聯合嬴秦，一起攻韓，朱己就說：「秦與戎翟同俗，有虎狼之心，貪戾好利無信，不識禮義德行。苟有利焉，不顧親戚兄弟，若禽獸耳。此天下之所識也，非有所施厚積德也。」〔註4〕朱己認為，嬴秦沒有中原的「禮義德行」，還認為他們生活在戎狄之間，就和戎狄是同俗的。

「晉人及姜戎。敗秦師於殽。不言戰而言敗。何也。狄秦也。其狄之」〔註5〕。

〔註2〕 在《史記》的《蘇秦列傳》載蘇秦說楚王曰：「夫秦，虎狼之國也，有吞天下之心。秦，天下之仇讎也。衡人皆欲割諸侯之地以事秦，此所謂養仇而奉讎者也。夫為人臣，割其主之地以外交強虎狼之秦，以侵天下，卒有秦患，不顧其禍。夫外挾強秦之威以內劫其主，以求割地，大逆不忠，無過此者。故從親則諸侯割地以事楚，衡合則楚割地以事秦，此兩策者相去遠矣，二者大王何居焉？故敝邑趙王使臣效愚計，奉明約，在大王詔之。」楚王也說：「寡人之國西與秦接境，秦有舉巴蜀并漢中之心。秦，虎狼之國，不可親也。」《樗里子甘茂列傳》載，游騰為周說楚王曰：「今秦，虎狼之國……」《魏世家》載：「魏王以秦救之故，欲親秦而伐韓，以求故地。無忌謂魏王曰：『秦與戎翟同俗，有虎狼之心，貪戾好利無信，不識禮義德行』」等等，俯拾皆是。

〔註3〕 司馬遷：《史記·魏世家》，中華書局 1959 年版。

〔註4〕 司馬遷：《史記·魏世家》，中華書局 1959 年版。《戰國策·魏策》也有類似記載。

〔註5〕 范甯注，楊士勳疏：《春秋穀梁傳·僖公三十三年》，阮元刻十三經疏本，中華書局 1979 年版。

同樣是秦師敗於殽，《公羊傳》〔註6〕中也說：「晉人及姜戎敗秦於殽。其謂之秦何。夷狄之也。」〔註7〕

這種局面，到了秦孝公的時代，各個諸侯國對待嬴秦還是「不與中國諸侯之會盟，夷翟遇之」〔註8〕

其實在始皇統一中國之前，中原大地上並不存在一種統一的文化傳統，而是多種文化共存的，其中有齊魯、燕趙、三晉、荊楚、吳越……各種文化之間各有特色，嬴秦文化也就是其中之一種〔註9〕。在《管子・水地》中稱爲「水」，其實就是俗，就是各地的風俗習慣。

當時人們已經認識到「地水」對民風民俗的作用，從各地「水性」的不一樣出發，討論了齊、楚、越、秦、晉、燕、宋等地的民情風俗。

其中的嬴秦人居住的天水、隴西地區，山上物產多林木，人們以板來蓋房子。其中的安定、北地、上郡、西河等地區，已經接近戎狄人居住的地區了，所以當地的人們有修習戰備，高上氣力的習慣，以射獵爲先。因此，《秦風・駟驖》中有說：「在其板屋」，就是秦人用板來造房子；《秦風・無衣》中會說到：「王於興師，修我甲兵，與子偕行」，及《詩經・秦風》中的《車轔》、《駟驖》、《小戎》等篇，都是說的是嬴秦人有關車馬狩獵這樣的禮俗。〔註10〕

荀子入秦，「觀其風俗，其百姓樸，其聲樂不流污，其服不佻，甚畏有司而順」，都是古代人民的習俗。再到官府衙門，「其百吏肅然，莫不恭儉、敦敬、忠信而不楛」，也都是古代官吏的樣子。「入其國，觀其士大夫，出於其門，入於公門；出於公門，歸於其家，無有私事也；不比周，不朋黨，偶然

〔註6〕　《春秋穀梁傳》、《春秋公羊傳》的作者一般認爲是戰國時的魯人和齊人，詳見徐喜辰師主編：《中國通史》（第三卷），上海人民出版社1994年版。

〔註7〕　何休注，徐彥疏：《春秋公羊傳・僖公三十三年》，阮元刻十三經注疏本，中華書局1979年版。

〔註8〕　司馬遷：《史記・秦本紀》，中華書局1959年版。

〔註9〕　《管子・水地》：「故曰：水者何也？萬物之本原也，諸生之宗室也，美、惡、賢、不肖、愚、俊之所產也。何以知其然也？夫齊之水，道躁而復，故其民貪麤而好勇。楚之水，淖弱而清，故其民輕果而賊，越之水，濁重而洎，故其民愚疾而垢。秦之水泔㝡而稽，埌滯而雜，故其民貪戾，罔而好事。齊晉之水，枯旱而運，埌滯而雜，故其民諂諛而葆詐，巧佞而好利。燕之水，萃下而弱，沉滯而雜，故其民愚戇而好貞，輕疾而易死。宋之水，輕勁而清，故其民閒易而好正。是以聖人之化世也，其解在水。故水一則人心正，水清則民心易，一則欲不污，民心易則行無邪。是以聖人之治於世也，不人告也，不戶說也，其樞在水。」

〔註10〕　班固：《漢書・地理志》，中華書局1962年版。

莫不明通而公也，古之士大夫也。觀其朝廷，其朝閒，聽決百事不留，恬然如無治者，古之朝也。故四世有勝，非幸也，數也。」〔註11〕這是荀子用來說明戰國時代中原諸國周禮失落時的情景，也說明嬴秦當時的禮俗和中原諸國的不一樣。

嬴秦文化有自身本身的傳統，在和中原諸國交往過程中，也在不斷滲透、互相融合、相互發展過程中，承繼了原來以周文化爲代表的詩書禮樂文化，以至於後來的《詩經》中就有了《秦風》，《尚書》中就有了《秦誓》，出土的秦公鍾、秦公鎛，都是仿照西周晚期的作品，之後的穆公、孝公，也都吸收東方的以法家學說爲代表的各種學說，博采眾長，爲自己所用，突破傳統文化的束縛，才有了完成統一大業的基礎和準備。

本章後面專門列出了《日書》和秦俑中所見嬴秦禮俗的特徵，因此在前面的幾節中，有關這兩種史料中所見的禮俗特徵就不再重複了。

第一節　嬴秦喪葬禮俗特徵

一、嬴秦墓葬葬式、頭向的特殊性

嬴秦人尙西，這在學術界已經是共識的了。表現在墓葬中，就是頭向西，曲肢葬，有的還是蜷曲特甚的，有別於山東六國流行的南北向、仰身直肢葬，這已經是判斷是否是嬴秦的標誌了。

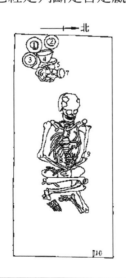

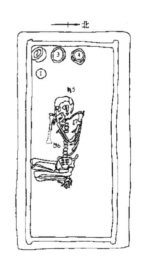

〔註11〕　《荀子‧彊國》，《諸子集成》本，中華書局 1986 年版。

蘇秉琦認爲這種特殊的葬式與西亞、歐洲、西伯利亞及中東地中海沿岸一帶的風俗相似。俞偉超曾經將嬴秦的曲肢葬看作是嬴秦禮俗文化中西戎文化的因素之一，並因此認爲秦人可能源於西戎的一支〔註12〕。韓偉、趙化成認爲屈肢葬儀、洞室墓及鏟形袋足鬲不是秦人本民族的，最初應是西戎文化和羌人文化的傳統，秦人受其影響而接受這種戎俗（羌俗）〔註13〕。其實，曲肢葬是不是戎狄文化的因素，還可以討論，嬴秦墓中的「西向」倒是有更加深層的因素的。

墓葬的頭向大多數朝西，在貴族的陵園中，主墓也往往位於西邊或西南邊，如雍城陵地中，絕大多數的主墓就位於陵園的西南部。即使是在同一座陵園中，假如有兩座以上相同規格的陵墓，也會是把地位較高的一座放在陵園的西南部。秦始皇陵也是如此〔註14〕。這種安排的意義也是取以西向爲尊的意思。

比如，在秦都雍城的舊址（今鳳翔城南），經勘探，一共發現了十四座秦公陵園，四十九座大墓，陵園中大多數墓葬幾乎都是坐西朝東的，其中只有只有十四號陵園一例是坐北朝南。

十四座秦公陵園中的第一號陵園 M1 就是秦公一號大墓，據墓中出土的文字「天子匽喜」來推測，該墓應爲秦景公的墓葬，該墓葬呈中字形，有兩條墓道，就是典型的坐西朝東葬式〔註15〕。

中小型秦墓從春秋早期至戰國中期爲長方形豎穴土坑墓，墓葬常帶有壁龕，墓坑方向多爲東西向。戰國中期開始出現「平行式」、「垂直式」、「直線式」三個類型的洞室墓，戰國晚期流行「直線式」洞室墓。

葬具用木棺槨。葬式多屈肢葬，仰身直肢者少，頭向一般向西。

〔註12〕俞偉超：《古代「西戎」與「羌」、「胡」考古學文化的歸屬問題的探討》，《先秦兩漢考古學論集》，文物出版社 1985 年版。

當時學術界有一批學者大多研究者依據東周時期秦墓中所特有的洞室墓、屈肢葬和鏟腳袋足鬲等，這些與中原地區決然不同的文化特徵，將其視爲秦文化的三大特點。據此認爲秦文化起源於西北地區的古代文化。

〔註13〕韓偉：《試論戰國秦的曲肢葬儀淵源及其意義》，《中國考古學會第一次年會論文集》，文物出版社 1979 年版；《關於秦人族屬及文化淵源管見》，《文物》1986年第 4 期。

〔註14〕王學理、尚志儒、呼林貴等：《秦物質文化史》，三秦出版社 1994 年版，第 298頁。

〔註15〕韓偉、焦南峰：《秦都雍城考古發掘研究綜述》，《考古與文物》1988 年第 5、6 期合刊。

如灃西客省莊七十一座嬴秦墓葬中，頭向西者就有四十二座。葬式爲屈肢葬者六十座。

半坡墓地一百一十二座嬴秦墓葬中，屈肢葬有一百零四座，頭向西者七十九座。

鳳翔八旗屯發掘四十座嬴秦墓葬，時代從春秋早期至戰國晚期，屈肢葬者十三座，頭向均朝西北。

鳳翔高莊發掘四十六座嬴秦墓葬，時代從春秋晚期至秦代。其中春秋晚期至戰國晚期的墓葬三十六座，屈肢葬二十三座，頭向多向西。

鳳翔南指揮鄉西村發掘秦墓四十二座，時代屬戰國時期，除了八座葬式不明外，能夠知道藏式的都是屈肢葬，頭向向西者三十座。

這樣的頭向西的墓葬葬式在嬴秦人的墓葬中比比皆是。

而在山東諸國的葬式中，並沒有，或者很少看到非秦人有西向墓者。

比如，春秋戰國時期的楚人尙東，「楚人以東向坐爲尊的習慣，應與日出東方有關。楚人的日神稱『東君』……對崇日的楚人來說，東向面日而坐自然是上位」〔註16〕。楚人的座位以東向爲尊。墓葬的頭向也是以東向爲主。紀南城周圍的楚國貴族墓，葬式就是仰身直肢，頭向東。

別的諸侯國的墓葬也是有相同的類型。

二、嬴秦墓葬中「殉葬」方式的不同

《史記・秦本紀》載：

「武公卒（公元前678年），葬雍平陽。初以人從死，從死者六十六人。」

「三十九年（公元前621年），繆公卒，葬雍。從死者百七十七人，秦之良臣子輿氏三人名曰奄息、仲行、鍼虎，亦在從死之中。」

「獻公元年（公元前384年），止從死。」

到獻公元年才從法令上取消「從死」的習俗。

從考古發掘來看，戶縣宋村春秋早期M3秦墓及其附葬坑共殉五人〔註17〕。鳳翔八旗屯三期春秋時代的墓葬和車馬坑中有殉人二十名〔註18〕。春秋

〔註16〕 張正明：《楚俗雜考》，載《楚史論叢初集》，湖北人民出版社1984年版，第262頁。

〔註17〕 陝西省文物管理委員會秦墓發掘組：《陝西戶縣宋村春秋秦墓發掘簡報》，《文物》1975年第10期。

〔註18〕 陝西省考古研究所雍城考古工作隊吳鎮烽、尚志儒：《陝西鳳翔八旗屯秦國墓

晚期秦公一號大墓共發現殉人一百八十多人，其中填土中發現殉人二十人，在槨室周圍及西墓道與墓室連接處發現殉人一百六十六人。鳳翔高莊四十六座墓葬中，有四座墓葬殉人，其中春秋晚期 M10 殉兩人，戰國早期 M18 殉兩人，M25、M26 各殉一人。鳳翔南指揮鄉西村戰國中期墓 M163 有殉四人。

而考察山東中原諸國，自春秋以來就已經很少再有殉人的了。

比如楚國的墓葬中就已經很少發現殉葬墓了。據統計，湖北、湖南、河南、安徽四省已發掘的六千餘座楚墓中，有人殉的墓葬只有二十多座〔註 19〕。

很多人就認為，即使到了春秋戰國時代，中原各國都已經沒有殉人的現象了，嬴秦還保有這一風俗習慣，並且以此認為嬴秦還處於比較「落後的」文化狀態。

其實，從春秋早期到戰國早期，秦墓盛行「從死」之風，這是和東方諸國完全不一樣的方式。

從可見的史料來看，山東自商以來盛行的是殉葬之風俗，殉葬的人的身份一般都是比較低的。

而嬴秦完全不一樣，名稱上看，秦人稱為「從死」，從死者的身份還很高，都是善人、良臣。「秦伯任好卒。以子車氏之三子。奄息。仲行。鍼虎。為殉。皆秦之良也。」〔註 20〕

從史料看，他們還都是自願的，並且以此為榮的。從死者「秦人哀之，為作歌《黃鳥》之詩」、「死而棄民，收其良臣而從死」，〔註 21〕「今縱無法以遺後嗣，而又收其良以死，難以在上矣」〔註 22〕，這種批評實際上是站在「周禮」的角度，對秦人從死制，尤其是以賢良善人作為「從死」對象的做法進行了批評。

從嬴秦殉人的身份，不能就說當時的嬴秦還是什麼「落後」、「野蠻」之類的，只是當時嬴秦人的信仰和山東諸國還不完全一樣而已。

學術界還有人以此為據，認為嬴秦「從死」的這一禮俗特徵是和東方諸國，尤其是殷人之後的宋人，及其東夷的殉葬是一回事，並且以此認為，嬴

　　　　葬發掘簡報》，《文物資料叢刊（3）》，文物出版社 1980 年版。
〔註 19〕 高應勤：《東周楚墓人殉綜述》，《考古》1991 年第 12 期。
〔註 20〕 杜預注，孔穎達正義：《春秋左氏傳·文公六年》，阮元刻十三經注疏本，中華書局 1979 年版。
〔註 21〕 司馬遷：《史記·秦本紀》，中華書局 1959 年版。
〔註 22〕 杜預注，孔穎達正義：《春秋左氏傳·文公六年》，阮元刻十三經注疏本，中華書局 1979 年版。

秦就是東夷的一支。

其實這是沒有弄清楚嬴秦的「從死」的對象和東方諸國殉葬的對象是完全不一樣的，兩者根本不是一回事。所以也並不能就此認為嬴秦和東夷之間的關係。

到了秦始皇死後，後人才有「後宮無子者，皆令從死」〔註23〕的說法，明代人董說也有了「後宮無子者皆殉，從死者甚眾」〔註24〕的記載。

在考古發掘秦人墓葬中，春秋時期的人殉還是很多的。陝西鳳翔八旗屯秦國墓葬中發掘出春秋時期的墓葬二十二座，其中八座有殉人二十個。

到戰國時期，文獻中的獻公「止從死」以後，現在的考古發掘中出現的人殉就比較少見了，可見嬴秦政令的執行還是比較有效果的。僅見的幾例人殉墓如下：

陝西鳳翔西村戰國秦墓，有殉人四具，隨葬物有銅鏡、帶鉤等物。

另有一座七十一墓的車馬坑內，除埋有車外，也有一殉人，該殉人或許是御者的身份〔註25〕。

在陝西臨潼上焦村秦始皇陵東城外八座墓葬，可能是秦始皇陵的陪葬墓，據《簡報》的作者認為：根據這些墓葬埋葬的規格和陪葬品來看，這些墓葬或許是秦始皇帝陵的陪葬墓，墓主人的地位也會是很高的，可能是秦始皇的宗親或大臣〔註26〕，殉者可能是死者平常不太喜歡的官員，這和之前嬴秦「從死」的習俗是一致的。

和山東諸國殉人的身份是「奴隸」不同的是，嬴秦人「從死」者的地位是很高的，往往是君王喜歡的近臣。

三、墓葬中隨葬品的特徵〔註27〕

（一）日用陶器

嬴秦春秋早期墓中出土的日用陶器主要是為鬲、喇叭口罐。這是現在所

〔註23〕司馬光：《資治通鑑》卷七，中華書局1956年版。
〔註24〕明董說：《七國考》卷十，商務印書館1936年版。
〔註25〕李自智，尚志儒：《陝西鳳翔西村戰國秦墓發掘簡報》，《考古與文物》1986年第1期。
〔註26〕秦俑考古隊：《臨潼上焦村秦墓清理簡報》，《考古與文物》1980年第2期。
〔註27〕詳見由更新、史黨社：《從考古材料看周秦禮制之關係》，《秦文化研究》（第四輯），西北大學出版社1996年版。該書的第293頁列表詳細列出了秦禮器墓隨葬器物及其組合關係，此處不再贅述。

看到的嬴秦人使用陶器模型最早的隨葬陶器。

春秋中期隴縣店子秦墓地共出土陶三十一件，主要為鬲、盂、豆、喇叭口罐的組合。這種組合一直延續到戰國中期。日用陶器或單出於小墓，或與陶禮器共存。

春秋晚期鳳翔八旗屯 M2 出土陶釜一件（這種釜由巴而傳播到蜀，又由蜀傳播到秦）。鳳翔高莊春秋晚期 M10、M12 出土陶八件。

戰國早期 M3、M5、M7、M12 各出土陶一件，M18 出土陶兩件。

戰國中期以鬲為主， 鳳翔八旗屯秦墓 BM103 出土陶兩件，牛車模型兩件。牛車模型的出土正好是表明了嬴秦人並非是只會游牧，而不懂農業的。

戰國晚期以釜為主，釜逐漸取代了鬲的地位，組合變為釜、甑、盂、罐。在秦統一六國的戰爭中秦又將釜推廣到關東各國。

戰國中期晚段鳳翔、西安、銅川、大荔的秦墓中出現了無圈足繭形壺，繭形壺是秦文化的典型器物之一，還仍然保存著嬴秦人原有的禮俗。

隨葬陶器和牛車模型的出現，反映嬴秦的社會形態和禮俗習慣在東向的過程中，開始發生變革，原有的禮俗正在改變，也已經吸收了很多關東諸國的禮俗特點。

而關東的中原諸國的隨葬物品，基本和西周相類似，日用陶器的基本組合為鬲、簋、豆、罐；鬲、盂、豆、罐；鬲、盂、長頸罐這幾種類型。盂、簋和明器鬲和日用鬲沒有一起出土的例子。

例如江陵紀南城陝家灣楚墓 M1 出土鬲、盂、罐各一件〔註28〕。

當陽趙家湖出土春秋早期日用陶器組合為鬲、簋、豆、罐，春秋中期組合為鬲、盂、罐或鬲、簋、豆、罐。

（二）仿銅陶禮器

組合的比較

最早在春秋中期，嬴秦人的墓葬中開始出現了仿銅陶禮器，陶禮器的組合為鼎、簋、壺、盤等，到了戰國晚期的鳳翔八旗屯 BM29 和高莊 M1、M31中，基本組合為鼎、豆、壺，或鼎、盒、鈁、壺。

而中原山東諸國仍然是延續了周禮的習慣組合，基本和周禮相仿。如澧

〔註28〕 湖北省博物館：《楚都紀南城的勘探與發掘》，《考古學報》1982 年第 4 期。王光鎬：《楚文化源流新證》，武漢大學出版社 1988 年版。楊定愛：《江陵地區東周墓葬日用陶器年代序列》，《江漢考古》2002 年第 2 期。

西張家坡 M222 出土陶列鼎五、簋、壺、盤各一件〔註29〕。

江陵陝家灣二號春秋晚期楚墓，出土陶鼎、簋、豆、壺各一件，當陽趙家湖春秋早期楚墓中開始出現仿銅陶禮器，仿銅陶禮器的組合套數一般爲偶數。

據考古發掘發現，嬴秦墓中瓦文開始出現。

秦始皇陵西側秦刑徒墓出土十八件瓦文，有十九人有墓誌。行文格式是：地名＋人名；地名、爵名＋人名；地名、刑名＋人名；地名、刑名、爵名＋人名等類型〔註30〕。就目前來看，這是我國較早出現的墓誌。

第二節　嬴秦宗教、祭祀禮俗特徵

一、嬴秦人宗教上的多神崇拜

我國古代鬼神崇祀系統大致可分爲三類：上帝天神、祖先鬼神、山川鬼神。從現存的古文獻和古文字資料來看，周人神權崇拜的特點是祖先神崇拜。和周人的祖先崇拜不同，嬴秦是自然神崇拜，並且是多神崇拜。在這個問題上，前人也是多有研究。

王桂均認爲，「秦人祭祀對象繁雜，兼及草木、山川、禽獸，風俗與戎狄同。」〔註31〕在這裡，他把嬴秦的多神崇拜和戎狄的禮俗聯繫在一起，並沒有很清楚嬴秦的多神崇拜和戎狄之間的區別。

王暉認爲，「秦人神權崇拜的特點是自然的、多神崇拜。上帝天神、祖先鬼神和山川鬼神都崇拜。但秦人神權崇拜中，所祭祀的鬼神主要不是祖先神，而是山水、動植物等自然鬼神」〔註32〕。

吳小強認爲，「自然神崇拜在秦人神權體系中佔有核心的位置，這是秦人多神崇拜的最顯著的特點之一」〔註33〕。

張衛星認爲，「春秋戰國時期，秦人中上層的宗教信仰總體上符合了這一

〔註29〕中國社會科學院考古研究所：《灃西發掘報告》，文物出版社 1962 年版。
〔註30〕秦始皇陵秦俑坑考古發掘隊：《秦始皇陵西側趙背戶村秦刑徒墓》，《文物》1982 年第 3 期。
〔註31〕參見王桂均：《秦人早期歷史的兩個問題》，《社會科學戰線》1980 年第 2 期。
〔註32〕王暉：《西周春秋周秦禮制文化比較研究》，《秦俑秦文化研究》2000 年版。
〔註33〕吳小強：《論秦人的多神崇拜特點——雲夢秦簡〈日書〉的宗教學研究》，《文博》1992 年第 4 期。

時期宗教發展的大趨勢，以天神崇拜和祖先崇拜爲核心，輔以社稷、日月、山川等的自然多神崇拜」〔註34〕。

（一）周人的祖先神崇拜

「有虞氏禘黃帝而郊嚳。祖顓頊而宗堯。夏后氏亦禘黃帝而郊鯀。祖顓頊而宗禹。殷人禘嚳而郊冥。祖契而宗湯。周人禘嚳而郊稷。祖文王而宗武王。」〔註35〕

和有虞氏、夏后氏、殷人一樣，周人也造就出一個自己的祖先神，認爲自己的祖先也是一種神，也是需要祭祀崇拜的，所以以後，周人神權崇拜的主體是祖先神，並且用來與政治統治的方式相配套，即「以祖配天」。祭祀祖先神是一種特權，不是隨便什麼人都有的，權力的分配是按不同的等級階層，「爲親疏多少之數」分配到上至王公下至士手中。

《禮記・祭法》對周代廟制已經說得很詳細了，對於王應該是「立七廟」，有「壇」、「墠」、「考廟」、「王考廟」、「皇考廟」、「顯考廟」、「祖考廟」，每月都要祭祀一次。祭祀的具體做法是對於祧廟，「享嘗乃止」，壇、墠，「禱焉祭之」。

諸侯應該「立五廟」，包括「壇」、「墠」、「考廟」、「王考廟」、「皇考廟」，也是每月都要祭祀的，對於考廟、祖考廟，「享嘗」就可以了，壇、墠，「有禱焉祭之，無禱乃止」。

以下對大夫、適士、官師也都有各自的不同的規定和規制。

還有王可以爲群姓立的社，稱爲「大社」，爲自己立的社，稱爲「王社」；諸侯爲百姓立的社，稱爲「國社」，自己立的社，稱爲「侯社」。大夫以下只能是成群立社，叫作「置社」。

除此之外，還有「立祀」、「祭殤」等等，也都有相應的等級規定，都是很繁複的。

周人的祭祀祖先權力是按階層不同而各有分差區別的，環節還很複雜，祭祀的品類、祭祀的時間、祭祀的數量多少都有明顯的區別和嚴格的規定，反映了「古之喪禮，貴賤有儀，上下有等」〔註36〕的說法。這說明周人的神

〔註34〕 張衛星：《試論秦人的信仰》，《秦文化論叢》（第六輯），西北大學出版社 1998
　　　　年版。

〔註35〕 鄭玄注，孔穎達正義：《禮記・祭法》，阮元刻十三經注疏本，中華書局 1979
　　　　年版。

〔註36〕 《莊子・天下》，《諸子集成》本，中華書局 1986 年版。

權崇拜是等級分層式，目的是為了「上下有序，民則不慢」〔註 37〕，也是為了有利於鞏固周人的等級秩序和政治統治。

（二）嬴秦以自然神為主的多神崇拜

和周人不一樣的是，嬴秦人的「上帝」〔註 38〕崇拜多為泛神泛示，以上帝為代表的諸神，自然界的動物、植物及鳥類都是他們的祭拜物。有人以此認為，當時嬴秦的宗教水平只能是處於一個「低層次上」，「世俗性」很強，「綜合地反映了秦文化的混合特質，秦族固有的游牧民族多神教和西戎文化是秦文化的基礎」〔註 39〕，在《漢書‧郊祀志》中，把它和東方的齊魯分為兩大宗教體系。

其實在嬴秦這裡，所謂的「世俗性」，正是關注自我的表現，這也正是嬴秦宗教崇拜的一大特徵，並且處處體現出日常生活情況，和東方諸國體現的「帝王將相」完全不一樣。

史籍上記載，秦襄公始列為諸侯，「居西垂」，「自以為主少，日皋之神，作西畤，祠白帝」。

「始國」了，周人才開始關注嬴秦人。

之後，文公、宣公、靈公、獻公先後立有六畤，但多與秦人祖先神無關，反映了秦人以山水、動植物等自然鬼神為主體的多神崇拜特徵。

文獻記載中，嬴秦人的多神崇拜還是比較簡單的，材料也不是很多，也僅是片言隻語。

《史記‧封禪書》：「雍有日、月、參、辰、南北斗、熒惑、太白、歲星、塡星、二十八宿、風伯、雨師、四海、九臣、十四臣、諸布、諸嚴、諸逑之屬，百有餘廟。西亦有數十祠。於湖有周天子祠。於下邽有天神。澧、鎬有昭明、天子辟池。於社、亳有三社主之祠、壽星祠，而雍菅廟亦有杜主。杜主，故周之右將軍，其在秦中，最小鬼之神者。各以歲時奉祠。」

這其中，就有以「日月、五星、二十八宿、南北斗」為代表的天文諸神，是天神崇拜。這在中原的地方都是屬於王官的，要到戰國之際社會大變動的時候，才下移至民間。而嬴秦人在「雍」的時候，就已經被普通的嬴秦人所

〔註 37〕《國語‧楚語下》，上海古籍出版社 1978 年版。

〔註 38〕田靜、史黨社：《論秦人對天或上帝的崇拜》，《中國史研究》1996 年第 3 期。

〔註 39〕黃留珠：《秦文化概說》，《秦文化論叢》（第一輯），西北大學出版社 1993 年版。

崇拜了，已經帶上了民間信仰的特徵了。

上引《封禪書》還引到了風伯、雨師、四海、諸布、諸嚴、諸逑、壽星祠，這些都是和現實生活相關的生產生活之神，「於下邽有天神」，明顯和周人的在天不一樣了，是人格化了的天神。

還有九臣、十四臣、周天子祠、三社主、杜主都是屬於人鬼之列的，一直到漢代的時候，在中原也是很普遍的，在《漢書·郊祀志》中有很多的記載。

《史記·封禪書》曰：「作鄜畤後九年，文公獲若石云，於陳倉北阪城祠之。其神或歲不至，或歲數來，來也常以夜，光輝若流星，從東南來集於祠城，則若雄雞，其聲殷云，野雞夜雊。以一牢祠，命曰陳寶。」

有學者認爲這是嬴秦人獲得了隕石。獲得天上來的隕石，也要「祠之」。

這一陳寶祠，又稱「寶人祠」〔註40〕，又稱「寶雞神祠」〔註41〕。其形象不過是陳倉山中的一隻「石雞」，或稱是「玉雞」，但在嬴秦人的眼裏就是「神雞」了，就要祭祀，就是崇拜的對象。

後人對此也多有推測。其中《史記·封禪書》「正義」引《三秦記》云：「太白山西有陳倉山，山有石雞，與山雞不別。趙高燒山，山雞飛去，而石雞不去，晨鳴山頭，聲聞三里。或言是玉雞。」

《漢書·郊祀志》云：「作鄜畤後九年，文公獲若石云，於陳倉北阪城祠之。」它的形狀像肝，硬得像石塊。這個寶雞神，「或歲不至，或歲數」，要是來的時候，一般都是晚上，從東方來，有很明亮的光，「若雄雉，其聲殷殷云，野雞夜鳴」，文公就用一牢來祭祀它，命名它爲「陳寶」。

「文公獲若石云，於陳倉北阪城祠之，其神來，若雄雉，其聲殷殷云，野雞夜鳴，以一牢祠之，號曰陳寶。」又臣瓚云：「陳倉縣有寶夫人祠，或一歲二歲與葉君合。」蘇林云：「質如石，似肝。」「正義」曰：《括地志》云：「寶雞神在岐州陳倉縣東二十里故陳倉城中。《晉太康地志》云：『秦文公時，陳倉人獵得獸，若彘，不知名，牽以獻之。逢二童子，童子曰：「此名爲媦，常在地中，食死人腦。」即欲殺之，拍捶其首。媦亦語曰：「二童子名陳寶，得雄者王，得雌者霸。」

這個故事在《史記·封禪書》「正義」引的《括地志》、「索隱」引的《列

〔註40〕　《史記·封禪書》「集解」引臣瓚語、「索隱」引《列異傳》說。
〔註41〕　《史記·封禪書》「正義」引《括地志》說。

異傳》和《晉太康地志》中也都有記載，也是大同小異，或許就是相互轉載的。

也就是說，嬴秦人在中原人的眼中，是什麼變異的情況都是要祭祀的，都是很重要的，其實就是反應了當時的嬴秦人就是一個多神崇拜的民族。

《史記·封禪書》還有秦德公時，「作伏祠。磔狗邑四門，以禦蠱災」的記載。《秦本紀》則說秦人「初伏，以狗蠱」是在秦德公二年。

這裡「伏祠」中的「伏」，可能也是一種祭祀崇拜的對象，只是我們現在的材料所知有限，不知道具體的情況，只是知道用狗就可以「禦蠱災」了，中原也有類似的情況，我們在上一部份中有所涉及。

《史記·秦本紀》記載秦文公時，二十七年，「伐南山大梓，豐大特」。砍伐樹木，或者說是砍伐某種樹木是要依然祭祀的，規格還很高，要「大特」的。

從出土的湖北雲夢睡虎地秦簡中也可以看出秦人自然神崇拜，下面在《日書》中說到。

二、嬴秦人的祭祀

時祭是嬴秦自有的一種特殊的祭祀方式，只是由於文獻記載不多，前人對於其祭祀過程、祭祀時需要些什麼、目的是什麼等等都不是很瞭解，所以對時祭研究得不多。〔註42〕

據《史記》司馬貞「索隱」：「時，止也，言神靈之所依止也。……謂為壇，以祭天也。」明顯的，這是嬴秦的一種祭天的儀式，實際上，在周人的祭祀中，也有祭天的儀式，但是很少看到有時祭的記載，或者就是沒有這種祭祀的儀式。

襄公因為在戎狄作亂的時候，派兵護送周平王，有功於周，周平王封秦襄公為諸侯，把岐以西的地方賞賜給嬴秦襄公。平王的理由是：「戎無道，侵奪我岐、豐之地，秦能攻逐戎，即有其地。」「襄公於是始國，與諸侯通使聘享之禮。乃用騮駒、黃牛、羝羊各三，祠上帝西時。」〔註43〕

同樣一件事情，在《史記·封禪書》、《漢書·郊祀志》中還都有記載：「秦

〔註42〕田亞岐：《秦漢置時研究》，《考古與文物》1993 年第 3 期。汪受寬：《時祭原始說》，《蘭州大學學報（社會科學版）》2002 年第 5 期。楊英：《漢祀時考》，《世界宗教研究》2003 年第 2 期。

〔註43〕司馬遷：《史記·秦本紀》，中華書局 1959 年版。

襄公既侯，居西垂，作時祭，祠白帝。」這是史載中嬴秦人第一次時祭。

史籍中記載，時祭的地點從西時〔註44〕（天水）開始，一直到之後的好時〔註45〕、鄜時〔註46〕（岐州鄜縣）、密時〔註47〕（渭南）、吳陽上下時〔註48〕（岐州雍縣）、畦時〔註49〕（櫟陽）。

時祭的對象，除了最早的有白帝外，自從進入岐周，作密時、吳陽上下時、畦時始，嬴秦人開始兼祭青帝、黃帝、炎帝（赤），其中一直沒有時祭黑帝的記載，這也是學術界一直在討論的話題，有學者甚至把這一現象和五行學說聯繫起來討論〔註50〕。

中原西周祭祀儀典中，對祭祀牲品的多少、配置是有著嚴格的規定和限制的，最多不超過十二。《尚書・召誥》與《洛誥》記載了成王時期召公周公在建成周洛邑前後的兩次祭祀：

《召誥》：「若翼日乙卯。周公朝至於洛。則達觀於新邑營。越三日丁巳。用牲於郊。牛二。越翼日戊午。乃社於新邑。牛一。羊一。豕一。」

《洛誥》：「戊辰，王在新邑祭歲，文王，騂　牛一，武王，騂　牛一。」

這兩次用牲情況已與武王時期有了完全不同的特點，就是數量已經很少了。同樣是祭祀上帝天神，這在周禮典中應該算是最大的祭祀儀典了，但即使是這樣，《召誥》中記載周公在祭祀的時候，用牲的時候還僅僅就是「牛二」。

而《秦本紀》記載，秦德公當時還僅僅就是一個諸侯，就能進行鄜時，

〔註44〕西時有：「初立西時，祠皇帝。」（《史記・十二諸侯年表》）

〔註45〕好時有：「雍東有好時，皆廢無祠。」（《史記・封禪書》）

〔註46〕鄜時有：文公「十年，初爲鄜時。」（《史記・秦本紀》）「於是作鄜時，用三牲郊祭白帝焉。」（《史記・封禪書》）「秦文公東獵汧渭之間……於是作鄜時，用三牲郊祭白帝焉。」（《漢書・郊祀志》）「德公元年，初居雍城大鄭宮，以犧三百牢祠鄜時。」（《史記・秦本紀》）德公「遂都雍，雍之諸祠自此興，用三百牢於鄜時。」（《史記・封禪書》）

〔註47〕密時有：宣公「四年，作密時。」（《史記・秦本紀》）「秦宣公作密時於渭南，祭青帝。」（《史記・封禪書》）

〔註48〕吳陽時有：「自未作鄜時也，而雍旁故有吳陽武時。」（《史記・封禪書》）「秦靈公作吳陽上時，祭黃帝；作下時，祭炎帝。」（《史記・封禪書》）「秦靈公於吳陽作上時，祭黃帝；作下時，祭炎帝。」（《漢書・郊祀志》）

〔註49〕畦時有：「櫟陽雨金，秦獻公自以爲得金瑞，故作畦時櫟陽而祀白帝。」（《史記・封禪書》）

〔註50〕參見王暉：《秦人崇尚水德之源與不立黑帝時之謎》，《秦文化論叢》（第三輯），西北大學出版社1994年版。

用牲就已多達三百牢，和周禮相比較，兩者相去甚遠。

而在文公的時候，「十年，初為鄜畤，用三牢」，估計當時贏秦人的時祭在用牲時是沒有固定數量的，是不能用周人的禮制規定來說明贏秦人的問題的。

說明當時贏秦的時祭禮和周禮中的祭祀是不一樣的，兩者之間沒有可比性，很多人往往借著司馬遷的說法，說是秦人這種情況就是「僭端見矣」〔註51〕，其實是不能用周禮的標準來衡量贏秦的祭祀的，贏秦人的時祭是完全獨立的一種祭祀系統，鄜畤是有自己的特殊意義的。這正是贏秦人在祭祀時候最大的特點。

秦人祭祀時用牲甚多，這也是贏秦人祭祀的一個特點。《史記‧秦本紀》謂，秦德公元年，「初居雍城大鄭宮。以犧三百牢祠鄜畤」。

而在周禮之中，從天子到士大夫的祭祀用牲之數都是有明確規定的。

《周禮‧秋官‧掌客》說周王「合諸侯而饗禮，則具十有二牢」。

《大行人》說：「上公之禮九牢，諸侯諸伯之禮七牢，諸子諸男之禮五牢」。

《左傳》記吳王派人到魯國「徵百牢」，被魯國拒絕，理由就是「周之王也，制禮上物，不過十二，以為天之大數也。今棄周禮，而曰必百牢，亦惟執事」〔註52〕。

這說明周初在「制禮」之時，就規定祭祀用大牲最多是十二，這已經是「天之大數」，超過這一規格，就是「棄周禮」。

觀射父曾告訴楚昭王，周代祭祀的用牲情況，「天子舉以大牢，祀以會；諸侯舉以特牛，祀以太牢；卿舉以少牢，祀以特牛；大夫舉以特牲，祀以少牢；士食魚炙，祀以特牲；庶人食菜，祀以魚。上下有序，則民不慢。」〔註53〕

從這裡可以知道，周禮中祭祀物品的排列順序是：魚、特牲、少牢、特牛、大牢、會。可見，觀射父所說的「會」是不會超過祭祀時的「天之大數」十二的。

周禮祭品很少，不過就是「郊禘不過繭栗，烝嘗不過把握」〔註54〕，原

〔註51〕 司馬遷：《史記‧六國年表》，中華書局1959年版。
〔註52〕 杜預注，孔穎達正義：《春秋左氏傳‧哀公七年》，阮元刻十三經注疏本，中華書局1979年版。
〔註53〕 《國語‧楚語下》，上海古籍出版社1978年版。
〔註54〕 《國語‧楚語下》，上海古籍出版社1978年版。

因就是「夫神以精明臨民者也，故求備物，不求豐大……」〔註 55〕意思到了
就可以了，不求怎樣的「風光」。

　　但是，祭品祭祀少，也要是很好的精品。如果牲品一旦受損，則寧願取
消郊祀上帝的機會，也不能把不好的祭品送上祀神之前〔註 56〕。

　　《史記·秦本紀》中所記的用牲情況，秦德公以「犧三百牢祠，鄜畤」，
顯然只是光顧著數量上的多少了，還沒有完全領會周禮中祭祀的完全意義。

第三節　嬴秦婚姻禮俗特徵

　　對於嬴秦人的婚姻和家庭，學術界很多的學者往往會用後代的材料，或
者就是用別的民族的材料，來證明嬴秦人的婚姻是「無序」而戎狄化的。

　　「父死，妻其後母；兄弟死，皆取其妻妻之。」〔註57〕

　　「父沒則妻後母，兄亡則納釐。」〔註58〕

　　「父子乃同穹廬而臥。」〔註59〕

　　還有的學者就以漢代賈誼的話來做證明，「故秦人家富子壯則出分，家貧
子壯則出贅。借父耰鋤，慮有德色；母取箕帚，立而誶語。抱哺其子，與公
並倨」，以此說明是嬴秦人是少信寡義的。

　　其實，仔細比較史籍記載的當時各地的風習，就看出事實還不一定如此。

　　《史記·貨殖列傳》：「昔唐人都河東，殷人都河內，周人都河南。……
王者所更居也，建國各數百千歲，……故其俗纖儉習事。」地理位置上說，
應該是很好的，是王地所在，而且，每一朝都有幾百年的建都歷史，這個地
方繼承了殷周先人的遺風的。

　　「楊、平陽陳西賈秦、翟，北賈種、代。……人民矜懻忮，好氣，任俠
為奸，不事農商。」這裡的人民居然是「不事農商」的，只是因為「迫近北

〔註55〕《國語·楚語下》，上海古籍出版社 1978 年版。
〔註56〕《春秋經》宣公三年載「春王正月，郊牛之口傷，改卜牛。牛死，乃不郊。」
　　　　成公七年載「春王正月，鼷鼠食郊牛角，改卜牛。鼷鼠又食其角，乃免牛」。
　　　　鼷鼠咬傷了郊祭用的牛，則改用其他的牛；甚至咬傷了牛的口，咬傷了牛的
　　　　角，也都放棄已圈養三月的牛不用，可見確實是以「體具而精潔者」來要求
　　　　牲品的。
〔註57〕司馬遷：《史記·匈奴列傳》，中華書局 1959 年版。
〔註58〕范曄：《後漢書·西羌傳》，中華書局 1965 年版。
〔註59〕司馬遷：《史記·匈奴列傳》，中華書局 1959 年版。

夷，師旅亟往」，就可以從中做一些「委輸時有奇羨」的工作。民風「時固已患其僄悍」，即使「武靈王益屬之，其謠俗猶有趙之風也」。

中山國，也應該是「周禮」舊地，這裡經過多年的經營，也早已經是地薄人眾了，民風上也是「猶有沙丘紂淫地餘民，民俗懁急，仰機利而食」，除了沙丘，還有商紂王時期的遺民，在司馬公的眼裏，民風並不好，「懁急」，「仰機利而食」，有點投機取巧的意思。

「丈夫相聚遊戲，悲歌慷慨」，男人們只知道「遊戲」，似乎還有點古人「悲歌慷慨」的意思，「起則相隨椎剽，休則掘冢作巧奸冶」，或許是爲了利益，不惜打家劫舍，靜下來的時候也是挖墳盜墓的，盡做些「巧奸」的事情，「多美物，爲倡優。女子則鼓鳴瑟，跕屣，遊媚貴富，入後宮，遍諸侯」，全然沒有「周禮」中的一切禮儀風俗了。

再來看看趙國的情況，當年的趙地也是「禮儀之邦」，如今的「鄭姬，設形容，揳鳴琴，揄長袂，躡利屣，目挑心招，出不遠千里，不擇老少者，奔富厚也」。到了這個時候，女人們也是以容顏示人，帶著琴，眼睛盯著，心隨時在惦記著，只要是「富厚」人家，「不擇老少」，「不遠千里」就直奔而去了。

《漢書・地理志》對先秦時期各地的風俗也有很多很豐富的記載：

比如對於原來中原諸國的情況，鄭國的情況是「土狹而險，山居谷汲，男女亟聚會，故其俗淫」，也是地少人多，男女之間經常聚會，風俗是「淫」的，完全沒有男女之防。《鄭風》曰：「出其東門，有女如雲。」〔註60〕還是《鄭風》：「溱與洧。方渙渙兮。士與女。方秉蕑兮。」「洵訏且樂。維士與女。伊其相謔。」〔註61〕這就是當時鄭國的禮俗，應該說男女之間的交往是沒有多少界限的。

薊地「南通齊、趙，勃、碣之間一都會也」，地理位置很好，不像贏秦那麼的「偏僻」。「初太子丹賓養勇士，不愛後宮美女，民化以爲俗，至今猶然」，這裡的民風也是有傳統的，還是當初太子丹的時候就有過的，「不愛後宮美女」至今還保持著。「賓客相過，以婦侍宿，嫁取之夕，男女無別，反以爲榮」，男女無別，假如有賓客路過的話，是可以有女的配宿的，還沒有覺得不好。

〔註60〕毛公傳，孔穎達正義：《詩經・鄭風・出其東門》，阮元刻十三經注疏本，中華書局 1979 年版。

〔註61〕毛公傳，孔穎達正義：《詩經・鄭風・溱洧》，阮元刻十三經注疏本，中華書局 1979 年版。

以後稍微有點改觀，但是一直沒有改變過，其俗「愚悍少慮，輕薄無威，亦有所長，敢於急人，燕丹遺風也。」〔註62〕

齊地：「始桓公兄襄公淫亂，姑姊妹不嫁，於是令國中民家長女不得嫁，名曰『巫兒』，為家主祠，嫁者不利其家，民至今以為俗」〔註63〕，上面就開始淫亂，導致了國中之長女都不能出嫁，齊地的民風就是這樣的。

「漢志」中表現的情況和《史記·貨殖列傳》中的基本一樣。

而在嬴秦的地界，從現在所能見到的最確切的文獻來看，起碼在商鞅的時候，就已經明文規定禁止兄弟父子「同室內息」，已經設有「男女之別」〔註64〕了。

在商鞅變法之後，中原地區如《史記·貨殖列傳》、《漢書·地理志》所記載的情況，幾乎沒有看到，都已經是違法的。《雲夢秦簡·法律答問》裏就有明確說明：

「女子甲為人妻，去亡，得及自出。小未盈六尺，當論不當？已官，當論；未官，不當論。」

「女子甲去夫亡，男子乙亦闌亡，相夫妻，甲弗告請，居二歲，生子，乃告請，乙及弗棄，而得，論可也？當黥城旦舂。」

「甲取人亡妻以為妻，不智亡，有子焉。今得，問安置其子？當畀。或入公，入公異是。」

「同父異母相與奸，可論？棄世。」

「甲乙交與女子丙，甲、乙以其故相刺傷，丙弗智，丙論可也？毋論。」

第一條說的是，一旦一個女子結婚了，如果逃亡，或者再嫁，就要受到制約，如果「未官」，就可以不再追究。

第二條說的是，男女雙方「私奔」而結婚的話，在一起生活了兩年，還生了孩子，女子才告訴實情，男方沒有休棄女方的話，就要被黥為城旦舂。

第三條說的是，男方娶了一個妻子，還不知道是不是逃亡的身份，生了孩子，怎樣安置孩子，應該是歸「公」，還是歸母親決定，最後是有母親餵養。

第四條說的是，同父異母的人相互通姦，怎麼處理，「棄世」。

第五條，甲乙兩人都和同一女子相好，因為這個原因，兩人決鬥，刺傷，

〔註62〕 班固：《漢書·地理志下》，中華書局1962年版。
〔註63〕 班固：《漢書·地理志下》，中華書局1962年版。
〔註64〕 司馬遷：《史記·商君列傳》，中華書局1959年版。

該女還不知道，可以不負責任。

　　《雲夢秦簡》的墓主人喜生前是管理文書的小吏，這些條文應該都是秦統一前秦國使用的。這些條文說明，在秦國期間，對於夫婦之間的規定還是很嚴格的，完全沒有像中原「鄭衛之俗」、「燕齊傳統」那樣的「隨便」和「開放」，有的甚至還是很嚴屬的，還有「棄世」的規定。這和之後的《會稽石刻》中所說的「有子而嫁，倍死不貞，防隔內外，禁止淫泆，男女潔誠。夫爲寄豭，殺之無罪，男秉義程。妻爲逃嫁，子不得母，咸化廉清」是相一致的。

　　在嬴秦，婚外的性行爲不僅要受到整個社會的道德譴責，還要受到法律的制裁。《睡虎地秦墓竹簡‧封診式》：「某里士五甲詣男子乙、女子丙。告曰：乙、丙相與奸，自晝見某所，捕校上來詣之。」男女的通奸，在被人發現後是要被送往官府治罪的。

　　在嬴秦，離婚還要辦理手續的。《睡虎地秦墓竹簡‧法律答問》：「棄妻不書，貲二甲。其棄妻亦當論不當？貲二甲。」就現在所見材料來看，東方諸國尙沒有這樣的記載。

　　只能說，嬴秦人的婚姻習俗相比東方諸國來說，只是不注重運用周人的「禮儀」而已，「周禮」婚姻中的問名、納采、納吉、請期、親迎、入門〔註65〕等層次，就目前嬴秦的材料看，還沒有發現，嬴秦保持有自身的禮俗特點，比如已運用了干支五行、二十八宿、月相、男日、女日、聖賢之忌等手段，同樣也是講究繁多，條款細密的。

　　另外，在婚姻中，嬴秦女子的地位是比較高的，比如可以參軍打仗。史籍上記載「三軍：壯男爲一軍，壯女爲一軍，男女之老弱者爲一軍，此之謂三軍也」〔註66〕，地位起碼和男的不相上下。

第四節　嬴秦的宗法禮俗特徵

　　對於周人的宗法制，學術界已經有了很明確、基本成型的看法和觀點的了。周代君王的宗法制下用人原則就是血緣性，用人的時候要用親、用故舊，尤其是宗族弟子。

〔註65〕鄭玄注，賈公彥疏：《儀禮‧士昏禮》，《禮記‧昏義》，阮元刻十三經注疏本，中華書局 1979 年版。

〔註66〕《商君書‧兵守》，《諸子集成》本，中華書局 1986 年版。

作爲宗法制，一方面要建立嫡長子繼承制，敬宗尊兄。正如程瑤田《宗法小記》所說「宗之道，兄道也。……尊祖故敬宗，宗子者，兄之也」〔註67〕。形成以嫡長子——宗子爲核心的有向心力的血緣性團體。

另一方面，嫡長子則應使用群弟，分封諸弟，用來加強宗室的力量。

西周春秋時代的人們常把宗子和群公子比作樹之主干與樹之枝葉的關係：枝葉需要樹幹作爲骨架，樹幹則需要枝葉來庇護自己。

《左傳》僖公二十四年，富辰說：「周之有懿德也。猶曰莫如兄弟。故封建之。其懷柔天下也。猶懼有外侮。捍禦侮者。莫如親親。故以親屏周。」

文公七年，司馬樂豫勸諫宋昭公不要「去群公子」時說，「不可。公族。公室之枝葉也。若去之。則本根無所庇陰矣」。〔註68〕

昭公三年，叔向說：「公室將卑。其宗族枝葉先落。則公從之」〔註69〕；

嫡長大宗猶如骨幹，群弟受封爲諸侯猶如屏障，兩者唇齒相依，相輔相成。周初封建諸侯就是依宗法制的「親親」原則對同母弟進行了分封。

因此在宗法制度之下，王公諸侯在用人政策上使用眾弟在西周春秋時期的人們看來是天經地義的。「周公謂魯公曰：『君子不施其親，不使大臣怨乎不以。故舊無大故，則不棄也。無求備於一人。』」〔註70〕就是這一原因。

和宗法制度十分完善，甚至是十分典型的西周相比較，嬴秦也是在東向的過程中，逐步接受周人的宗法禮俗的。

嬴秦人在王位繼承問題上幾乎沒有規律性，既有父死子繼的，也多見有兄終弟及的，基本不分嫡庶，都是合法、和平地過渡，很少發生流血事件，最後的結果看，基本是「選賢予能」。學術界還有人認爲這有點古人禪讓的遺風，其實這本來就是嬴秦人固有的禮俗。

按照宗法制的「親親」原則，王室或公室的重要職官要使用王族或公族的群公子，特別要重用同母弟。

《論語·微子》引述周公謂魯公曰：「君子不施其親，不使大臣怨乎不以。

〔註67〕程瑤田：《通藝錄》卷二《宗法小記·宗法表》，嘉慶年刊本。
〔註68〕杜預注，孔穎達疏：《春秋左氏傳·文公七年》，阮元刻十三經注疏本，中華書局 1979 年版。
〔註69〕杜預注，孔穎達疏：《春秋左氏傳·昭公三年》，阮元刻十三經注疏本，中華書局 1979 年版。
〔註70〕何晏等注，邢昺疏：《論語·微子》，阮元刻十三經注疏本，中華書局 1979 年版。

故舊無大故，則不棄也。無求備於一人。」

《公羊傳・昭公元年》說：「夏。秦伯之弟鍼出奔晉。秦無大夫。此何以書。仕諸晉也。曷爲仕諸晉。有千乘之國。而不能容其母弟。故君子謂之出奔也。」

《公羊傳・文公十二年》謂秦國國君打破「秦無大夫」──不用諸弟爲大夫的舊制而使母弟出聘魯國，認爲《春秋》記載此事是稱讚穆公賢明。

這也說明嬴秦與山東諸國重用同親血緣兄弟的宗法制不同，秦國宗法制並不嚴格，它的君位繼承制，也是弟及爲主，子繼爲輔；沒有血親關係的分封制，而施行功利性的獎勵軍功封爵制，任賢而不任親，不用親族眾弟而大量使用異族賢能之才。所以六國人在斥罵秦國時，說秦是「苟有利焉，不顧親戚兄弟，若禽獸耳。此天下之所同知也，非所施厚積德也。故太后母也，而以憂死；穰侯舅也，功莫大焉，而竟逐之；兩弟無罪，而再奪之國。」〔註71〕

春秋時期晉國隨武子所讚賞的楚君更具有代表性：「其君之舉也。內姓選於親。外姓選於舊。舉不失德。賞不失勞。老有加惠。旅有施捨。君子小人。物有服章。貴有常尊。賤有等威。禮不逆矣。」〔註72〕戰國以後，東方諸國的宗法制雖然也是漸趨衰弱，但是由宗法制帶來的諸如各國的社會制度、意識形態、學術思想等等的影響已經形成，不容被忽視。

春秋時代，秦國沒有嚴格的宗法制度，表現在用人政策上，就是嬴秦公室不使用親族眾弟而大量使用異族賢能之才，這遭到戰國秦漢時期的後儒們的微詞，認爲，這是嬴秦是「戎狄」的一個最主要的理由。

秦人宗法制不健全與其他中原國家特別是周王室及姬姓諸國形成了十分明顯的區別。

春秋時期的秦人一方面不用眾弟，另一方面卻打破尊卑親親的宗族關係大量使用賢能人才。《史記・李斯列傳》引李斯所作的上秦王嬴政的書信中說：「昔繆公求士，西取由余於戎，東得百里奚於宛，迎蹇叔於宋，來丕豹、公孫支於晉。此五子者，不產於秦，而繆公用之，並國二十，遂霸西戎。」

〔註71〕 劉向集錄，高誘注：《戰國策・魏策三》「魏將與秦攻韓」，上海古籍出版社1985年版。

〔註72〕 杜預注，孔穎達正義：《春秋左氏傳・宣公十二年》，阮元刻十三經注疏本，中華書局1979年版。

從《左傳》與《史記·秦本紀》等相關的記載可知：由余原來就是晉國人，後來又在西戎做事。百里奚原來是虞國大夫，虞亡後，被晉當做陪嫁奴僕來到秦國。後出逃，被秦穆公以五張黑羊皮贖回而任爲大夫，所以歷史上又稱爲「五羊大夫」。蹇叔、丕豹、公孫支地位也都不高，在中原一帶也就是「庶人」，歸秦後，因賢能就被秦穆公任爲大夫。

以這五個人爲代表的嬴秦以外的人對嬴秦的富強和秦穆公的稱霸西戎起了關鍵性的作用。《秦本紀》說：「秦用由余謀伐戎王，益國十二，開地千里，遂霸西戎」。

孟明是百里奚之子，又是公孫支推薦的，他們都不是嬴秦人，要是在中原諸國看來，都是異族人，「非我族類，其心必異」〔註73〕，秦穆公沒有像中原的用人政策那樣，更多地考慮血緣親族的關係，一如既往地，和嬴秦原來的用人那樣，只要是賢能的，就爲我所用，之後才能取得明顯的效果。

嬴秦這種不同於中原諸國的用人政策是在一種特定的環境中表現出來的；此即《左傳·文公元年》所說的崤之役後，「晉人既歸秦帥，秦大夫及左右皆言於秦伯曰：『是敗也，孟明之罪也，必殺之。』秦伯曰：『是孤之罪也。……孤實貪以禍夫子，夫子何罪？』復使爲政。」秦穆公並未歸罪於孟明等三將，而認爲是自己沒有聽從百里奚、蹇叔之話：「令後世以記余過。君子聞之，皆爲垂涕」。

這種用人政策和《秦誓》中所表現出來的觀點是一致的。秦穆公說：「其如有容，人之有技，若己有之；人之彥聖，其心好之。不啻如自其口出，是能容之。以保我子孫黎民，亦職有利哉！人之有技，冒疾以惡之；人之彥聖，而違之俾不達。是不能容，以不能保我子孫黎民，亦曰殆哉！」〔註74〕

「魯昭公之二十年，而孔子蓋年三十矣。齊景公與晏嬰來適魯，景公問孔子曰：『昔秦穆公國小處辟，其霸何也？』對曰：『秦國雖小，其志大；處雖辟，行中正。身舉五羖，爵之大夫，起累紲之中，與語三日，授之以政。以此取之，雖王可也，其霸小矣。』」〔註75〕說的也是這個事情，東方諸國其實也是看到了嬴秦用人的不一樣的地方的。

〔註73〕杜預注，孔穎達正義：《春秋左氏傳·成公四年》，阮元刻十三經注疏本，中華書局 1979 年版。

〔註74〕孔安國傳，孔穎達正義：《尚書·秦誓》，阮元刻十三經注疏本，中華書局 1979 年版。

〔註75〕司馬遷：《史記·孔子世家》，中華書局 1959 年版。

到了戰國時代，他們也開始提倡「賢賢」，反對「親親」，主張「尊賢使能」。墨子有「尚賢」〔註76〕，孟子也有「國君進賢，如不得已！將使卑逾尊，疏逾戚，可不愼與？」〔註77〕這樣的話，之所以沒有在嬴秦以外的諸國得到徹底的實施，也就是因爲當時的秦國因宗法制「不健全」，還沒有完全吸收周人的「禮制」的緣故。

現在學術界很多的人也都這麼認爲，正是因爲嬴秦的宗法制不成熟，才使得戰國時嬴秦的改革最徹底，改革的阻力也最小，才能最後取得成功，這當然是一個很重要的原因。

第五節 嬴秦的其他禮俗特徵

嬴秦民族的尚武精神也是其能夠迅速統一中國的最大的原因之一。在軍事上，嬴秦有著其獨特的禮俗特徵。

一、嬴秦人的軍禮

「春秋之後，滅弱吞小，並爲戰國，稍增講武之禮，以爲戲樂，用相誇視。而秦更名角抵」〔註78〕，「角抵」在春秋戰國時期就已經有了，這在嬴秦人的很多的圖象中都能見到，比如，陝西長安客省莊戰國晚期秦墓出土了角抵的圖象資料。〔註79〕

湖北江陵鳳凰山秦墓出土木篦漆盤上所繪角抵圖〔註80〕，共有三人，兩人摔跤，一人旁觀。三個人頭不帶冠，只束髮髻，上身赤裸，下著短褲，腰繫長帶。

角抵深受秦人的喜好。秦二世曾在甘泉宮欣賞角抵表揚。〔註81〕角抵原來的目的爲了娛樂，後來才有了在軍中鍛鍊身體，提高軍力的目的。

嬴秦人以一個講究軍事的民族，在史載中還能經常看到嬴秦有「田」、「獵」的記載，有點耀武揚威炫耀軍事力量的意思。

〔註76〕《墨子·尚賢中》，《諸子集成》本，中華書局 1986 年版。
〔註77〕趙岐注，孫奭疏：《孟子·梁惠王下》，阮元刻十三經注疏本，中華書局 1979年版。
〔註78〕班固：《漢書·刑法志》，中華書局 1962 年版。
〔註79〕中國科學院考古研究所：《灃西發掘報告》，文物出版社 1962 年版，第 138 頁。
〔註80〕《中國風俗通史·秦漢卷》彩圖 68，上海文藝出版社 2002 年版。
〔註81〕司馬遷：《史記·李斯列傳》，中華書局 1959 年版。

在《詩序》中就有「駟驖，美襄公也，始命有田狩之事，園囿之樂焉」，說的是《詩經》中的「駟驖」，就是讚揚秦襄公那個時候就有「田狩之事」。《漢書‧地理志》也有相類似的說法：「及《車鄰》，《駟驖》、《小戎》之篇，皆言車馬田狩之事」。

此後，嬴秦諸公都有「田」、「狩」、「獵」這方面的記載。文公三年，用兵「七百人東獵」，一直到汧渭之會。十九年時，又「遊獵於陳倉」〔註82〕。

嬴秦人有著悠久的田獵傳統的，隨著進入山東的步伐，之後的記載就越來越少了。

在軍事上的禮俗，還有表現在軍服上的一些特徵。有關嬴秦在軍服的歷史記載不是很多，好在近年考古發掘為我們提供了很有價值的史料，尤其是兵馬俑的發現，為我們窺見秦人軍服的概貌提供了實物資料〔註83〕。

二、嬴秦人的遊藝活動

有角抵衍生出來的，嬴秦人還有很多的遊藝活動。其實在古代，遊藝和軍事、生產往往是分不開的。

考古發掘中所發現的就有百戲、六博等。在秦陵內外城之間的 K9901 陪葬坑出土了一批陶俑十一件，應該是秦宮廷娛樂活動的百戲，在已經修復的陶俑中，只有一件為 1.75 米，其餘的都達兩米左右，膀闊腰圓，肌肉發達。〔註84〕除陶俑外，還出土了銅鼎 212 公斤，據發掘者推測，應為當時的扛鼎活動使用的。在造型、彩繪裝飾、服飾裝飾等方面，和秦兵馬俑及周邊出土的陶俑有明顯的區別。

文獻記載中也有扛鼎的說法，秦武王「有力好戲，力士任鄙、烏獲、孟說皆至大官。王與孟說舉鼎，絕臏」〔註85〕，就因為武王好戲，所以這樣一些力士們都可以做大官，最後武王也是在和力士比試中折腿而亡。

天水放馬灘秦墓中還出土有博具，長 12.6 釐米，寬 5.8 釐米。〔註86〕

〔註82〕司馬遷：《史記‧秦本紀》，中華書局 1959 年版。

〔註83〕詳見劉占成：《秦俑戰袍考》，《文博》1990 年第 5 期。許衛紅：《秦陵陶俑軍服紐扣初探》，《文博》1990 年第 5 期。王學理：《秦侍衛甲俑的服飾和彩繪》，《考古與文物》1981 年第 3 期。

〔註84〕袁仲一：《關於秦陵百戲俑幾個問題的探討》，《文博》2000 年第 4 期。

〔註85〕司馬遷：《史記‧秦本紀》，中華書局 1959 年版。

〔註86〕甘肅省文物考古研究所等：《甘肅天水放馬灘戰國秦漢墓群的發掘》，《文物》1989 年第 2 期。

雲夢秦墓出土了 12 枚棋子，均爲黑色，分爲兩組，方形和長方形的各六個。另一組也是 12 枚棋子，分爲兩組，每組是一大五小六枚。十三號秦墓也有這種博子。〔註87〕這些大概都是嬴秦人的六博之具，都是用骨頭製成的。

當時的諸子中韓非子在說秦昭王時就有「博」的遊藝：「令工施鈞梯而上華山，以松柏之心爲博，箭長八尺，棋長八寸，而勒之曰：昭王嘗與天神博於此矣」〔註88〕，應該可以印證嬴秦的「博」藝。

嬴秦的音樂，因爲時代的久遠，加上「及秦焚典籍，《樂經》用亡……周存六代之樂，至秦唯餘《韶》、《武》而已」〔註89〕。

現在我們所能知道的是，在那個時代，每一個地區都是有自己不同的音樂和樂舞的，史籍中就有「秦聲」、「衛聲」、「宋聲」、「鄭聲」等。

漢代的楊惲就是「家本秦也，能爲秦聲」〔註90〕，就是「仰天拊缶而呼烏烏」的樣子的，和李斯說的「夫擊甕叩瓿彈箏搏髀，而歌呼嗚嗚快耳目者，眞秦之聲也」〔註91〕是一致的。在我們現在看來，「秦聲」就是自由奔放，風格粗野，結構簡單，音律平直，聲調高亢昂揚，容易宣泄情緒，抒發胸懷的音樂。

隨著嬴秦人的東向，也開始吸收山東諸國的「異國之樂」，「棄擊甕叩瓿而就《鄭》、《衛》，退彈箏而取《昭》、《虞》」〔註92〕。

戰國後期，秦人的樂器種類包括打擊、管、弦、彈四類，具體的就有：築、鍾、磬、鐸鼓、講、琴、瑟、箏、笛、笙、竽、管、簫、塤、篪、琵琶、阮咸等。

樂理方面，《呂氏春秋》裏面就有《大樂》、《侈樂》、《適音》、《古樂》、《音律》、《音初》、《制樂》、《明理》等。

三、嬴秦人日常生活禮俗

（一）嬴秦人的衣飾

秦代時，職掌御服的機構是少府屬下的御府令丞，下面設有尙衣、尙冠

〔註87〕《雲夢睡虎地秦墓》編寫組：《雲夢睡虎地秦墓》，文物出版社 1981 年版。
〔註88〕《韓非子・外儲說左上》，《諸子集成》本，中華書局 1986 年版。
〔註89〕沈約：《宋書・樂志一》，中華書局 1974 年版。
〔註90〕班固：《漢書・楊惲傳》，中華書局 1962 年版。
〔註91〕司馬遷：《史記・李斯列傳》，中華書局 1959 年版。
〔註92〕司馬遷：《史記・李斯列傳》，中華書局 1959 年版。

兩官職，專門管理穿衣戴帽。〔註93〕秦始皇時，依據五德始終說，尚水德，「衣服旄旌節旗皆上黑，數以六為紀，符、法冠皆六寸」〔註94〕。黑色是當時服裝的主要顏色。「郊祀之服皆以衣習玄」〔註95〕，但是由於時代久遠，當時的官服形制已不可考了，只是知道當時是根據官員身上綬帶的長短和顏色來區分的。

嬴秦的軍服，因為兵馬俑的出土為我們提供了很好的實物資料。秦兵馬俑均穿著長至膝部的襦，革帶束腰，右衽交領，內夾絮，緊袖，下穿著袴，服裝的質地好像是細麻。軍服的顏色有朱紅、棗紅、粉綠、天藍、粉紫和褐色，其中以朱紅色為最多。〔註96〕

秦俑的武官、士兵、步兵、車兵、騎兵的服裝都有明顯的差異。

武官均頭戴冠，身披鎧甲，有的還有甲冑，加護在胸部和腹部，足穿方口翹頭鞋。

步兵大多梳錐髻，有的穿鎧甲，均有護腿，腳穿方口齊頭鞋。

車兵有的帶冠，有的帶巾幘，身上都有鎧甲。其中駕車者覆膊長及腕部，手上還有護手甲，小腿有護腿，腳穿方口翹頭鞋。車士沒有護腿，腳上是方口齊頭鞋。

騎兵頭戴巾幘，身穿緊身短袍，披齊腰鎧甲，胳膊上沒有護膊，有護腿，腳穿皮靴。

弩兵跪射者，大多身披鎧甲，穿方口齊頭鞋。立射者，沒有鎧甲，有皮靴。

秦俑身上的鎧甲，以鐵甲為主，還有皮甲、綿甲。編綴方式有固定甲、活動甲兩種，胸前和背後多為固定甲。編綴方式是上片壓下片，前片壓後片。活動甲多用於肩部、腹部、領子等部位，便於活動，編綴方式是下片壓上片，上下均有帶相連。

（二）嬴秦人的飲食

《呂氏春秋‧審時篇》記載了當時主要的六種作物：禾、黍、稻、麻、菽、麥。《任地篇》中還記載有大麥。

〔註93〕《漢書‧百官公卿表上》、《通典》職官八。
〔註94〕司馬遷：《史記‧秦始皇本紀》，中華書局1959年版。
〔註95〕《續漢書‧輿服志下》，《晉書‧輿服志》：秦「郊祭之服皆以衣習玄」。
〔註96〕劉占成：《秦俑戰袍考》，《文博》1990年第5期。

菽，在先秦典籍中經常是菽粟並稱，是先秦時期北方主要食糧之一。秦二世元年（前 209 年），「調郡縣轉輸菽粟芻稿」〔註 97〕。

宴飲：文獻記載的秦人的宴飲禮俗很少。考古發掘中，陝西鳳翔彪腳鎮出土的秦宴飲像磚，上面有兩個宴飲者，左手持杯，是不是反映秦人尚左的習俗，這也是僅有的秦人宴飲的記錄。

四、嬴秦人的生產禮俗

《呂氏春秋·季冬紀》有立土牛的習俗：「出土牛，以送寒氣。」估計當時還僅僅是爲了送走寒氣，昭示時令，尚無勸農之意。這一習俗，一直影響到東漢，依然存在，「是月之建丑，丑爲牛。寒將極，是故出其物類形象，以示送達之，且以升陽也。」〔註 98〕

嬴秦政府對農業生產的管理有很嚴格。秦《田律》就規定，從種植作物一直到八月，對受雨的土地、作物的生長狀況都要有及時的書面報告，內容包括受雨和抽穗的面積、已經開墾還沒有耕種的面積、雨量的多少、遭受雨旱澇蟲災害的面積……〔註 99〕後代也有繼承了這一習俗的，春耕秋收都要向國家彙報降雨量，依據旱澇情況，進行祈禳儀式。〔註 100〕

嬴秦時的農業生產還仍然是以家庭爲單位進行的。商鞅變法就規定「民有二男以上不分異者，倍其賦」，孩子結婚後，就要從父母家庭中分出去，另外組成新的家庭，以增加勞動力，也就增加了賦稅收入。

第六節　《日書》中所見的嬴秦禮俗

二十世紀七八十年代，在湖北雲夢睡虎地和甘肅天水放馬灘秦墓中，先後發現了「日書」竹簡。經過整理，成爲了雲夢秦簡「日書」甲、乙種〔註 101〕，放馬灘秦簡「日書」甲、乙種〔註 102〕，內容涉及當時人們的衣食住行，以及

〔註 97〕 司馬遷：《史記·秦始皇本紀》，中華書局 1959 年版。
〔註 98〕 《續漢書·禮儀志中》劉昭注引《月令章句》。
〔註 99〕 睡虎地秦墓竹簡整理小組：《睡虎地秦墓竹簡·秦律十八種·田律》，文物出版社 1978 年版。
〔註 100〕 《續漢書·禮儀志上》。
〔註 101〕 主要版本有《雲夢睡虎地秦墓》釋文部份《日書》，文物出版社 1981 年版；《睡虎地秦墓竹簡·日書》，文物出版社 1990 年版。
〔註 102〕 《天水放馬灘秦簡甲種〈日書〉釋文》，《秦漢建都研究論文集》甘肅人民出

思維方式、行爲特徵等。

　　《日書》是古代以時、日推斷吉凶禍福的占驗書。掌管占驗的人稱爲「日者」，《史記》裏還專門有《日者列傳》，就是給這些人作的傳記。

　　和東方諸國學術思想出自「思想家」、「哲學家」不同的是，秦簡「日書」反映的恰恰是「中下層人們」占候時日、推演吉凶的記錄。這也是嬴秦很明顯的禮俗特徵。

　　學術界有人著文認爲，「書」、「禮」都是人類文明進步的象徵，而在《日書》中都只有出現一處，還認爲，「盜」是經濟、文化落後的必然產物，在《日書》中倒是出現了二十多次，並依此斷定「秦人的文化水準相當落後」〔註103〕。其實，「禮」作爲人類文明的標誌，也是當時以周爲代表的山東諸國的標準，「盜」字的出現也不能就簡單地認爲是落後的產物，《日書》中有這樣的記載恰恰是反映了當時嬴秦社會中下層人們的眞實生活水準和生活狀況，是嬴秦人禮俗的最眞實的反映。

一、《日書》中所見的嬴秦日常生活禮俗

　　《日書》中對嬴秦人的衣食住行這樣的日常生活禮俗多有記載，比如經常出現「短褐」〔註104〕的字樣，秦簡《金布律》中還有這樣的記載：囚犯沒有衣服可以來做「褐衣」。

　　《日書》甲種《除》篇載：「寇，制車，折衣常，服帶吉。」

　　《稷辰》載：「可取婦，家女，製衣常。」

　　《衣》載：「製衣，丁丑媚人，丁亥靈，丁巳安於身，癸酉多衣。」

　　《日書》中還有很多「衣」的良忌日的記載，對於什麼時候製作衣服，什麼時候穿衣什麼時候帶冠都有很多的規定。

　　《睡虎地秦墓竹簡》：「人奴妾居贖責於城旦，皆赤其上衣。」〔註105〕「衣

　　　　版社1989年版。放馬灘秦簡《日書》乙種還沒有公開發表，僅見於何雙全《天水放馬灘秦簡綜述》（載《文物》1989年第2期）有些許徵引。

〔註103〕王桂均：《〈日書〉所見早期秦俗發微》，《文博》1988年第4期。

〔註104〕《史記・秦始皇本紀》「索隱」引趙岐曰：「『褐以毛氄織之，若馬衣。或以褐編衣也』。袉，一音豎，蓋謂褐布豎裁，爲勞役之衣，短而且狹，故謂之短褐，亦曰豎褐。」

〔註105〕睡虎地秦墓竹簡整理小組：《睡虎地秦墓竹簡・秦律十八種・司空律》，文物出版社1978年版。

赤衣，冒赤氈」〔註106〕，可以看出嬴秦人當時的服飾禮俗情況。《漢書‧刑法志》也說，秦二世時，「赭衣塞路，囹圄成市」，犯了罪要穿赭色的衣服。

秦簡中還有很多飲食禮俗的記載，秦簡《日書》甲種有「秀利飲食」（32正），「敫不可飲食」（38正）的規定。當時嬴秦人還有美酒，是用米釀的酒，「漬米爲酒，酒美」（簡842），生孩子也都要喝酒慶祝，「丁酉生子，耆酒」（簡872），還要多喝，「白肥豚，清酒美，白粱到」（簡739）。

雲夢秦簡記載，秦代一個里，一個士伍被同里人認爲有「毒言」，在宴飲時，人們都「莫肯」與之「共杯器」〔註107〕。

（一）婚姻禮俗

秦簡《日書》中有關婚姻嫁娶的材料是很豐富的。

首先就是婚嫁的日期、時間的選擇要有吉日和吉時，否則會有不好的結果的。同時，在說到是否適宜於嫁娶的時日時，往往還和歷史上著名的神話傳說聯繫在一起，包括禹娶塗山氏、織女與牽牛、女媧等等。

而婚嫁對象的容貌、品行，也是《日書》中經常能看到的，看來當時的人們還是很關注這一點的，從中也可以看到當時人們的擇偶標準和日常審美觀念。

睡虎地秦簡《日書》說，若非在吉日結婚，將導致夫死、妻亡、離異、貧困、妻子嫉妒等一系列後果；如果在吉日結婚的話，則會福氣恩愛。「家子、取婦」，「大吉」（6正貳）。「凡忍日，可以取婦、家女」（136正捌）。尾「不可取妻」（73正壹）。

睡虎地秦簡《日書》乙種：「正月七月朔日，以出母（女）娶婦，夫妻必有死者。」「凡月望，不可娶婦嫁女，人畜生（牲）。」

睡虎地秦簡《日書》中，還記有不能結婚的日子。甲種云：丁丑、己丑「取妻，不吉」（155正）。

《日書》中記載的春季婚嫁的吉日有十三例，不吉日有六例。夏季吉日有三例，不吉日有三例。秋季的吉日有八例，不吉日有七例。冬季的吉日有十一例，不吉日是五例。

〔註106〕睡虎地秦墓竹簡整理小組：《睡虎地秦墓竹簡‧城旦舂》，文物出版社1978年版。

〔註107〕睡虎地秦墓竹簡整理小組：《睡虎地秦墓竹簡‧封診式》，文物出版社1978年版。

　　嬴秦時，婚外的性行為是要受到道德譴責，還要受到法律的制裁。《睡虎地秦墓竹簡·封診式》：「某里士五甲詣男子乙、女子丙。告曰：乙、丙相與奸，自晝見某所，捕校上來詣之。」男女通姦，被人發現後送往官府。

　　睡虎地秦簡《日書》甲種127正～129正記載了交合的禁日：正月上旬午日、二月上旬亥日、三月上旬申日、四月上旬丑日、五月上旬戌日、六月上旬卯日、七月上旬子日、八月上旬巳日、九月上旬寅日、十月上旬未日、十一月上旬亥日、十二月上旬酉日。這些日子赤帝降災百姓，違禁妄行，「其央不出歲中，大小必至」，「不出三月，必有死亡之志至」。

　　在嬴秦，離婚是要辦理手續的。《睡虎地秦墓竹簡·法律答問》：「棄妻不書，貲二甲。其棄妻亦當論不當，貲二甲。」假如不辦理手續，罰款「二甲」也可以，東方諸國尚沒有這樣的記載。

　　秦代法律還規定：「夫死而自嫁，取者無罪。」〔註108〕

　　《日書》中記載的嬴秦人的婚禮也沒有中原「周禮」中問名、納采、納吉、請期、親迎、入門這樣的「繁文縟節」，也顯示出嬴秦人婚姻上功利性很強的特點。

　　「牴祠及行出入貨吉，取妻，妻貧，生子巧。」（簡779）

　　「心，不可祠及行，凶，可以行水，取妻，妻悍，生子，人愛之。」（簡801、995）

　　「取妻，妻多舌，生子，貧富半。」（簡803、997）

　　「取妻，妻妍，生子，子為吏。」（簡991）

　　把娶妻和生子聯繫起來，而且注重生育質量，和以後所生的孩子的前程放在一起，和山東六國相比，婚姻的功利性是其特徵。

（二）生育禮俗

　　嬴秦人很在意生子的時間。睡虎地秦簡《日書》中對哪一天生孩子，生的是男是女都是很有講究的。認為不同時間出生的人，會有不一樣的未來。比如《日書》甲種第147簡正陸：「辛未生子，肉食。」就是說辛未日生子，就可以做官「肉食」。

　　這一類的記載還有：

　　「生子必有爵」（雲夢簡799）

〔註108〕江陵張家山漢簡整理小組：《江陵張家山漢簡〈奏讞（yan）書〉釋文》，《文物》1993年第8期。

「生子爲大夫」（雲夢簡 805）

「生子爲大吏」（雲夢簡 810）

「生子爲吏」（雲夢簡 811）

「生子爲邑桀」（雲夢簡 822）

「生子肉食」（雲夢簡 877）

「生子必駕」（雲夢簡 824）

「己巳生子鬼，必爲人臣妾」（雲夢簡 874）

和山東諸國相比，「秦人愛小兒」更爲著名。秦人對小孩的前程，據《日書》所載，就有很高的寄予，在社會地位上，要有「貴」；經濟收入上，要有「富」，身體上，要「良」、「壽」，武備上，要「武」、「巧」；道德上，要「孝」、「聞」……

對所生小孩的未來也有吉凶預測。如丙子日出生的孩子，就會因嗜酒而生病，後半生會很富裕。

嬴秦人對小孩出生時頭的朝向也有自己的說法。《日書》乙種：「凡生子北首西鄉，必爲上卿，女子爲邦君妻。」（248）「生東鄉者貴，南鄉者富，西鄉壽，北鄉者賤，西北鄉者被刑」（76 貳）。後代也有類似的記載。

生一個孩子最大的願望就是做一個官，還不是很大，最大也就是有爵位，就是「大夫」，還有的是「必駕」，這就是一個普通老百姓的願望，反映的就是普通老百姓的心聲。從這裡可以看出來，《日書》就是嬴秦社會中普通老百姓的生活用書。

反映了嬴秦社會一以貫之的「重功利，輕仁義」的禮俗。

睡虎地秦墓竹簡《日書》甲種，專門有《生子》篇。

如己未生子「吉」（145 正伍），丙子生子「不吉」（142 正壹）；

甲戌生子，「飲食吉」，乙未生子，「有疾，少孤，後富」（141 正三）；

癸丑生子，「好水，少疾，必爲吏」（149 正肆）；

戊寅生子，「去父母南」（144 正南）；

癸亥生子，「毋冬」（149 正伍）。

嬴秦很重視小孩的成長，並有法律規定。秦律規定：「擅殺子，黥爲城旦舂。」父母不能因爲無法撫養孩子，就擅自殺死他。

另外，還不能對孩子隨意進行刑罰，擅自刑、髡、笞孩子的，都構成犯罪。

父母犯罪服刑的，其子女要給予一定照顧。秦律規定：隸臣完爲城旦，收其子、妻，「子小不可別，弗買其母」，「從母爲收」。

失去雙親的孩子，社會要承擔救濟責任。父母離異、重組家庭後，對孩子的暴力行爲，秦律也有相應的規定。「人奴妾治子，子以月古死」，要在額頭和顴骨刺字，對平民中的「擅殺、刑、髡其後子」，也要進行偵查。〔註109〕

秦簡《日書》中有關婚姻和生育禁忌的篇目有，甲種的「除」、「秦除」、「稷辰」、「玄戈」、「星」、「到室」、「生子」、「人字」、「取娶」、「作女子」、「吏」、「詰」、「盜者」等篇，乙種有首篇、「除」、「秦」、「雞日」、「正月」、「官」、「三月」、「四月」、「五月」、「六月」、「七月」、「八月」、「九月」、「十月」、「十二月」、「除室」、「家子」、「不可取妻」、「生」等篇。內容涉及夫妻離異的、家庭成員亡故的、夫妻感情不好的、沒有子嗣的、妻子從事巫的職業的等等〔註110〕。

睡虎地秦簡《爲吏之道》記載，「爲人父則茲，爲人子則孝」，「父慈子孝，政之本也」，「除害興利，慈愛萬性」，「孤寡窮因，老弱獨轉，均繇賞罰，傲悍暴」。

《法律答問》：「毆大父母，黥爲城旦舂」，「免老告人以爲不孝，謁殺，當三環之不？不當環，亟執勿失」。

「子告父母，臣妾告主非公室告，勿聽。可謂非公室告。主擅殺、刑、髡其子、臣妾，是謂非公室告，勿聽，而行告，告者罪。」

這裡一方面說的是嬴秦含有儒家的思想，另一方面也說明了嬴秦有了比較完整的對待老人的辦法了。以前有的學者認爲，秦尚武好戰，不會有尊老的習慣〔註111〕，看來還是值得商榷的。

（三）生病禮俗

《日書》中還有很多關於生病的記載。僅就雲夢秦簡《日書》甲篇中，

〔註109〕均見睡虎地秦墓竹簡整理小組：《睡虎地秦墓竹簡‧法律答問》，文物出版社1978年版。

〔註110〕吳小強的《秦人婚姻家庭生育觀念新探》一文（載《中國史研究》1989年第3期），詳細介紹了《日書》中娶妻生子，以及其間的吉凶禍福，文後還列有詳細的表格，一一列舉。此不贅述。

〔註111〕高成鳶：《中華尊老文化探究》，中國社會科學出版社1999年版，第121～122頁。

就有十五篇是關於生病的〔註112〕。

雲夢秦簡《日書》（甲）《病》篇就是按日期和十幹用來占卜疾病的病源、病癒時間等內容的。

《日書》在提到人生病的原因時，經常說到人們所處的環境和所吃的食物引起的，看來當時的人們認爲兩者之間是存在著一定的聯繫的。

比如：「甲乙有疾，父母爲祟，得之於肉，從東方來，裏以漆器。戊巳病，庚有間，辛酢，若不酢（簡68正貳），煩居東方，歲在東方，青色死。（簡69正貳）」意思是說：甲乙日生疾，其病源在於父母作祟，是因爲吃了肉，這些肉來自於東方，而且是用漆器盛裝的。到戊巳日，其病稍加重，到庚日病情好轉，到辛日將痊癒，如果還不能痊癒，就不能居住在東方了，因此時歲在東方，青色當死。

這是用五行學說結合了天干來進行疾病占卜的方術，這種理論在中原地區要到戰國秦漢間才流行開來，或者說，到那個時候，才傳到中原地區。

《雲夢睡虎地》《日書》（乙）裏專門有《有疾》篇目，其內容與《日書》（甲）《病》篇大致相同。

《睡虎地秦簡》《日書》（乙）還有一種日常生活的占卜系統，是以十二地支來排列的，占卜的內容包括方位吉凶、朝啓夕閉、出入吉凶等，還包括疾病吉凶：

子以東吉，北得，西聞見凶，朝啓夕閉，朝兆不得，晝夕得。以入，見疾。以有疾，辰少瘳，午大瘳，死生在申，黑肉從北方來，把者黑色，外鬼父世爲眚，高王父譴謫，豕……。（簡157～158）

在嬴秦那裡，人一旦死了，下葬日期的選擇也是有規定的，這在《日書》中也有反映。

睡虎地秦簡《日書》甲種30正貳至31正貳記載，喪葬禁日和死亡的時間有關：「葬日，子卯巳酉戌，是謂男日。午未申丑亥辰，是謂女日。女日死，女日葬，必復之。男子亦然。凡丁丑不可以葬，葬必參。」

睡虎地秦簡《日書》乙種191貳云：「辰不可以哭。」

（四）建房禮俗

睡虎地秦簡《日書》中專門有「相宅」篇，講的就是拆除舊房屋、建造

〔註112〕參見王子今：《睡虎地秦簡日書甲種病篇釋讀》，《秦文化論叢》（第十輯），三秦出版社2003年版。

新宅、安門、入住，以及和房屋有關的修倉庫、造廁所、移徙、塞穴、鑿井等等，都要選擇吉日。

《睡虎地秦墓竹簡・封診式・封守》記載一個被查封的士伍的房屋是「一宇二內，各有戶」。宇就是客廳，內即為臥室。

《睡虎地秦墓竹簡・封診式・穴盜》記載，民宅的北垣距離小堂約一丈，東垣距離房間約五步，「垣高七尺」。

建房時間選擇的禁忌。

《日書》中對什麼時候建房，都是有規定的，也有很多的禁忌。

秦簡第 96 正貳～99 正貳載，從春季到冬季，依次不能建造東、南、西、北朝向的房屋，否則「必有死者」。

第 102 正壹載，春三月庚辛、夏三月壬癸、秋三月甲乙、冬三月丙丁，都不能修建住宅，否則，男主人就要患重病，或者就要死亡。其他的忌日還有丁亥、戊戌日（150 背）、冬三月三日（142 背）等。

住宅的不同部位在建築時間也有不同的禁忌。第 100 正就記載了「凡為室日，不可以築室。築大內，大人死。築右土耳，長子婦死。築左土耳，中子婦死。築外垣，牛羊死。」

房屋的結構、形制、周圍的環境，還會對主人的命運產生影響，什麼結構的房屋，人住了就能富貴，又有什麼樣的房屋，人住了就會生病等等，規定得都是很具體的，也應該是嬴秦人經驗的總結。這也是現在很多人認為的，《日書》就是古代的堪輿術（風水）書的緣故，其實就是嬴秦人自身特有的一種禮俗而已。

這在睡虎地秦簡《日書》中有很多的記載。甲種簡 15 背壹～23 背貳：「凡宇最邦之高，貴貧。宇最邦之下，富而病絳。宇四旁高，中央下，富。宇四旁下，中央高，貧。宇北方高，南方下，毋寵。宇南方高，北方下，利賈市。宇東方高，西方下，女子為正。宇有要，不窮必刑。宇中有谷，不吉。宇右長左短，吉。宇左長，女子為正。宇多於西南之西，富。宇多於西北之北，絕後。宇多於東北之北，安。宇多於東北，出逐。宇多於東南，富，女子為正。道周環宇，不吉。祠木臨宇，不吉。垣東方高西方之垣，君子不得志。」

房屋的形制、方位等對主人、家人的地位、財富、健康的影響一應俱全，類似於後世的堪輿術。

此外，嬴秦人沐浴，也要選擇良日吉時。睡虎地秦墓竹簡《日書》甲種

云：「毋以卯沐浴，是謂血明。」（104 正貳）在發現的嬴秦封泥中也有「尚浴」、「尚浴府印」的，看來都是服務於宮室的浴官。〔註113〕

廁所的選擇。睡虎地秦簡《日書》乙種有說「圂忌日，巳丑爲圂廁，長死之；以癸丑，少者（188 貳）死之。其吉日，戊寅、戊辰、戊戌、戊申（189 貳），凡爲屏圂，必富（190 貳）。」

二、《日書》中所見嬴秦的生產禮俗

嬴秦時的農業生產還仍然是以家庭爲單位進行的。自商鞅變法，規定「民有二男以上不分異者，倍其賦」，孩子結婚後，就要從父母家庭中分出去，另外組成新的家庭。

嬴秦人的多神崇拜在生產禮俗中體現出來的就是對土地神的崇拜。從睡虎地秦簡《日書》記載的土地神有三土神（乙種簡 145）、田亳主、田大人（甲種 149 背）。

嬴秦政府對當時屬地內的農業生產有著很嚴格的管理。

睡虎地雲夢秦簡中就對作物從下種一直到八月都作了詳細而又具體的規定。比如，對受雨的土地、作物的生長狀況要有及時的書面報告，內容包括受雨和抽穗的面積、已經開墾還沒有耕種的面積、雨量的多少、遭受雨旱澇蟲災害的面積……〔註114〕後代繼承了這一習俗，春耕秋收都要向國家彙報降雨量，依據旱澇情況，進行祈禳儀式。〔註115〕

秦人對穀物的種植也有「忌日」和「良日」之分。睡虎地秦簡《日書》甲種：「禾忌日：稷龍寅，秫丑，稻亥，麥子、菽、荅卯，麻辰，葵癸亥，各常□忌，不可種之及初獲出入之。辛卯不可以初獲禾。」（18 正三至 23 正三）

「禾良日：巳亥，癸亥，午酉，五丑。」（17 正三）

「田忌：丁亥，戊戌，不可初田及興土攻。」（150 背）

「五種忌：禾及寅禾，甲及子麥，乙巳及丑黍，辰麻，卯及戌叔，亥稻，不可以始種及獲賞，其歲或弗食。」（151 背～152 背）

《日書》乙種簡 64「五穀龍日」補充了「壬辰瓜」。

〔註113〕路東之：《秦封泥圖例》，《西北大學學報》1997 年第 1 期。
〔註114〕睡虎地秦墓竹簡整理小組：《睡虎地秦墓竹簡·秦律十八種·田律》，文物出版社 1978 年版。
〔註115〕《續漢書·禮儀志上》。

天水放馬灘秦簡《日書》也有五種禁忌，內容略同。〔註 116〕

除了農業生產，在畜牧業方面，嬴秦人信奉與牲畜有關的各種神靈。

睡虎地秦簡《日書》甲種 156 背至 160 背就有一篇標題就爲「馬禖」：「祝日：先牧日丙，馬禖合神。東鄉南各一馬□□□□中土，以爲馬禖，穿壁直中，中三朡（156 背），四廄行：大夫先放兒席，今日良日，肥豚清酒美白粱，到主君所。主君筍屏詷馬，驅其央，去其不羊，令其□耆……」馬禖，整理小組釋爲祈禱馬匹繁殖的祭祀。

睡虎地秦簡《日書》乙種 66-76 壹有關於六畜使用的良、忌日的規定。

秦簡中還有與樹木有關的巫術禁忌。甲種簡 109 正貳：「毋以木斬大木，必有大英。」

簡 124 正三：「未不可以澍木，木長，澍者死。」

乙種簡 66-67：「木良日，庚寅、辛卯、壬辰，利爲木事。其忌，甲乙榆、丙丁棗、戊巳桑、庚辛李、壬申漆。」

《睡虎地秦簡竹簡·田律》：「春二月，毋敢伐材木山林。」

三、《日書》中所見的嬴秦以自然神爲主的多神崇拜

《日書》是嬴秦人以時、日推斷吉凶禍福的占驗書，裏面更多的是反映秦人的宗教信仰的材料。

秦人認爲，神是處在上帝和人類之間的，代表著上帝在人類行使權力，所以人和神之間是可以相通的。

秦人看來，人死了，靈魂是不會昇天的，還是會在人們的身邊的，仍然需要吃飯睡覺，雲夢秦簡《日書》簡 867 反面：「鬼嬰兒恒爲人號曰鼠我食」，簡 834 反面：「鬼恒執匵以入人室曰氣我食」。各種鬼都和他們生前的特徵和遭遇有著聯繫的，他們實際上就是在另一個世界上的「人」。〔註 117〕

而在中原的人看來就不是這樣的。比如殷商人，認爲人死了就會昇天，自己的祖先也會被冠以「帝」的稱謂，叫作「帝乙」、「帝辛」等等；周人也認爲人的魂、魄是可以分離的，「魂氣歸於天，形魄歸於地」。即使後來到了春秋戰國時代的楚國也認爲靈魂是可以和自己的身體分開的，一旦人死了，

〔註 116〕何雙全：《天水放馬灘秦簡綜述》，《文物》1989 年第 2 期。
〔註 117〕陳春慧：《秦人靈魂觀與秦始皇帝陵》，《秦文化研究》（第四輯），西北大學出版社 1996 年版。

其靈魂就會離開身體，可以昇天入地，可以去東南西北任意的地方。從楚墓中出土的帛畫中就有靈魂昇天的例子。另外在長沙東郊陳家山楚墓出土的帛畫上還有女子站在月亮上，前面有龍鳳飛翔昇天的形象，都表明了靈魂昇天的例子。

嬴秦人恰認爲人死後靈魂仍然在爲人服務，因此，對待各種神鬼多採取現實、功利和實用的原則。

從雲夢秦簡《日書》中可見秦人與周人相反，對祖先神並不重視，卻盛行自然神崇拜。

（1）鬼怪神靈。《日書》中鬼神以自然界的各種鬼怪神靈最多，就雲夢秦簡《日書·詰咎》篇中有「神狗」：「犬恒夜入室，執丈夫，戲女子，不可得也，是神狗僞爲鬼。」

《日書》《詰咎》裏記載的鬼怪就有四十多種，有的鬼十分暴虐，如「刺鬼」、「凶鬼」、「厲鬼」、「暴鬼」，有的鬼又很可憐，如「哀鬼」、「夭鬼」、「鬼嬰兒」、「哀乳之鬼」、「餓鬼」、「不辜鬼」。

《日書》《詰咎》：刺鬼對人「攻之不已」，「鬼恒從人女，與居，曰：上帝子下游」，「鬼恒胃人：鼠我而女。不可辭。是上神下取妻，……五來，女子死矣」。在嬴秦人眼裏的鬼是可以迷惑人、「善戲人」的，甚至還能置人於死地。

《日書》《詰咎》：棘鬼出現，「室人皆疫，或死或病」，能引發瘟疫，人得了有的就死了，有的就生病了。放馬灘秦簡《日書》，正月丙子雨，「鬼神北行，多疾」〔註118〕。《日書》《詰咎》「人臥而鬼夜屈其頭」，這些病還都是疑難雜症。

《日書》《詰咎》：凶鬼「恒夜鼓人門，以歌若哭」，遊鬼「恒逆人入宮」，「人毋故室皆傷，是粲迗之鬼處之」，干擾人們正常生活。

《日書》《詰咎》：「人之六畜毋故而皆死，今鬼之氣入焉。」暴鬼「恒襄人之畜」。不僅會傷人，還能傷害到牲畜。

嬴秦人不僅知道有鬼，知道鬼有這些危害，還知道人們是可以防止鬼的危害的，「人妻妾若朋友死，其鬼歸之者，以莎茅、牡棘枋，熱以寺之，則不來矣」。

（2）生活神、室戶五祀神。《日書》乙種簡中有「祠室中日」、「祠戶日」、

〔註118〕何雙全：《天水放馬灘秦簡綜述》，《文物》1989 年第 2 期。

「祠行日」、「祠口〔竈〕日」等。可見秦代有室、戶、門、行、竈等與人們日常生活有關的五祀。

（3）自然神，《雲夢秦簡》《日書》甲種專門有《歲》：

刑夷、八月、獻馬，歲在東方，以北大羊（祥），東且亡，南遇英（殃），西數反其鄉。

夏夷、九月、中夕，歲在南方，以東大羊（祥）南且亡，西禺（遇）英（殃），北數反其鄉。

紡月、十月、屈夕，歲在西方，以南大羊（祥），西且亡，北禺（遇）英（殃），東數反其鄉。

七月爨月、援夕，歲在北方，以西大羊（祥），北且亡，東禺（遇）英（殃），南數反其鄉。

列舉了「歲」在東、西、南、北四方時的禍福。

此外，《日書》中還有《星》，還提到了二十八宿：

斗，利祠及行賈、賈市，吉。取妻，妻爲巫。生子，不盈三歲死。可以攻伐。

牽牛，可祠及行，吉。不可殺牛。以結者，不擇（釋）。以入【牛】，老一，生子，爲大夫。

胃，利入禾粟及爲囷倉，吉。以取妻，妻愛。生子必使。

卯，（昴），邋（獵）、賈市，吉。不可食六畜。以生子，喜（斗）

畢，以邋（獵）置罔（網）及爲門，吉。以死，必二人。取妻，必二妻。不可食六畜。生子，〔病生〕。亡者，得。

此（觜），百事凶。可以（徵）人攻讎。生子，爲正。

東井，百事凶。以死，必五人死；以殺生（牲），必五生（牲）死。取妻，多子。生子，旬而死。可以爲土事。

輿鬼，祠及行，吉。以生子，可以送鬼。

【柳】，百事吉。取妻，吉。以生子，肥。可以寇，可請謁，可田獵。

翼，利行。不可臧。以祠，必有火起。取妻，必棄。生子，男爲見，【女】爲巫。

反映了雍時代的嬴秦的民間信仰。

此外，嬴秦人在《日書》中的主要神還有星神（「天神」、「上神」）、土地神（「社神」、「大神」、「下神」、「土神」、「土皇」）、山川神。上帝天神系統。

《日書》中有「帝」、「上皇」、「天」等天神中的主神。

（4）動物神，主要有六畜神、妖神。睡虎地秦簡《日書》甲種156背～160背就有一篇標題就爲「馬禖」：「祝曰：先牧日丙，馬禖合神。東鄉南各一馬□□□□中土，以爲馬禖，穿壁直中，中三朡（156背），四廄行：大夫先牧兒席，今日良日，肥豚清酒美白粱，到主君所。主君笱屏詞馬，驅其央，去其不羊，令其□耆……」馬禖，整理小組的專家們釋爲祈禱馬匹繁殖的祭祀。

（5）人物神。

（6）祖先崇拜，《日書》中也有和中原周人一樣的祖先神崇拜。睡虎地秦簡《日書》甲種78正貳說，「良日」祭祀父母「不出三月有大得」，一般百姓通過祀祖來得到祖先的福祉，本來在山東諸國是很神聖的祖先信仰在嬴秦人這裡就被注入了世俗的內容。

（7）土地神，睡虎地秦簡《日書》記載的土地神有三土神（乙種簡145）、田亳主、田大人（甲種149背）。

另外還有大量的星辰風雨等神，如《日書》中有「帝」、「上皇」、「天」等天神中的主神。

簡830：「毋以子卡筮害於上皇」；

簡858：「鬼恆從人女與居，曰：上帝子下游」，這裡就是秦人的上帝神。

簡889：「壬申，癸酉，天以震高山」；

簡749：「天以壞高山，不可取婦」，這就是秦人的天神。

另外還有大量的星辰風雨等神，如《日書》甲種《玄戈》與《星》兩篇中有心、危、營室、畢、此〔觜〕張、翼、斗、婁、虛、房、胃、柳、七星、須女、牽牛、亢、奎、東井、輿鬼、氐、參、尾、箕、東壁、昴、軫、玄戈、招搖等星宿神靈。在《日書・詰》篇中有天火、雷、雲氣、票〔飄〕風、恙氣等自然界中的天神系統的神靈。

除此之外還有土地山川、動植物鬼神。所有這些都屬於自然神崇拜的神靈，顯而易見，這與周人神權崇拜的特點是截然不同的。

四、《日書》所見嬴秦人出行禮俗

嬴秦人在出行禮俗上也有很多的規定和說法。在睡虎地秦簡和放馬灘秦簡《日書》中有專門說移徙吉凶方位的，有專門說六十甲子日出行時的吉凶

的，有專門說十二支日出行時吉凶方位的，有專門說長時間在外時的禁忌的，還有每個月出行的忌日以及遠行後回家的具體忌日等等。

首先是對出行的日子的規定。睡虎地秦簡《日書》甲種說：正月丑日、二月戌日、三月未日、四月辰日、五月丑日、六月戌日、七月未日、八月辰日、十月戌日和丑日、十一月未日、十二月辰日，這些日子「不可以行，不吉」（134 正），「丁卯不可以船行」（97 背貳），「六壬不可以船行」（98 背貳）。

天水放馬灘秦簡《日書》也有類似的記載。「執日，不可行，行遠必執而於公」，「凡黔首行遠役，毋以甲子、戊辰、丙申，不死必亡」，「千里之行，毋以壬戌、癸亥」〔註 119〕。

歸來也有禁忌。正月初七、二月十四日、三月二十一日、四月八日、五月十六日、六月二十四日、七月九日、八月十八日、九月二十七日、十月十日、十一月廿日、十二月卅日，這些日子「在行不可以歸，在室不可以行，是大凶」（107 背～108 背）。

出行的吉日則有：「禹須臾：戊巳丙丁庚辛旦行，有二喜；甲乙壬癸丙丁日中行，有五喜；庚辛戊巳壬癸餔時行，有七喜；壬癸庚辛甲乙夕行，有九喜。」（135 正）

「祠行良日，庚申是天昌，不出三歲必有大得。」（79 正貳）

出行的形式、方向和行程的禁忌。

「凡民將行，出其門，毋敢顧，毋止。直述，吉，從道右吉，從左咎。少顧是胃少楮，咎；大顧是胃大楮，凶。」（130 正）

睡虎地秦簡《日書》乙種也有出門行禹步後「上車毋顧」（107 貳）的說法。

「毋以辛壬東南行，日之門也。毋以癸甲西南行，日之門也。毋以乙丙西北行，星之門也。毋以丁庚東北行，辰之門也。」（132 正）

「凡春三月己丑不可東，夏三月戊辰不可南，秋三月己未不可西，冬三月戊戌不可北。百中大凶，二百里外必死。歲忌。」（131 正）

出行前，還可以通過一些辦法，去除災禍。睡虎地秦簡《日書》甲種 111 背、112 背記載：「行到邦國困，禹步三，勉壹步譴皋，敢告曰：某行毋咎，先為禹除道，即五畫地，掑其畫中央土而懷之。」「禹步」是怎樣的，沒有具體說清楚，由於時代久遠的關係，別的史籍上也沒有記述，應該就是一些去

〔註 119〕何雙全：《天水放馬灘秦簡綜述》，《文物》1989 年第 2 期。

災術吧。

放馬灘秦簡《日書》:「禹須臾。臾臾行,得擇日,出邑門,禹步三,向北斗質畫地,視之日:禹有直五橫,今利行,行毋咎,爲禹前除得吉。」〔註120〕

出行前還要進行祭祀。睡虎地秦簡《日書》乙種就有記錄出行前祠道的儀式:「行行祠:行祠,東行南,祠道左;西北行,祠道右;其號日,大常行,合三土皇,耐爲四席。席桼,其後,亦席三桼。其祝。」(145)「日:毋王事,唯福是司,勉飲食,多投福。」(146)

五、《日書》中所見嬴秦的擇吉禮俗

《日書》中還記載了嬴秦人幾乎是在做任何事情的時候都要「擇吉」。

嬴秦人在以《日書》爲代表的各種禮俗中所表現出來的擇吉禮俗,屬於信仰習俗,對於所作的每一件事都直接標明是吉或是凶,是宜或是忌,表示自己的目的就是爲了趨吉避凶,和嬴秦民族的其他禮俗特徵一樣,突出表明了其功利性。

嬴秦人的擇吉禮俗還同時又是一種數術,形成了一種亦俗亦術的特徵。這一特徵和戰國時期開始形成的五行理論之間開始有了某種關係,如睡簡、放簡《日書》中都有「五行生剋」、「五行配四方」、「五行之數」、「五行窮絕」、「五行擊衝」、「五行無氣」、「三合即五行寄生十二宮」等說法。這些說法就是通過具體的「神煞」體現出來的。

睡簡和放簡《日書》中還記載有剿、殺、四廢、反積(支)、土徽、毀棄、赤帝、到室(即月煞)、啻日、男日、女日等十餘種。因此嬴秦人的擇吉禮俗和五行學說之間的關係還是值得研究的。

擇吉民俗的目的在於趨吉避凶,怎樣才能趨吉避凶,如睡虎地秦簡《日書》甲種載:「春三月毋起東鄉(向)室,夏三月毋起南鄉(向)室,秋三月毋起西鄉(向)室,冬三月毋起北鄉(向)室。有以者大凶,必有死者。」

又說:「以甲子、寅、辰東徙,死。丙子、寅、辰南徙,死。庚子、寅、辰西徙,死。壬子、寅、辰北徙,死。」其實質就是要人們敬天順時。

《日書》中還體現出嬴秦人的尚武、好勇的禮俗,經常出現「武有力」(簡

〔註120〕秦簡整理小組:《天水放馬灘秦簡甲種〈日書〉釋文》,《秦漢簡牘論文集》甘肅人民出版社1989年版。

1137）的記載。還有「乙丑生不武乃工考，丙寅生武聖」（簡 1134）、「丙辰生子有疵於禮而愚（勇），丙寅生子武以聖」（簡 871），什麼時候生孩子有講究，什麼時候出生的還可以做「武聖」，在嬴秦人看來，武也可以成爲「聖」，地位還是很高的，很受到當時人們的重視。

　　嬴秦人尚武不僅表現在出生的時候的擇吉上，出生後，還可以帶劍，「壬辰生子武而好衣劍」（簡 877），「毋以酉臺寇，帶劍」（簡 841），眞正像個武士的樣子。

第七節　秦俑所見嬴秦禮俗特徵

　　自二十世紀七十年代秦始皇陵兵馬俑的發掘以來，不僅爲我們研究嬴秦的歷史提供了很多的實物資料，也爲我們研究嬴秦的禮俗提供了很多方便條件。

　　秦始皇陵的發掘是嬴秦研究中的大事，其中兵馬俑軍陣的方向和嬴秦人的東向是同一方向，有人認爲是秦人東向的一個象徵。而同時發現的銅車馬奔馳的方向，是和兵馬俑軍陣的方向是相反的，學術界有人認爲這是表示死者靈魂乘坐銅車馬，返回秦人初始之地，落葉歸根，日落西方，反應了秦人自身的宗教意識和習慣，應該是嬴秦族的一種特殊的禮俗。

　　在嬴秦禮俗研究上也提供了很多重要的實物材料，最直接的就是兵馬俑的發現，使我們能夠窺見嬴秦人服飾禮俗的概貌。

　　就目前發掘的秦兵馬俑一號坑、三號坑出土的秦俑來看，秦兵馬俑均穿著長至膝部的襦，革帶束腰，右衽交領，內夾絮，緊袖，下穿著袴，服裝的質地好像是細麻。軍服的顏色有朱紅、棗紅、粉綠、天藍、粉紫和褐色，其中以朱紅色爲最多。〔註 121〕

　　秦俑身上的服裝多數設有紐扣，這是我國已知最早的紐扣實物。〔註 122〕

　　這種裝束，在山東六國人看來，就是不同於禮樂文化下的「胡服」，是便於乘騎作戰的。

　　秦俑身上的鎧甲，以鐵甲爲主，還有皮甲、綿甲。編綴方式有固定甲、

〔註 121〕劉占成：《秦俑戰袍考》，《文博》1990 年第 5 期。
〔註 122〕許衛紅：《秦陵陶俑軍服紐扣初探》，《文博》1990 年第 5 期。王學理：《秦侍衛甲俑的服飾和彩繪》，《考古與文物》1981 年第 3 期。

活動甲兩種，胸前和背後多為固定甲。編綴方式是上片壓下片，前片壓後片。活動甲多用於肩部、腹部、領子等部位，便於活動，編綴方式是下片壓上片，上下均有帶相連。

秦俑的武官、士兵、步兵、車兵、騎兵的服裝都有明顯的差異。

武官均頭戴冠，身披鎧甲，有的還有甲胄，加護在胸部和腹部，足穿方口翹頭鞋。

步兵大多梳椎髻〔註123〕，有的穿鎧甲，均有護腿，腳穿方口齊頭鞋。

車兵有的帶冠，有的帶巾幘，身上都有鎧甲。其中駕車者覆膊長及腕部，手上還有護手甲，小腿有護腿，腳穿方口翹頭鞋。車士沒有護腿，腳上是方口齊頭鞋。

騎兵頭戴巾幘，身穿緊身短袍，披齊腰鎧甲，胳膊上沒有護膊，有護腿，腳穿皮靴。

弩兵跪射者，大多身披鎧甲，穿方口齊頭鞋。立射者，沒有鎧甲，有皮靴。

第八節　小　結

本文認為，在統一之前的贏秦社會，並不像中原有些史籍記載的那樣是「虎狼之國」，是「暴秦」，只是其生活方式、生活習慣和東方諸國不一樣而已。其實和贏秦並世的其他諸國也都是存在著差異性的。

本部份具體分析了贏秦禮俗的幾大特徵。

贏秦人在葬俗葬儀主要是曲肢葬、西向墓，早期的時候以長條形豎穴土壙墓為主，戰國中期以後，逐漸發展為豎穴洞室墓。贏秦人原來的「從死」制度，戰國中期以後有比較明顯的改變。贏秦墓中的隨葬器物以鏟形袋足鬲、繭形壺、鍪、扁壺、蒜頭壺為主，特色鮮明。

秦國國君的葬儀主要是：規模宏大，豎長方形陵園，一公一園。墓園形制依然是坐西向東。墓形一直是中字形和亞字形墓。早期秦墓不起封，有享堂，戰國以後始有冢，稱為陵，陵側還起寢。槨室已經是「黃腸題湊」建制，對中原墓葬有很大的影響。

贏秦人在祭祀方面，主要就是時祭。這是贏秦人自身特殊的祭祀方式，

〔註123〕任見庫：《秦俑椎髻初探》，《秦文化論叢》（第八輯），陝西人民出版社2001年版。

在周人的禮俗中至今還沒有能與之對應的祭祀方式。

　　嬴秦人的婚姻特徵。原來在中原史籍記載中認爲嬴秦和戎狄是差不多的，有的甚至就把匈奴，或者別的民族的材料來說明嬴秦的問題，其實在嬴秦還是有自己的特色規定的，早已經就有了「男女之別」。

　　嬴秦人沒有周人的以「親親」、「尊尊」爲代表的宗法特徵，在基層問題上，沒有一定的規律，完全是按照擇善而從的方式選舉的，建立軍功。

　　嬴秦在宗教崇拜上和周人也不完全一樣，信奉以自然神爲主的多神崇拜。

　　本節中還列舉了嬴秦人的軍禮和遊藝。

　　最能代表嬴秦人禮俗特點的就是《日書》，本節專就《日書》所體現出來的嬴秦人的禮俗進行了說明，分別是嬴秦日常生活禮俗、自然神崇拜、生產禮俗、出行禮俗等等，日常禮俗中還詳細列舉了嬴秦人日常生活中的生老病死的各種禮俗習慣。

第五章 結語：嬴秦禮俗和古代社會

第一節 嬴秦禮俗對秦統一的影響

　　如前所述，在嬴秦統一全國以前，儘管以前的歷史書中都會說，「夏商周」的輝煌時期，其實，這段時期，還仍然是一個諸侯國林立的時代。

　　「洎顓頊之所建，帝嚳受定」。

　　「是以建萬國而制九州」。

　　夏后氏「塗山之會，諸侯承唐虞之盛，執玉帛亦有萬國」。

　　「逮湯受命，其能存者三千餘國。」

　　「至周克商，制五等之封，凡千七百七十三國。」

　　「當春秋時，尚有千二百國。」

　　「至於戰國，存者十餘。」〔註1〕

　　這樣的記載，史書上還有很多。即使行政上的統一，也是從嬴秦開始的。秦之統一全國，在全國範圍內，政治上實行了皇帝制，機構上實行了官僚制，在行政上實行了郡縣制，不僅「一法度衡石丈尺。車同軌。書同文字」〔註2〕，對後世的專制主義中央集權體制產生深遠的影響。秦始皇所行之「郡縣之制，垂兩千年而弗能改矣，合古今上下皆安之，勢之所趨，豈非理而能然哉？」〔註3〕此後百代都行秦政。以至於司馬遷在總結了嬴秦歷史後，發出了這樣的感慨：「夫作事者必於東南，收功實者常於西北」〔註4〕。

〔註1〕　《後漢書・郡國志》引《帝王世紀》曰。

〔註2〕　司馬遷：《史記・秦始皇本紀》，中華書局1959年版。

〔註3〕　王夫之：《讀通鑑論・秦始皇》，中華書局1975年版。

〔註4〕　司馬遷：《史記・六國年表》，中華書局1959年版。

即使是如此強大的嬴秦在經過了短短的十五年後居然瞬間就覆亡了。嬴秦政權甫一滅亡，繼來的西漢人就以嬴秦爲鑒，當時總結嬴秦速亡的原因就是「多暴」，認爲嬴秦的暴政導致了其速亡。

「秦取天下多暴，然世異變，成功大。傳曰『法後王』，何也？以其近己而俗變相類，議卑而易行也。學者牽於所聞，見秦在帝位日淺，不察其終始，因舉而笑之，不敢道，此與以耳食無異。悲夫！」〔註5〕

「秦起襄公，章於文、繆、獻、孝之後，稍以蠶食六國。百有餘載，至始皇乃能並冠帶之倫。以德若彼，用力如此，蓋一統若斯之難也。」〔註6〕

之後，以桑弘羊爲代表的政治家們肯定了秦人的政績：

「秦既併天下，東絕沛水，並滅朝鮮，南取陸梁，北卻胡、狄，西略氐、羌，立帝號，朝四夷。舟車所通，足跡所及，靡不畢至。非服其德，畏其威也。力多則人朝，力寡則朝於人矣。」〔註7〕

嬴秦政治局面上是全國統一了。這個統一的局面引起了當時，乃至以後人們很多的思考，「暴秦」之名就是這個時候的產物。隨著後來政權的不穩定，東方諸國舊勢力的復燃，統治思想上也是越來越傾向於法家以外的學術思想。

秦以前的夏商周王朝，雖然名義上是一個統一的朝代，但由於分封制的存在，使得各諸侯國之間、諸侯國和王室之間存在著各自的獨立性，文化上也是各個地方各具特色。

秦統一中國，取消了分封制，實施了中央集權的郡縣制，政治上已經不是像商周那樣的名義上的、鬆散的統一了，也爲文化上的統一奠定了基礎。

嬴秦在統一全國後，遷關東六國貴族豪強到關中，處於秦律的強制中，在全國範圍內，又一風俗，本來就是豐富多彩的六國舊地，一下子要被嬴秦的禮俗所束縛，也就產生了反感。

一方面秦人繼續採取各種措施，吸納東方的各種文化思潮，「悉召文學方術士甚眾」〔註8〕，「悉內六國禮儀，采擇其善」〔註9〕，「禮頗採太祝之祀雍上帝所用」〔註10〕，將天下的富豪遷到咸陽，直接將東方的人口和文明引進

〔註5〕　司馬遷：《史記·六國年表》，中華書局 1959 年版。
〔註6〕　司馬遷：《史記·秦楚之際月表》，中華書局 1959 年版。
〔註7〕　王利器校註：《鹽鐵論·誅秦》，中華書局 1992 年版。
〔註8〕　司馬遷：《史記·秦始皇本紀》，中華書局 1959 年版。
〔註9〕　司馬遷：《史記·禮書》，中華書局 1959 年版。
〔註10〕　司馬遷：《史記·封禪書》，中華書局 1959 年版。

到關中。

秦人對全國禮俗的形成，以及對各地局面的穩定起了積極的作用。

在秦漢之際的大動盪中，南越就是一個明顯的例子，漢高祖在封尉佗爲南越王的詔中說：「粵人之俗，好相攻擊。前時秦徙中縣之民南方三郡，使與百粵雜處。會天下誅秦，南海尉它居南方長治之，甚有文理，中縣人以故不耗減，粵人相攻擊之俗益止，俱賴其力。」〔註11〕

嬴秦的禮俗在中國歷史上具有承上啓下的作用。

從嬴秦起源、建國到秦滅亡，經過夏、商、西周、春秋、戰國以及秦統一幾個階段時期，前後近八百年，嬴秦的禮俗特徵既有吸收西周王室、春秋、戰國時期中原各國禮俗禮制的成分，比如嬴秦人認爲只要是對自己有利的，不僅是法家的東西，別的學說也是可以利用的，對於維護統治有作用的儒家禮制思想也在嬴秦國得到了實施的。所以以前有人以嬴秦人「焚書坑儒」、「以吏爲師」來責難秦，也有人以爲「孔子西行不到秦」而認爲嬴秦是排斥儒家的東西的，其實不然，「至秦有天下，悉內六國禮儀，采擇其善，雖不合聖製，其尊君抑臣，朝廷濟濟，依古以來」〔註12〕，只要是六國中對我有用的，都是會被採納的，爲我所用的。

這種禮俗，不僅表現在能夠看得見的諸如雍城、咸陽這些建築的禮俗上，也不僅表現在採用的是儒家的「禮」還是法家的「刑」，抑或是別的家的東西，更多的是在人們的心理的認同上。

後世多沿用嬴秦的禮俗，比如嬴秦的五德終始，還有嬴秦的封禪大禮，還有嬴秦的多神崇拜：天帝、日月、三辰、五星、二十八宿、風伯、雨師等。只是在統治的政策和統治思想上多有變化而已。

另一方面就是推廣自己的嬴秦文明，將自己的禮俗文明推到東方諸國，實行禮俗上的「行同倫」〔註13〕，至此以後，整個的民族心理上也開始形成了一個完整的統一體，這才是此後兩千年傳承之宗。

漢興，承秦制，「高祖初入關，約法三章曰：『殺人者死，傷人及盜抵罪。』蠲削煩苛，兆民大說。其後四夷未附，兵革未息，三章之法不足以禦奸，於

〔註11〕班固：《漢書・高祖紀》，中華書局1962年版。
〔註12〕司馬遷：《史記・禮書》，中華書局1959年版。
〔註13〕鄭玄注，孔穎達正義：《禮記・中庸》，阮元刻十三經注疏本，中華書局1979年版。

是相國蕭何捃摭秦法，取其宜於時者，作律九章。」〔註14〕在加上出土的《張家山漢墓竹簡》中的「二月律令」來看，當時漢律的出臺幾乎都是繼承了秦律的。而蕭何依秦律所作的《九章律》又成了以後歷朝歷代立法的基礎。以至於明初，丞相李善長還說：「歷代之律，皆以漢《九章》爲宗，至唐始集其成。今制宜遵唐舊。」〔註15〕

在以往的學術界，一方面就像上面所說的，認爲秦律是以後歷代所宗的，嬴秦的很多的以郡縣制爲代表的「秦政」也爲後代所繼承，另一方面，又說嬴秦實施的是「暴政」，這也是嬴秦政權短命、速亡的一個重要的原因，還拿漢初的休養生息和實施黃老的無爲之治作爲這一說法的佐證。

親歷了秦末動亂的陸賈就認爲「秦非不欲治也，然失之者，乃舉措太眾、刑罰太極故也」〔註16〕，暗含這就是正常的法律之外，其他的對東方人管得太多了。司馬遷才會說：「爲術也，因陰陽之大順，採儒墨之善，撮名法之要，與時遷移，應物變化，立俗施事，無所不宜，指約而易操，事少而功多。」主張兼採諸家之長，因爲隨著事物的變化而改變，不能強求一律，「應物變化，立俗施事」，正是指責嬴秦管得太多，而功少，沒有對關東諸國的禮俗給予尊重的結果，現行的政府應該「指約而易操，事少而功多」。正是在這樣的背景下出臺了虛擬的「黃老之學」，因爲這個時候所謂的黃老，不僅僅是原汁原味的道家的東西，實際上是兼採了賈誼、晁錯的申商之學，公孫弘的儒學〔註17〕等等這些在先秦時期水火不相容的諸種學術而成的。

事實上，當時認爲「暴秦」存在的都是東方諸國的貴族的遺老們，他們不甘心自己的失敗，他們認爲嬴秦這樣一個不實施中原禮俗的民族能夠取代中原的政權，是不甘心的。

隨著對嬴秦速亡教訓的總結，後來人越來越認識到民間的「俗」對政權的影響力，嬴秦對禮俗的改革也同時引起了西漢人的關注，「夫移風易俗，使天下迴心而鄉道，類非俗吏之所能爲也。俗吏之所務，在於刀筆筐篋，而不知大體。」〔註18〕正是西漢時期人們對嬴秦政治的思考，最後把其中的原因總結到禮俗上，於是在兩漢之交，及其以後的東漢時期，開始出現了一批諸

〔註14〕班固：《漢書·刑法志》，中華書局1962年版。
〔註15〕張廷玉：《明史·刑法志》，中華書局1974年版。
〔註16〕王利器撰：《新語·無爲》，中華書局1996年版。
〔註17〕司馬遷：《史記·太史公自序》，中華書局1959年版。
〔註18〕班固：《漢書·賈誼傳》，中華書局1962年版。

如《漢書・地理志》、《風俗通義》一類的有關風俗的記述，應該說，這類著述也是對前人的一個總結。

第二節　贏秦禮俗對古代世界中「社會」的影響

　　贏秦統一六國，在全面範圍內施行了一系列的維護統一的政策，其中的郡縣制、皇帝制和官僚制為後來歷代的統治者所津津樂道。贏秦人不僅在政治上實施著有利於統一的政策，在其他方面也試圖沿襲在原來贏秦舊地的、能夠直達基層的一系列的做法，諸如統一文字、法律、曆法、貨幣、度量衡、車輛軌距乃至「行同倫」，修建馳道、直道等全國性道路交通系統和長城等邊境防禦系統。

　　遺憾的是秦王朝的國家權力一直沒有如願，即使後來使用強硬的手段，比如焚書坑儒也沒有全面覆蓋、更沒有深入社會，秦始皇全面干預社會沒有達到原來東向前的目的，最後國家的失敗就是因為贏秦對基層社會的干預不夠造成的。

　　秦王朝雖然短暫，它留給後世的專制主義中央集權體制卻傳諸久遠，自漢開始人們就開始進行反思，「社會」是一隻看不見的手，往往左右著國家的選擇，即使如強大的贏秦在它的面前也要試圖協調好它與國家之間的關係，治理國家的方式僅靠強大的軍事力量遠遠不夠，到了兩漢之交，人們已經認識到了這一點，意識到了禮俗對於國家的重要，認識到了基層社會對於政治、國家的影響，反過來國家怎樣干預社會、如何協調好國家與社會關係成了以後統治者們心中永遠的課題，這也是贏秦禮俗留給後人的思考。

　　從這個角度來說，本文的研究還僅僅是一個開始，至少是提出了自己的思考，以後的路還很長。我們相信，只要不先存結論，不預設前提，以客觀的科學的態度研討贏秦的禮俗變遷及在和中原禮樂文化的相互交融中的社會與國家，及由此引發的思考，相信會有新的發現。

主要參考文獻

一、基本文獻

1. 王弼、韓康伯注，孔穎達正義：《周易正義》，阮元刻十三經注疏本，中華書局 1979 年版。
2. 李道平：《周易集解纂疏》，中華書局 2002 年版。
3. 孔安國傳，孔穎達正義：《尚書正義》，阮元刻十三經注疏本，中華書局 1979 年版。
4. 孫星衍：《尚書今古文注疏》，中華書局，1988 年版。
5. 顧頡剛、劉起釪：《尚書校釋譯論》，中華書局 2005 年版。
6. 毛公傳，孔穎達正義：《毛詩正義》，阮元刻十三經注疏本，中華書局 1979 年版。
7. 方玉潤：《詩經原始》，中華書局 1987 年版。
8. 馬瑞辰：《毛詩傳箋通釋》，中華書局 1989 年版。
9. 鄭玄注，賈公彥疏：《周禮注疏》，阮元刻十三經注疏本，中華書局 1979 年版。
10. 孫詒讓：《周禮正義》，中華書局 1987 年版。
11. 鄭玄注，賈公彥疏：《儀禮注疏》，阮元刻十三經注疏本，中華書局 1979 年版。
12. 胡培翬：《儀禮正義》，江蘇古籍出版社 1993 年版。
13. 鄭玄注，孔穎達正義：《禮記正義》，阮元刻十三經注疏本，中華書局 1979 年版。
14. 孫希旦：《禮記集解》，中華書局 1989 年版。
15. 朱彬：《禮記訓纂》，中華書局 1999 年版。

16. 杜預注，孔穎達正義：《春秋左傳正義》，阮元刻十三經注疏本，中華書局 1979 年版。

17. 杜預：《春秋左傳集解》，上海人民出版社 1977 年版。

18. 洪亮吉：《春秋左傳詁》，中華書局 1987 年版。

19. 劉文淇：《春秋左氏傳舊注疏證》，科學出版社 1959 年版。

20. 楊伯峻：《春秋左傳注》，中華書局 1990 年版。

21. 何休注，徐彥疏：《春秋公羊傳注疏》，阮元刻十三經注疏本，中華書局 1979 年版。

22. 范甯注，楊士勳疏：《春秋穀梁傳注疏》，阮元刻十三經注疏本，中華書局 1979 年版。

23. 鍾文烝：《春秋穀梁傳經傳補注》，中華書局 2001 年版。

24. 何晏等注，邢昺疏：《論語注疏》，阮元刻十三經注疏本，中華書局 1979 年版。

25. 趙岐注，孫奭疏：《孟子注疏》，阮元刻十三經注疏本，中華書局 1979 年版。

26. 王聘珍：《大戴禮記解詁》，中華書局 1985 年版。

27. 黃懷信：《逸周書彙校集注》，上海古籍出版社 1995 年版。

28. 《國語》，上海古籍出版社 1978 年版。

29. 徐元誥：《國語集解》，中華書局 2002 年版。

30. 劉向集錄，高誘注：《戰國策》，上海古籍出版社 1985 年版。

31. 《荀子》，《諸子集成》本，中華書局 1986 年版。

32. 陳奇猷：《韓非子集釋》，上海人民出版社 1974 年版。

33. 《商君書》，《諸子集成》本，中華書局 1986 年版。

34. 蔣禮鴻撰：《商君書錐指》，中華書局 1986 年版。

35. 《呂氏春秋》，《諸子集成》本，中華書局 1986 年版。

36. 陳奇猷校釋：《呂氏春秋校釋》，學林出版社 1984 年版。

37. 《韓非子》，《諸子集成》本，中華書局 1986 年版。

38. 王先謙：《莊子集解》，《諸子集成》本，中華書局 1986 年版。

39. 司馬遷：《史記》，中華書局 1959 年版。

40. 班固：《漢書》，中華書局 1962 年版。

41. 許維遹：《韓詩外傳集釋》，中華書局 1980 年版。

42. 馬王堆漢墓帛書整理小組編：《戰國縱橫家書》，文物出版社 1976 年版。

43. 方詩銘、王修齡：《古本竹書紀年輯證》，上海古籍出版社 1981 年版。

44. 應劭撰，王利器校注：《風俗通義校注》，中華書局 1981 年版。

45. 《淮南子》，《諸子集成》本，中華書局 1986 年版。

46. 劉文典撰：《淮南鴻烈集解》，中華書局 1989 年版。

47. 陳立：《白虎通疏證》，中華書局 1994 年版。

48. 酈道元注，楊守敬、熊會貞疏，段熙仲點校，陳橋驛復校：《水經注疏》，江蘇古籍出版社 1989 年版。

49. 馬端臨：《文獻通考》，中華書局 1986 年版。

50. 杜佑：《通典》，中華書局 1988 年版。

51. 鄭樵：《通志》，上海古籍出版社 1990 年版。

52. 黃汝成集釋：《〈日知錄〉集釋》，嶽麓書社 1994 年版。

53. 酈道元注，王國維校：《水經注校》，上海人民出版社 1984 年版。

54. 袁珂校注：《山海經校注》，上海古籍出版社 1980 年版。

55. 董説撰：《七國考》，中華書局 1956 年版。

56. 皇甫謐撰，徐宗元輯：《帝王世紀》，中華書局 1964 年版。

57. 顧棟高：《春秋大事表》，中華書局 1993 年版。

58. 孫楷著，楊善群校補：《秦會要》，上海古籍出版社 2004 年版。

59. 宋衷注，秦嘉謨等輯：《世本八種》，商務印書館 1957 年版。

60. 王貴民、楊志清：《春秋會要》，中華書局 2009 年版。

61. 馬非百著：《秦集史》，中華書局 1982 年版。

62. 崔述：《崔東璧遺書》，中華書局 1967 年版。

63. 嚴可均：《全上古三代秦漢三國六朝文》，中華書局 1959 年版。

64. 楊寬：《戰國史料編年輯證》，上海人民出版社 2001 年版。

二、理論著作

1. （德）恩格斯：《家庭私有制和國家的起源》，《馬克思恩格斯選集》（第四卷），人民出版社 1972 年版。

2. （德）馬克思：《摩爾根〈古代社會〉一書摘要》，人民出版社 1965 年版。

3. 郭沫若：《郭沫若全集》，人民出版社 1982 年版。

4. （美）摩爾根著，楊東蓴、馬雍、馬巨譯：《古代社會》，商務印書館 1977 年版。

5. （德）斯威布著，楚圖南譯：《希臘的神話與傳說》，人民文學出版社 1958 年版。

6. （英）梅因著，沈景一譯：《古代法》，商務印書館 1959 年版。

7. （法）孟德斯鳩著，張燕深譯：《論法的精神》，商務印書館 1961 年版。

8. （德）黑格爾著，范揚、張企泰譯：《法哲學原理》，商務印書館 1982 年版。

9. （希臘）亞里斯多德著，吳壽彭譯：《政治學》，商務印書館 1983 年版。

10. （法）列維·布留爾著：《原始思維》，商務印書館 1985 年版。

11. 劉祐成著：《社會分工論》，浙江人民出版社 1985 年版。

12. （英）馬林諾夫斯基著，李安宅譯：《巫術、科學、宗教與神話》，中國民間文藝出版社 1986 年版。

13. （美）巴林頓·摩爾著，拓夫、張東東、楊念群、劉鴻輝譯：《民主與專制的社會起源》，華夏出版社 1987 年版。

14. （英）詹·喬·弗雷澤著，徐育新、汪培基、張澤石譯：《金枝》，中國民間文藝出版社 1987 年版。

15. 張光直：《美術·神話與祭祀——通往古代中國政治權威的途徑》，遼寧教育出版社 1988 年版。

16. （德）F.繆勒利爾著，王禮錫、胡冬野譯：《家族論》商務印書館 1990 年版。

17. （德）康德著，沈叔平譯：《法的形而上學原理》，商務印書館 1991 年版。

18. （德）拉德布魯赫：《法學導論》，中國大百科全書出版社 1997 年版。

19. （德）埃利亞斯著，王佩莉譯：《文明的進程：文明的社會起源的心理起源的研究·第一卷：西方國家世俗上層行為的變化》，三聯書店 1998 年版。

20. （德）羅曼·赫爾佐克著：《古代的國家——起源和統治方式》，北京大學出版社 1998 年版

21. 易建平著：《部落聯盟與酋邦——民主·專制·國家：起源問題比較研究》，社會科學文獻出版社 2004 年版。

22. （英）維克多·特納著，黃劍坡、柳博贇譯：《儀式過程——結構與反結構》，中國人民大學出版社 2006 年版。

23. （美）約瑟夫·泰恩特著，邵旭東譯：《複雜社會的崩潰》，海南出版社 2010 年版。

三、考古發掘報告

1. 河南文物工作隊第一隊：《鄭州崗杜附近古墓葬發掘簡報》，《文物參考資料》1955 年第 10 期。

2. 中國社會科學院考古研究所：《輝縣發掘報告》，科學出版社 1956 年版。

3. 中國科學院考古研究所金學山：《西安半坡的戰國秦墓》，《考古學報》1957 年第 3 期。

4. 廣州市文物管理委員會：《廣州東郊羅崗秦墓發掘簡報》，《考古》1962
  年第 8 期。

5. 寶雞市博物館、寶雞市渭濱區文化館：《陝西寶雞市茄家莊東周墓》，《考
  古》1962 年第 9 期。

6. 中國科學院考古所：《灃西發掘報告》，文物出版社 1962 年版。

7. 陝西省文物管理委員會：《陝西寶雞陽平鎮秦家溝村秦墓發掘記》，《考古》
  1965 年第 7 期。

8. 陝西省文物管理委員會：《秦都櫟陽遺址初步勘探記》，《文物》1966 年
  第 1 期。

9. 湖北省博物館：《湖北雲夢西漢墓發掘簡報》，《文物》1973 年第 9 期。

10. 廣州市文物管理處：《廣州淘金坑的秦漢墓》，《考古學報》1974 年第 1
  期。

11. 長江流域第二期文物考古工作人員訓練班：《湖北江陵鳳凰山西漢墓發掘
  簡報》，《文物》1974 年第 6 期。

12. 紀南城鳳凰山一六八號漢墓發掘整理小組：《湖北江陵鳳凰山一六八號漢
  墓發掘簡報》，《文物》1975 年第 9 期。

13. 陝西省文物管理委員會秦墓發掘組：《陝西户縣宋村春秋秦墓發掘簡
  報》，《文物》1975 年第 10 期。

14. 甘肅省博物館文物隊、靈山縣文化館：《甘肅靈臺縣兩周墓葬》，《考古》
  1976 年第 1 期。

15. 湖北省博物館：《宜昌前坪戰國兩漢墓》，《考古學報》1976 年第 2 期。

16. 孝感地區第二期亦工亦農文物考古訓練班：《湖北雲夢睡虎地十一號墓發
  掘簡報》，《文物》1976 年第 6 期。

17. 孝感地區第二期亦工亦農文物考古訓練班：《湖北雲夢睡虎地十一座秦墓
  發掘簡報》，《文物》1976 年第 9 期。

18. 鳳凰山一六七號漢墓發掘整理小組：《江陵鳳凰山一六七號漢墓發掘簡
  報》，《文物》1976 年第 10 期。

19. 上海書畫社編：《秦銘刻文字選》，上海書畫出版社 1976 年版。

20. 崔璿：《秦漢廣衍故城及其附近的墓葬》，《文物》1977 年第 5 期。

21. 雲夢睡虎地秦墓編寫組：《雲夢睡虎地秦墓》，文物出版社 1978 年版。

22. 陝西省文物管理委員會、大荔縣文化館：《朝邑戰國墓葬發掘簡報》，《文
  物資料叢刊（2）》文物出版社 1978 年版。

23. 陝西省考古研究所：《陝西出土商周青銅器》，文物出版社 1979 年版。

24. 《文物考古工作三十年（1949～1979）》，文物出版社 1979 年版。

25. 始皇陵秦俑坑考古發掘隊：《臨潼上焦村秦墓清理簡報》，《考古與文物》
  1980 年第 2 期。

26. 楚皇城考古發掘隊：《湖北宜城楚皇城戰國秦漢墓》，《考古》1980 年第 2 期。

27. 陝西省考古研究所雍城考古工作隊：《鳳翔縣高莊戰國秦墓發掘簡報》，《文物》1980 年第 9 期。

28. 陝西省考古研究所雍城考古工作隊吳鎮烽、尚志儒：《陝西鳳翔八旗屯秦國墓葬發掘簡報》，《文物資料叢刊（3)》，文物出版社 1980 年版。

29. 中國考古學會主編：《中國考古學會第一次年會論文集》，文物出版社 1980 年版。

30. 鄒衡：《夏商周考古學論文集》，文物出版社 1980 年版。

31. 駐馬店地區文物管理委員會、泌陽縣文教局：《河南泌陽秦墓》，《文物》1980 年第 9 期。

32. 韓偉：《略論陝西春秋戰國秦墓》，《考古與文物》1981 年第 1 期。

33. 陝西省考古研究所雍城考古工作隊吳鎮烽、尚志儒：《陝西鳳翔高莊秦墓地發掘簡報》，《考古與文物》1981 年第 1 期。

34. 雲夢縣文物工作組：《湖北雲夢睡虎地秦漢墓發掘簡報》，《考古》1981 年第 1 期。

35. 黃士斌：《上村嶺秦墓和漢墓》，《中原文物》1981 年特刊。

36. 滎經古墓發掘小組：《四川滎經古城坪秦漢墓葬》，《文物資料叢刊（4)》，文物出版社 1981 年版。

37. 西安半坡博物館編：《西安半坡》，文物出版社 1982 年版。

38. 四川省博物館、青川縣文物館：《四川青川縣戰國墓發掘報告》，《文物》1982 年第 1 期，

39. 始皇陵秦俑坑考古發掘隊：《秦始皇陵西側趙背戶村秦刑徒墓》，《文物》1982 年第 3 期。

40. 魏懷珩：《甘肅平涼廟莊的兩座戰國墓》，《考古與文物》1982 年第 5 期。

41. 陝西省考古研究所雍城考古工作隊：《鳳翔馬家莊春秋秦一號建築遺址發掘簡報》，《考古與文物》1982 年第 5 期。

42. 秦都咸陽工作隊：《咸陽市黃家溝戰國墓發掘簡報》，《考古與文物》1982 年第 6 期。

43. 湖北省鄂城縣博物館：《鄂城楚墓》，《考古學報》1983 年第 2 期。

44. 楊權喜：《襄陽山灣十八號秦墓》，《考古與文物》1983 年第 3 期。

45. 黃州古墓發掘隊：《湖北黃崗太平寺西漢墓發掘》，《江漢考古》1983 年第 4 期。

46. 秦始皇兵馬俑博物館等編：《中國歷代雕塑——秦始皇陵俑塑群》，陝西人民美術出版社 1983 年版。

47. 《新疆考古三十年》，新疆人民出版社 1983 年版。

48. 陝西省考古研究所雍城考古工作隊：《1982 年鳳翔雍城秦漢遺址調查簡報》，《考古與文物》1984 年第 2 期。

49. 陝西省考古研究所吳安志：《陝西長武上孟村秦國墓葬發掘簡報》，《考古與文物》1984 年第 3 期。

50. 蘇秉琦：《蘇秉琦考古學論述選集》，文物出版社 1984 年版。

51. 中國社會科學院考古研究所編：《新中國的考古發現和研究》，文物出版社 1984 年版。

52. 四川省文物管理委員會等：《四川滎經曾家溝戰國墓第一、二次發掘》，《考古》1984 年第 12 期。

53. 陝西省考古研究所雍城考古工作隊：《鳳翔馬家莊一號建築群遺址發掘簡報》，《文物》1985 年第 2 期。

54. 陝西省考古研究所雍城考古工作隊：《秦都雍城鑽探試掘簡報》，《考古與文物》1985 年第 2 期。

55. 陝西省雍城考古隊：《鳳翔馬家莊秦宗廟遺址發掘簡報》，《文物》1985 年第 2 期。

56. 高明、俞偉超：《先秦兩漢考古學論集》，文物出版社 1985 年版。

57. 俞偉超：《先秦兩漢考古學論集》，文物出版社 1985 年版。

58. 中國考古學會主編：《中國考古學會第四次年會論文集》，文物出版社 1985 年版。

59. 中國考古學會：《中國考古學年鑒》（1985），文物出版社 1985 年版。

60. 陝西省考古研究所雍城考古工作隊李自智、尚志儒：《陝西鳳翔西村戰國秦墓發掘簡報》，《考古與文物》1986 年第 1 期。

61. 陝西省考古研究所雍城考古工作隊尚志儒、趙叢蒼：《陝西鳳翔八旗屯西溝道秦墓發掘簡報》，《文博》1986 年第 3 期。

62. 隨州市博物館左得田：《湖北隨州市發現秦國銅器》，《文物》1986 年第 4 期。

63. 湖北省博物館：《1978 年雲夢秦漢墓發掘報告》，《考古學報》1986 年第 4 期。

64. 何欣云：《寶雞李家崖秦國墓葬清理簡報》，《文博》1986 年第 4 期。

65. 陝西省雍城考古隊：《一九八一年鳳翔八旗屯墓地發掘簡報》，《考古與文物》1986 年第 5 期。

66. 咸陽市博物館：《咸陽任家嘴殉人秦墓清理簡報》，《考古與文物》1986 年第 6 期。

67. 尹盛平、張天恩：《陝西隴縣邊家莊一號春秋墓》，《考古與文物》1986 年第 6 期。

68. 「中國考古學研究」編委會：《中國考古學研究——夏鼐先生考古五十年紀念論文集》，文物出版社 1986 年版。

69. 《中國考古學研究——夏鼐考古五十年紀念論文集》，文物出版社 1986 年版。

70. 《中國考古學研究——夏鼐考古五十年紀念文集（二）》，文物出版社 1986 年版。

71. 始皇陵秦俑坑考古發掘隊：《秦俑博物館西側發現小型磚棺墓》，《文博》1987 年第 1 期。

72. 陝西省考古研究所：《西安北郊大白楊秦漢墓葬清理簡報》，《考古與文物》1987 年第 2 期。

73. 《中國考古學研究論集——紀念夏鼐考古 50 週年》，三秦出版社 1987 年版。

74. 甘肅省文物工作隊、北京大學考古學系：《甘肅甘谷毛家坪遺址發掘報告》，《考古學報》1987 年第 3 期。

75. 山西省考古研究所平朔考古隊：《山西朔縣秦漢墓發掘簡報》，《文物》1987 年第 6 期。

76. 田亞岐、王保平：《鳳翔南指揮兩座小型秦墓的清理》，《考古與文物》1987 年第 6 期。

77. 馬承源：《商周青銅器銘文選》，文物出版社 1986～1990 年版。

78. 徐中舒主編：《巴蜀考古論文集》，文物出版社 1987 年版。

79. 裴文中：《裴文中史前考古學論文集》，文物出版社 1987 年版。

80. 袁仲一：《秦代陶文》，三秦出版社 1987 年版。

81. 韓偉、焦南峰：《秦都雍城考古發掘研究綜述》，《考古與文物》1988 年第 5、6 合刊。

82. 陝西省考古研究所寶雞工作站、寶雞市考古工作隊：《陝西隴縣邊家莊五號春秋墓發掘簡報》，《文物》1988 年第 11 期。

83. 陝西省考古研究所秦漢史研究室編：《新編秦漢瓦當圖錄》，三秦出版社 1988 年版。

84. 西安半坡博物館、陝西省考古研究所、臨潼縣博物館：《姜寨——新石器時代遺址發掘報告》，文物出版社 1988 年版。

85. 中國社會科學院考古研究所：《夏縣東下馮》，文物出版社 1988 年版。

86. 徐錫臺、樓宇烈、魏效祖：《周秦漢瓦當》，文物出版社 1988 年版。

87. 中國社會科學院考古研究所陝西六隊：《陝西藍田泄湖戰國墓發掘簡報》，《考古》1988 年第 12 期。

88. 《慶祝蘇秉琦考古五十五年論文集》，文物出版社 1989 年版。

89. 何雙全：《天水放馬灘秦簡綜述》,《文物》1989 年第 2 期。

90. 曹發展：《陝西戶縣南關春秋秦墓清理記》,《文博》1989 年第 2 期。

91. 甘肅省文物考古研究所、天水市北道區文化館：《甘肅天水放馬灘戰國秦漢墓群的發掘》,《文物》1989 年第 2 期。

92. 陝西省考古研究所配合基建考古隊：《陝西臨潼驪山床單廠基建工地古墓葬清理簡報》,《考古與文物》1989 年第 5 期。

93. 四川省文物管理委員會等：《四川榮經曾家溝 21 號墓清理簡報》,《文物》1989 年第 5 期。

94. 陝西省考古研究所秦陵工作站、臨潼縣文物管理委員會：《陝西臨潼劉莊戰國墓地調查清理簡報》,《考古與文物》1989 年第 5 期。

95. 俞偉超主編：《考古類型學的理論與實踐》,文物出版社 1989 年版。

96. 湖北省文物考古研究所等：《雲夢龍崗秦漢墓地第一次發掘簡報》,《江漢考古》1990 年第 3 期。

97. 尚志儒：《秦都雍城的總體布局與考古發掘》,《中國文物報》1990 年 6 月 28 日。

98. 李學勤主編：《中國美術全集·青銅器編》,文物出版社 1990 年版。

99. 袁仲一：《秦始皇陵兵馬俑研究》,文物出版社 1990 年版。

100. 北京大學歷史系考古教研室編：《紀念北京大學考古專業三十週年論文集》,文物出版社 1990 年版。

101. 文物出版社編：《文物考古工作十年（1979～1989)》,文物出版社 1991 年版。

102. 陝西省考古研究所雍城工作站：《鳳翔鄧家崖秦墓發掘簡報》,《考古與文物》1991 年第 2 期。

103. 林泊：《臨潼驪山北麓發現秦人磚棺墓》,《文博》1991 年第 6 期。

104. 中國考古學會：《中國考古學會第七次年會論文集》,文物出版社 1992 年版。

105. 李啓良：《陝西安康一里坡戰國墓清理簡報》,《文物》1992 年第 1 期。

106. 馬志軍、孫鐵山：《咸陽機場陵陽導航臺基建工地秦漢墓葬清理簡報》,《考古與文物》1992 年第 2 期。

107. 臨潼縣博物館、臨潼縣文物管理委員會：《臨潼縣城東側第一號秦墓清理簡報》,《考古與文物》1993 年第 1 期。

108. 湖北省文物考古研究所等：《湖北雲夢龍崗秦漢墓地第二次發掘簡報》,《江漢考古》1993 年第 1 期。

109. 咸陽市文物考古研究所：《咸陽任家嘴春秋墓清理簡報》,《考古與文物》1993 年第 3 期。

110. 《考古學研究》編委會：《考古學研究——紀念陝西省考古研究所成立三十週年》，三秦出版社 1993 年版。

111. 吉林大學考古學系：《青果集——吉林大學考古專業成立二十週年考古論文集》，知識出版社 1993 年版。

112. 蘇秉琦：《考古學文化論集》（三），文物出版社 1993 年版。

113. 王久剛：《西安南郊山門口戰國秦墓清理簡報》，《考古與文物》1994 年第 1 期。

114. 中國社會科學院考古研究所：《陝縣東周秦漢墓》，科學出版社 1994 年版。

115. 北京大學考古學系編：《考古學研究》，北京大學出版社 1994 年版。

116. 文物出版社編：《中國考古文物之美——秦始皇陵地下軍團‧7‧陝西臨潼兵馬俑》，文物出版社 1994 年版。

117. 荊州地區博物館：《江陵王家臺 15 號秦墓》，《文物》1995 年第 1 期。

118. 陝西省考古研究所雍城考古工作隊李自智、尚志儒：《陝西鳳翔西村戰國秦墓發掘簡報》，《考古與文物》1996 年第 1 期。

119. 咸陽市文物考古研究所：《咸陽市楊凌區秦、漢墓葬清理簡報》，《考古與文物》1996 年第 2 期。

120. 高中玉、趙彩秀：《西北林學院基建中發現的古墓葬》，《文博》1996 年第 5 期。

121. 俞偉超：《考古學是什麼》，中國社會科學出版社 1996 年版。

122. 上海博物館：《上海博物館集刊》第七期，上海書畫出版社 1996 年版。

123. 中國社會科學院考古研究所武功發掘隊：《陝西武功縣趙家來東周時期的秦墓》，《考古》1996 年第 12 期。

124. 甘肅省文物考古研究所：《甘肅秦安上袁秦漢墓葬發掘》，《考古學報》1997 年第 1 期。

125. 咸陽市文物考古研究所：《咸陽塔兒坡戰國墓發掘簡報》，《文博》1997 年第 4 期。

126. 劉信芳、梁柱：《雲夢龍崗秦簡》，科學出版社 1997 年版。

127. 咸陽市文物考古研究所：《咸陽塔兒坡戰國秦甕棺墓葬發掘簡報》，《文博》1998 年第 3 期。

128. 四川省文物考古研究所：《四川考古報告集》，文物出版社 1998 年版。

129. 陝西省考古研究所：《隴縣店子秦墓》，三秦出版社 1998 年版。

130. 咸陽市文物考古研究所：《塔兒坡秦墓》，三秦出版社 1998 年版。

131. 陝西省考古研究所：《遠望集——陝西省考古研究所華誕四十週年紀念文集》，陝西人民美術出版社 1998 年版。

132. 陝西歷史博物館刊編委會：《陝西歷史博物館刊》第五集，西北大學出版社 1998 年版。

133. 林澐:《林澐學術文集》,中國大百科全書出版社 1998 年版。

134. 童恩正:《南方文明》,重慶出版社 1998 年版。

135. 中國社會科學院簡帛研究中心編輯:《簡帛研究》(第三輯),廣西教育出版社 1998 年版。

136. 張忠培:《中國考古學——走近歷史真實之道》,科學出版社 1999 年版。

137. 郭沫若:《兩周金文辭大系圖錄考釋》,上海書店 1999 年版。

138. 許倬雲、張忠培主編:《中國考古學的跨世紀反思》,商務印書館(香港)有限公司 1999 年版。

139. 張光直:《中國考古學論文集》,三聯書店 1999 年版。

140. 文物出版社編:《新中國考古五十年》,文物出版社 1999 年版。

141. 許宏:《先秦城市考古學研究》,北京燕山出版社 2000 年版。

142. 張忠培:《中國考古學跨世紀的回顧與前瞻》,科學出版社 2000 年版。

143. 陝西省考古研究所、秦始皇兵馬俑博物館編著:《秦始皇帝陵園考古報告(1999)》,科學出版社 2000 年版。

144. 宿白主編:《蘇秉琦與當代中國考古學》,科學出版社 2001 年版。

145. 甘肅省文物考古研究所:《禮縣圓頂山春秋秦墓》,《文物》2002 年 2 期。

146. 吉林大學邊境考古研究中心:《邊境考古研究第一輯》,科學出版社 2002 年版。

147. 徐衛民:《秦公帝王陵》,中國青年出版社 2002 年版。

148. 湖南文物考古研究所、湘西土家族自治州文物處、龍山縣文物管理所:《湖南龍山里耶戰國——秦代古城一號井發掘簡報》,《文物》2003 年第 1 期。

149. 中國社會科學院考古研究所:《中國考古學·夏商卷》,中國社會科學出版社 2003 年版。

150. 早期秦文化聯合考古隊:《西漢水上游周代遺址考古調查簡報》,《考古與文物》2004 年第 6 期。

151. 中國社會科學院考古研究所:《中國考古學·兩周卷》,中國社會科學出版社 2004 年版。

152. 陝西省考古研究所:《秦都咸陽考古報告》,科學出版社 2004 年。

153. 甘肅省文物考古研究所、禮縣博物館:《甘肅禮縣圓頂山 98LDM2、2000LDM4 春秋秦墓》,《文物》2005 年第 21 期。

154. 湖南省文物考古研究所:《里耶發掘報告》,嶽麓書社 2006 年版。

155. 陝西省考古研究所:《西安北郊秦墓》,三秦出版社 2006 年。

156. 甘肅省文物考古研究所等:《西漢水上游考古調查報告》,文物出版社 2007 年版。

157. 陝西省考古研究院、秦始皇兵馬俑博物館：《秦始皇帝陵園考古報告 2001 ～2003》，文物出版社 2007 年。

158. 早期秦文化聯合考古隊：《2006 年甘肅禮縣大堡子山祭祀遺址發掘簡報》，《文物》2008 年第 11 期。

159. 梁云：《戰國時代的東西差別：考古學的視野》，文物出版社 2008 年版。

160. 陝西省考古研究院：《西安尤家莊秦墓》，陝西科學技術出版社 2008 年。

161. 中國社會科學院考古研究所：《中國考古學·秦漢卷》，中國社會科學出版社 2010 年版。

四、出土文獻

1. 勞幹：《居延漢簡考釋》，商務印書館 1949 年版。

2. 楊樹達：《積微居小學金石論叢》，科學出版社 1955 年版。

3. 史樹青：《長沙仰天湖楚簡研究》，群聯出版社 1955 年版。

4. 陳夢家：《殷虛卜辭綜述》，科學出版社 1956 年版。

5. 饒宗頤：《戰國楚簡箋證》，上海人民出版社 1957 年版。

6. 于省吾：《商周金文錄遺》，科學出版社 1957 年版。

7. 《秦始皇金石刻辭注》注釋小組：《秦始皇金石刻辭注》，上海人民出版社 1975 年版。

8. 上海書畫出版社：《秦銘刻文字選》，上海書畫社 1976 年。

9. 馬王堆漢墓帛書整理小組：《戰國縱橫家書》，文物出版社 1976 年版。

10. 雲夢秦簡整理小組等：《雲夢秦簡部份釋文》，《光明日報》1976 年 4 月 6 日。

11. 金立：《江陵鳳凰山八號墓竹簡試釋》，《文物》1976 年第 6 期。

12. 雲夢秦墓竹簡整理小組《雲夢秦簡釋文》（一）（二）（三），《文物》1976 年第 6、7、8 期。

13. 睡虎地秦墓竹簡整理小組：《睡虎地秦墓竹簡》（八開線裝本），文物出版社 1977 年版。

14. 睡虎地秦墓竹簡整理小組：《睡虎地秦墓竹簡》（32 開平裝本），文物出版社 1978 年版。

15. 中國社會科學院考古研究所：《居延漢簡甲乙編》，中華書局 1980 年版。

16. 李學勤：《帛書五行篇研究》，齊魯書社 1980 年版。

17. 方詩銘、王修齡：《古本竹書紀年輯證》，上海古籍出版社 1981 年版。

18. 楊樹達：《積微居小學述林》，中華書局 1983 年版。

19. 張光直：《中國青銅時代》，三聯書店 1983 年版。

20. 徐中舒：《殷周金文集錄》，四川人民出版社 1984 年版。

21. 馬王堆漢墓帛書整理小組：《馬王堆漢墓帛畫（肆)》，文物出版社 1985 年版。

22. 楊樹達：《積微居甲文説》，上海古籍出版社 1986 年版。

23. 張亞初等：《兩周金文官制研究》，中華書局 1986 年版。

24. 蔡鏡浩：《〈睡虎地秦墓竹簡〉注釋補證（一)》、《〈睡虎地秦墓竹簡〉注釋補證（二)》，《文史》29 輯，中華書局 1988 年版。

25. 甘肅省文物考古研究所等：《天水放馬灘秦簡甲種〈日書〉釋文》，載《秦漢簡牘論文集》，甘肅人民出版社 1989 年版。

26. 王輝：《秦銅器銘文編年集釋》，三秦出版社 1990 年版。

27. 睡虎地秦墓竹簡整理小組編：《睡虎地秦墓竹簡》，文物出版社 1990 年版。

28. 劉信芳：《雲夢秦簡日書·馬篇試釋》，《文博》1991 年第 4 期。

29. 林劍鳴：《秦簡日書校補》，《文博》1992 年第 1 期。

30. 馬繼興：《馬王堆古醫書考釋》，湖南科學技術出版社 1992 年版。

31. 梁柱、劉信芳：《雲夢龍崗秦代簡牘述略》，載李學勤主編之《簡帛研究》（第一輯），法律出版社 1993 年版。

32. 陳振裕、劉信芳：《睡虎地秦簡文字編》，湖北人民出版社 1993 年版。

33. 《雲夢龍崗 6 號秦簡釋文》，《考古學集刊》1994 年第 8 期。

34. 湖北省文物考古研究所等：《雲夢龍崗 6 號秦墓及出土簡牘》，載《考古學集刊》第 8 集，科學出版社 1994 年版。

35. 梁柱、劉信芳：《雲夢龍崗秦簡》，科學出版社 1997 年版。

36. 楊樹達：《積微居金文説》，中華書局 1997 年版。

37. 孫慰祖、徐谷甫：《秦漢金文匯編》，上海書店出版社 1997 年。

38. 荊門市博物館：《郭店楚墓竹簡》，文物出版社 1998 年版。

39. 胡厚宣主編：《甲骨文合集釋文（1-4)》，中國社會科學院出版社 1999 年版。

40. 于省吾：《甲骨文字釋林》，中華書局 1999 年版。

41. 王輝：《秦文字集證》，藝文印書館 1999 年版。

42. 王輝、程學華撰：《秦文字集證》，藝文印書館 1999 年版。

43. 王輝：《秦出土文獻編年》，新文豐出版公司 2000 年版。

44. 周曉陸、路東之：《秦封泥集》，三秦出版社 2000 年版。

45. 吳小強：《秦簡日書集釋》，嶽麓書社 2000 年版。

46. 于省吾：《甲骨文字詁林》，中華書局 2001 年版。

47. 于省吾:《雙劍誃吉金文選》,中華書局 2001 年版。

48. 湖北省荊州市周梁玉橋遺址博物館編:《關沮秦漢墓簡牘》,中華書局 2001 年版。

49. 中國文物研究所、湖北省文物考古研究所編:《龍崗秦簡》,中華書局 2001 年版。

50. 陳松長:《香港中文大學文物館藏簡牘》,香港中文大學文物館 2001 年版。

51. 李學勤:《簡帛佚籍與學術史》,江西教育出版社 2001 年版。

52. 王輝:《〈秦出土文獻編年〉續補(一)》,《秦文化論叢》(第九輯),三秦出版社 2002 年版。

53. 李零:《郭店楚簡校讀記》,北京大學出版社 2002 年版。

54. 《上博館藏戰國楚竹書研究》,上海書店 2002 年版。

55. 陳昭容:《秦系文字研究:從漢字史的角度考察》,中央研究院歷史語言研究所 2003 年。

56. 劉釗:《郭店楚簡校釋》,福建人民出版社 2003 年版。

57. 張春龍、龍京沙:《湘西里耶秦代簡牘選釋》,《中國歷史文物》2003 年第 1 期。

58. 王子今:《睡虎地秦簡日書甲種疏證》,湖北教育出版社 2003 年版。

59. 陳夢家:《西周銅器斷代》,中華書局 2004 年版。

60. 陳松長:《湖南古代璽印》,上海辭書出版社 2004 年版。

61. 里耶秦簡講讀會:《里耶秦簡譯注》,《中國出土資料研究》第 8 輯,中國出土資料學會 2004 年版。

62. 馬怡:《里耶秦簡選校(連載一)》,簡帛網 2005 年 11 月 14 日首發。

63. 馬怡:《里耶秦簡選校(連載二)》,簡帛網 2005 年 11 月 18 日首發。

64. 馬怡:《里耶秦簡選校(連載三)》,簡帛網 2005 年 11 月 24 日首發。

65. 王煥林:《里耶秦簡校詁》,簡帛網 2005 年 11 月 25 日首發。

66. 王煥林:《里耶秦簡考釋(二)》,簡帛網 2005 年 12 月 2 日首發。

67. 王輝:《珍秦齋藏秦銅器銘文選釋》,《故宮博物院院刊》2006 年 2 期。

68. 王輝、王偉:《〈秦出土文獻編年〉續補(二)》,《秦文化論叢》(第十三輯),三秦出版社 2006 年版。

69. 王輝、楊宗兵:《〈秦出土文獻編年〉續補(三)》,《秦文化論叢》(第十四輯),三秦出版社 2007 年版。

70. 傅嘉儀:《秦封泥彙考》,上海書店 2007 年版。

71. 王煥林:《里耶秦簡校詁》,中國文聯出版社 2007 年版。

72. 王貴元:《周家臺秦墓簡牘釋讀補證》,簡帛網 2007 年 5 月 8 日首發。

73. 馬怡：《里耶秦簡選校》，《中國社會科學院歷史研究所學刊》第四集，商務印書館 2007 年版。

74. 劉青：《甲骨卜辭神話資料整理與研究》，雲南人民出版社 2008 年版。

75. 王輝：《秦子簋蓋銘文補釋》，《華學》第九、十輯，上海古籍出版社 2008 年。

76. 甘肅省文物考古研究所：《天水放馬灘秦簡》，中華書局 2009 年版。

77. 汪桂海著：《秦漢簡牘探研》，文津出版社 2009 年版。

78. 臺灣政治大學：《出土文獻研究視野與方法（第一輯）》，臺灣政治大學中國文學系 2009 年版。

79. 朱漢民、陳松長：《嶽麓書院藏秦簡（壹）》，上海辭書出版社 2010 年版。

五、古代史研究

1. 徐喜辰師、劉釗、斯維至主編：《中國通史》（第三卷），上海人民出版社 1994 年版。

2. 衛聚賢：《古史研究》，上海商務印書館 1934 年版。

3. 顧頡剛：《史林雜識》（初編），中華書局 1956 年。

4. 余樾：《古書疑義舉例》，中華書局 1956 年版。

5. 楊寬：《古史新探》，中華書局 1957 年版。

6. 王國維：《觀堂集林》，中華書局 1959 年版。

7. 丁山：《中國古代宗教與神話考》，上海龍門聯合書店 1961 年版。

8. 史念海：《河山集》，生活·讀書·新知三聯書店 1963 年版。

9. 楊寬：《古史新探》，中華書局 1965 年版。

10. 童書業：《春秋左傳研究》，上海人民出版社 1985 年版。

11. 郭沫若：《奴隸制時代》，人民出版社 1977 年版。

12. 董作賓：《董作賓先生全集》，藝文印書館 1977 年版。

13. 楊寬：《戰國史》，上海人民出版社 1980 年版。

14. 顧頡剛：《古史辨》（1-7），上海古籍出版社 1981 年重印版。

15. 呂思勉：《先秦史》，上海古籍出版社 1982 年版。

16. 朱天順：《中國古代宗教初探》，上海人民出版社 1982 年版。

17. 楊向奎：《繹史齋學術文集》，齊魯書社 1983 年版。

18. 金景芳：《中國奴隸社會史》，上海人民出版社 1983 年版。

19. 屈萬里：《屈萬里全集》，聯經事業出版公司 1983～1985 年版。

20. 林耀華：《原始社會史》，中華書局 1984 年版。

21. 宋兆麟等：《中國原始社會史》，文物出版社 1985 年版。

22. 徐旭生：《中國古史的傳說時代》，文物出版社 1985 年版。

23. 趙錫元：《中國奴隸社會史述要》，吉林文史出版社 1985 年版。

24. 張亞初、劉雨：《西周金文官制研究》，中華書局 1986 年版。

25. 陳漢平：《西周冊命制度研究》，學林出版社 1986 年版。

26. 謝維揚：《周代家族形態研究》，中國社會科學出版社 1987 年版。

27. 余英時：《士與中國文化》，上海人民出版社 1987 年版。

28. 史念海：《河山集》（三集），人民出版社 1988 年版

29. 呂思勉：《呂思勉讀史札記》，上海古籍出版社 1988 年版。

30. 張光直著，敦淨、陳星譯：《美術、神話與祭祀——通往古代中國政治權威的途徑》，遼寧教育出版社 1988 年版。

31. 陳連慶：《中國古代史研究》，吉林文史出版社 1989 年版。

32. 朱鳳瀚：《商周家族形態研究》，天津古籍出版社 1990 年版。

33. 劉起釪：《古史續辨》，中國社會科學出版社 1991 年版。

34. 趙世超：《周代國野制度研究》陝西人民出版社 1991 年版。

35. 陳恩林：《中國奴隸社會軍事史》，吉林文史出版社 1992 年版。

36. 楊寬：《中國古代都城制度史研究》，上海古籍出版社 1993 年版。

37. 金景芳：《知止老人論學》，東北師範大學出版社 1994 年版。

38. 許倬云：《西周史》，三聯書店 1994 年版。

39. 王震中：《中國文明起源的比較研究》，陝西人民出版社 1994 年版。

40. 楊希枚：《先秦文化史論集》，中國社會科學出版社 1995 年版。

41. 朱鳳瀚：《古代中國青銅器》，南開大學出版社 1995 年版。

42. 錢穆：《國史大綱》（修訂本），商務印書館 1996 年版。

43. 何懷宏著：《世系社會及其解體——中國歷史上的春秋時代》，三聯書店 1996 年版。

44. 王銘銘：《社會人類學與中國研究》，三聯書店 1997 年版。

45. 王長華：《春秋戰國士人與政治》，上海人民出版社 1997 年版。

46. 王葆玹：《今古文經學新論》，中國社會科學出版社 1997 年版。

47. 魯惟一主編，李學勤等譯：《中國古代典籍導讀》，遼寧教育出版社 1997 年版。

48. 李學勤：《失落的文明》，上海文藝出版社 1997 年版。

49. 傅斯年：《史料論略及其他》（新世紀萬有文庫），遼寧教育出版社 1997 年版。

50. 徐中舒：《徐中舒歷史論文選輯》，中華書局 1998 年版。

51. 王玉哲：《中華遠古史》，上海人民出版社 1998 年版。

52. 劉澤華：《中國的王權主義》，上海人民出版社 1998 年版。

53. 楊寬：《戰國史》，上海人民出版社 1998 年版。

54. 顧德融等：《春秋史》，上海人民出版社 1998 年版。

55. 葛兆光：《中國思想史》（第一卷），復旦大學出版社 1998 年版。

56. 閻步克：《士大夫政治演生史稿》，北京大學出版社 1998 年版。

57. 李學勤：《中華文化通志》，上海人民出版社 1998 年版。

58. 顧頡剛：《中國上古史研究講義》，中華書局 1999 年版。

59. 饒宗頤：《饒宗頤東方學論集》，汕頭大學出版社 1999 年版。

60. 劉麗文：《春秋的回聲：左傳的文化研究》，北京燕山出版社 2000 年版。

61. 胡文輝：《中國早期方術與文獻叢考》，中山大學出版社 2000 年版。

62. 錢杭：《血緣與地緣之間：中國歷史上聯宗與聯宗組織》，上海社會科學院出版社 2001 年版。

63. 李文實著：《西陲古地與羌藏文化》，青海人民出版社 2001 年版。

64. 楊寬：《西周史》，上海人民出版社 2001 年版。

65. 王暉：《商周文化比較研究》，人民出版社 2001 年版。

66. 呂思勉：《中國制度史》，上海書店 2002 年版。

67. 胡厚宣、胡振宇：《殷商史》，上海人民出版社 2002 年版。

68. 余英時：《士與中國文化》，上海人民出版社 2002 年版。

69. 楊寬：《楊寬古史論文選集》，上海人民出版社 2003 年版。

70. 李學勤：《中國古代文明十講》，復旦大學出版社 2003 年版。

71. 黃永年：《古文獻學四講》，鷺江出版社 2003 年版。

72. 吳銳等編：《古史考》（第 1-9 卷），海南出版社 2003 年版。

73. 張政烺：《張政烺文史論集》，中華書局 2004 年版。

74. 蔡鋒著：《春秋時期貴族社會生活研究》，中國社會科學出版社 2004 年版。

75. 李零：《簡帛古書與學術源流》，三聯書店 2004 年版。

76. 張岩：《從部落文明到禮樂制度》，上海三聯書店 2004 年版。

77. 彭華：《陰陽五行研究（先秦篇）》，華東師範大學博士學位論文 2004 年。

78. 何豔傑：《中山國社會生活禮俗研究》，鄭州大學博士學位論文，2004 年。

79. 李學勤著：《李學勤文集》，上海辭書出版社 2005 年版。

80. 趙學清：《戰國東方五國文字構形系統研究》，上海教育出版社 2005 年版。

81. 龔留柱：《春秋絃歌——〈左傳〉與中國文化》，《元典文化叢書》，河南大學出版社 2005 年版。

82. 江心力：《20世紀前期的荀學研究》，中國社會科學出版社2005年版。

83. 韓星：《儒法整合：秦漢政治文化論》，中國社會科學出版社2005年版。

84. 王啓發：《禮學思想體系探源》，中州古籍出版社2005年版。

85. 辛德勇：《歷史的空間和空間的歷史——中國歷史地理和地理學史研究》，北京師範大學出版社2005年版。

86. 李零：《中國方術正考》，中華書局2006年版。

87. 李零：《中國方術續考》，中華書局2006年版。

88. 辛迪：《兩周戎狄考》，北京大學博士學位論文2006年。

89. 上海社會科學院《傳統中國研究集刊》編輯委員會編：《傳統中國研究集刊》（第1-3輯），上海人民出版社2006～2007年版。

90. 周傑、沈吉等編著：《中國西部環境演變過程研究》，科學出版社2007年版。

91. 丁季華等：《中國古代文明起源》，上海科學技術文獻出版社2007年版。

92. 孟世凱：《商史與商代文明》，上海科學技術文獻出版社2007年版。

93. 張廣志：《西周史與西周文明》，上海科學技術文獻出版社2007年版。

94. 王美鳳、周書平、田旭東：《春秋史與春秋文明》，上海科學技術文獻出版社2007年版。

95. 沈長雲、楊善群：《戰國史與戰國文明》，上海科學技術文獻出版社2007年版。

96. 黃永年：《古籍版本學》，江蘇教育出版社2009年版。

97. 張其賢：《「中國」概念與「華夷」之辨的歷史探討》，臺灣大學博士學位論文2009年。

98. 科技部社會發展科技司、國家文物局博物館與社會文物司：《中華文明探源工程文集·社會與精神文明卷》，科學出版社2009年版。

99. 科技部社會發展科技司、國家文物局博物館與社會文物司：《中華文明探源工程文集·技術與經濟卷》，科學出版社2009年版。

100. 科技部社會發展科技司、國家文物局博物館與社會文物司：《中華文明探源工程文集·環境卷》，科學出版社2009年版。

101. 中華書局編輯部：《中研院歷史語言研究所集刊論文匯編·歷史編·先秦卷（一～三）》，中華書局2009年版。

102. 中華書局編輯部：《中研院歷史語言研究所集刊論文匯編·歷史編·秦漢卷（一～四）》，中華書局2009年版。

103. 中華書局編輯部：《中研院歷史語言研究所集刊論文匯編·語言文字編·文字卷（一～四）》，中華書局2009年版。

104. 管東貴：《從宗法封建制到皇帝郡縣制的演變：以血緣解紐爲脈絡》，中華書局2010年版。

六、秦文化和文明史的研究

1. 楊寬：《秦始皇》，上海人民出版社 1956 年版。
2. 蒙文通：《周秦少數民族研究》，龍門聯合書局 1958 年版。
3. 楊寬：《古史新探》，中華書局 1965 年版。
4. 李亞農：《李亞農史論集》，上海人民出版社 1978 年版。
5. 顧頡剛：《秦漢的方士與儒生》，上海人民出版社 1978 年版。
6. 林劍鳴：《秦史稿》，上海人民出版社 1981 年版。
7. 馬非百：《秦集史》，中華書局 1982 年版。
8. 呂思勉：《秦漢史》，上海古籍出版社 1983 年版。
9. 翦伯贊：《秦漢史》，北京大學出版社 1984 年版。
10. 李學勤：《東周與秦代文明》，文物出版社 1984 年版。
11. 林劍鳴：《秦漢社會文明》，西北大學出版社 1985 年版。
12. 謝國楨：《兩漢社會生活概述》，陝西人民出版社 1985 年版。
13. 葛劍雄：《西漢人口地理》，人民出版社 1985 年版。
14. 安作璋、熊鐵基：《秦漢官制史稿》，齊魯書社 1985 年版。
15. 黃留珠：《秦漢仕進制度》，西北大學出版社 1985 年版。
16. 林劍鳴：《秦漢社會文明》，西北大學出版社 1985 年版。
17. 張傳璽：《秦漢問題研究》，北京大學出版社 1985 年版。
18. 王雲度：《秦史編年》，陝西人民出版社 1986 年版。
19. 何漢：《秦史述評》，黃山書社 1986 年版。
20. 林劍鳴：《秦漢史》，上海人民出版社 1989 年版。
21. 郭志坤：《秦始皇大傳》，上海三聯書店 1989 年版。
22. 鄭良樹：《商鞅及其學派》，上海古籍出版社 1989 年版。
23. 祝瑞開主編：《秦漢文化與華夏傳統》，學林出版社 1993 年版。
24. 吳榮曾：《先秦兩漢史研究》，中華書局 1995 年版。
25. 林劍鳴：《呂不韋傳》，人民出版社 1995 年版。
26. 王育民：《秦漢政治制度》，西北大學出版社 1996 年版。
27. 王雲度、張文立：《秦帝國史》，陝西人民教育出版社 1997 年版。
28. 高敏：《秦漢史探討》，中州古籍出版社 1998 年版。
29. 王子今：《秦漢區域文化研究》，四川人民出版社 1998 年版。
30. 《周秦文化研究》，陝西人民出版社 1998 年版。
31. 田靜：《秦史研究論著目錄》，陝西人民教育出版社 1999 年。

32. 王遽常：《秦史》，上海古籍出版社 2000 年版。

33. 秦始皇兵馬俑博物館編：《秦俑秦文化研究》，陝西人民出版社 2000 年版

34. 滕銘予：《秦文化：從封國到帝國的考古學觀察》，學苑出版社 2002 年版。

35. 陳平：《燕秦文化研究──陳平學術文集》，北京燕山出版社 2003 年。

36. 祝中熹：《早期秦史》，敦煌文藝出版社 2004 年版。

37. 王紹東：《秦朝興亡的文化探討》，內蒙古大學出版社 2004 年版。

38. 禮縣秦西垂文化研究會、禮縣博物館編：《秦西垂文化論集》，文物出版社 2005 年版。

39. 馬建營著：《秦西垂史地考述》，敦煌文藝出版社 2010 年版。

40. 韓星：《儒法整合：秦漢政治文化論》，中國社會科學出版社 2005 年版。

41. 徐衛民、雍際春：《早期秦文化研究》，三秦出版社 2006 年版。

42. 秦始皇兵馬俑博物館《論叢》編委會：《秦文化論叢》（第一輯），西北大學出版社 1993 年版。

43. 秦始皇兵馬俑博物館《論叢》編委會編：《秦文化論叢》（第二輯），陝西人民出版社 1993 年版。

44. 秦始皇兵馬俑博物館《論叢》編委會編：《秦文化論叢》（第三輯），陝西人民出版社，1994 年版。

45. 秦始皇兵馬俑博物館《論叢》編委會編：《秦文化論叢》（第四輯），陝西人民出版社，1996 年版。

46. 秦始皇兵馬俑博物館《論叢》編委會編：《秦文化論叢》（第五輯），陝西人民出版社，1997 年版。

47. 秦始皇兵馬俑博物館《論叢》編委會：《秦文化論叢》（第六輯），西北大學出版社，1998 年版。

48. 秦始皇兵馬俑博物館《論叢》編委會：《秦文化論叢》（第七輯），西北大學出版社，1999 年版。

49. 秦始皇兵馬俑博物館《論叢》編委會編：《秦文化論叢》（第八輯），陝西人民出版社，2001 年版。

50. 秦始皇兵馬俑博物館《論叢》編委會編：《秦文化論叢》（第九輯），陝西人民出版社，2002 年版。

51. 秦始皇兵馬俑博物館《論叢》編委會：《秦文化論叢》（第十輯），三秦出版社，2003 年版。

52. 秦始皇兵馬俑博物館《論叢》編委會：《秦文化論叢》（第十一輯），三秦出版社，秦始皇兵馬俑博物館《論叢》編委會：《秦文化論叢》（第十二輯），三秦出版社 2005 年版。

53. 秦始皇兵馬俑博物館《論叢》編委會：《秦文化論叢》（第十三輯），三秦出版社 2006 年版。

54. 秦始皇兵馬俑博物館《論叢》編委會：《秦文化論叢》（第十四輯），三秦出版社 2007 年版。

55. 王淳：《秦國的母系氏族殘餘與其變法統一的關係》，河南大學碩士學位論文 2006 年。

56. 王志友：《早期秦文化研究》，西北大學博士學位論文 2007 年。

57. 史黨社：《秦關北望——秦與「戎狄」文化的關係研究》，復旦大學博士學位論文 2008 年。

58. 中國社會科學院考古研究所等：《里耶古城·秦簡與秦文化研究：中國里耶古城·秦簡與秦文化國際學術研討會論文集》，科學出版社 2009 年版。

59. 劉牧：《早期秦文化青銅禮器分期及相關問題研究》，西北大學碩士學位論文 2009 年。

七、秦社會研究

1. 王學理：《秦都咸陽》，陝西人民出版社 1985 年版。

2. 林劍鳴等：《秦漢社會文明》，西北大學出版社 1985 年版。

3. 譚其驤：《秦郡新考》，《長水集（上）》，人民出版社 1987 年版。

4. 沈從文：《中國古代服飾研究》，上海書店 1989 年版。

5. 王學理、尚志儒、呼林貴：《秦物質文化史》，三秦出版社 1994 年版。

6. 王學理：《秦始皇陵研究》，上海人民出版社 1994 年版。

7. 王學理：《秦俑專題研究》，三秦出版社 1994 年版。

8. 樊志民：《秦農業歷史研究》，三秦出版社 1997 年版。

9. 宋鎮豪：《夏商社會生活史》，中國社會科學出版社 1998 年版。

10. 宋德金主編：《中國社會史論》，湖北教育出版社 2001 年版。

11. 許嘉璐：《中國古代衣食住行》，北京出版社 2002 年版。

12. 陳江風：《漢畫與民俗》，吉林人民出版社 2002 年版。

13. 張金光：《秦制研究》，上海古籍出版社 2004 年版。

14. 徐衛民：《秦漢歷史地理研究》，三秦出版社 2005 年。

15. 劉海年：《戰國秦代法制管窺》，法律出版社 2006 年版。

16. 張春嬋：《詩經國風與周代齊、晉、秦地域文化研究》，遼寧師範大學碩士學位論文 2007 年。

17. 張正明：《秦與楚》，華中師範大學出版社 2007 年版。

18. 滿志敏：《中國歷史時期氣候變化研究》，山東教育出版社 2009 年版。

19. 王勇：《楚文化與秦漢社會》，湖南大學出版社 2009 年版。

20. 王愛清：《秦漢鄉里控制研究》，山東大學出版社 2010 年版。

21. 朱宏斌：《秦漢時期區域農業開發研究》，中國農業出版社 2010 年版。

22. 馬建營：《秦西垂史地考述》，敦煌文藝出版社 2010 年版。

八、風俗史和贏秦禮俗研究

1. 詹子慶：《古史拾零》，東北師範大學出版社 2005 年版。

2. 詹子慶：《夏史與夏代文明》，上海科學技術文獻出版社 2007 年版。

3. 《文史知識》編輯部：《古代禮制風俗漫談》，北京：中華書局 1983 年版。

4. 錢玄：《三禮名物通釋》，江蘇古籍出版社 1987 年版。

5. 韓養民、張來斌：《秦漢風俗》，陝西人民出版社 1987 年版。

6. 韓養民、郭興文：《中國古代節日風俗》，陝西人民出版社 1987 年版。

7. 王文寶：《中國民俗學發展史》，遼寧大學出版社 1987 年版。

8. 鄭傑祥：《上古華夏婦女與婚姻》，河南人民出版社 1988 年版。

9. 彭衛：《漢代婚姻形態》，三秦出版社 1988 年版。

10. 尚秉和：《歷代社會風俗事物考》，上海書店 1989 年版。

11. 楊樹達：《漢代婚喪禮俗考》，上海書店 1989 年版。

12. 張亮采：《中國風俗史》，上海書店 1989 年版。

13. 李德潤、張志立：《古民俗研究》（第一集），吉林文史出版社 1990 年版。

14. 羅開玉：《喪葬與中國文化》，三環出版社 1990 年版。

15. 伊藤清司：《山海經中的鬼神世界》，中國民間文藝出版社 1990 年版。

16. 陳戍國：《先秦禮制研究》，湖南教育出版社 1991 年版。

17. 錢杭：《周代宗法制度史研究》，學林出版社 1991 年版。

18. 高洪興等：《婦女風俗考》，上海文藝出版社 1991 年版。

19. 王煒民：《中國古代禮俗》，中共中央黨校出版社 1991 年版。

20. 陳戍國：《先秦禮制研究》，湖南教育出版社 1991 年版。

21. 彭林：《周禮思想體系與成書年代研究》，中國社會科學出版社 1991 年版。

22. 林惠祥：《文化人類學》，商務印書館 1991 年版。

23. 詹鄞鑫：《神靈與祭祀》，江蘇古籍出版社 1992 年版。

24. 何星亮：《中國自然神與自然崇拜》，上海三聯書店 1992 年版。

25. 張鶴泉：.《周代祭祀研究》，文津出版社，1993 年版。

26. 陳戍國：《秦漢禮制研究》，湖南教育出版社 1993 年版。

27. 王仁湘：《飲食與中國文化》，人民出版社 1994 年版。

28. 岳慶平：《中國秦漢習俗史》，人民出版社 1994 年版。

29. 李如森：《漢代喪葬制度》，吉林大學出版社 1995 年版。

30. 蒲慕州：《追尋一己之福——中國古代的信仰世界》，臺北允晨文化 1995年版。

31. 錢玄：《三禮通論》，南京師範大學出版社 1996年版。

32. 高世瑜：《中國古代婦女生活》，商務印書館 1996年版。

33. 趙不傑：《中國古代禮俗》，語文出版社 1996年版。

34. 王子今：《門祭與門神崇拜》，上海三聯書店 1996年版。

35. 王子今：《中國古代行旅生活》，商務印書館，1996年版。

36. 鍾敬文：《民俗文化學：梗概與興起》，中華書局 1996年版。

37. 錢玄：《三禮通論》〔M〕，南京師範大學出版社 1996年版。

38. 楊向奎：《宗周社會與禮樂文明》，人民出版社 1997年版。

39. 沈文倬：《宗周禮樂文明考論》，杭州大學出版社 1997年版。

40. 馬小紅：《禮與法》，經濟管理出版社 1997年版。

41. 黎虎：《漢唐飲食文化史》，北京師範大學出版社 1998年版。

42. 華友根：《西漢禮學新論》，上海社會科學院出版社 1998年版。

43. 陳其泰：《二十世紀這中國禮學研究論集》，學苑出版社 1998年版。

44. 梁劍韜：《中國古代巫術——宗教的起源和發展》，中山大學出版社 1999年版。

45. 傅亞庶：《中國上古祭祀文化》，東北師範大學出版社 1999年版。

46. 秦永洲：《中國社會風俗史》，山東人民出版社 2000年版。

47. 陳筱芳：《春秋婚姻禮俗與社會倫理》，巴蜀書社 2000年版。

48. 姚小鷗：《〈詩經〉三頌與先秦禮樂文化》，北京廣播學院出版社 2000年版。

49. 鄒昌林著：《中國禮文化》，社會科學文獻出版社 2000年版。

50. 晁福林：《先秦民俗史》，上海人民出版社 2001年版。

51. 宋兆麟：《中國風俗通史·原始社會卷》，上海文藝出版社 2001年版。

52. 宋鎮豪：《中國風俗通史·夏商卷》，上海文藝出版社 2001年版。

53. 北野：《中國文明論——中國古代文明的本質與原理》，中國社會科學出版社 2001年版。

54. 宋兆麟：《中國風俗通史：原始社會卷》，上海文藝出版社 2001年版。

55. 宋鎮豪：《中國風俗通史：夏商卷》，上海文藝出版社 2001年版。

56. 勾承益：《先秦禮學》，巴蜀書社 2002年版。

57. 彭衛、楊振紅：《中國風俗通史·秦漢卷》，上海文藝出版社 2002年版。

58. 羅新本等著：《中國古代賭博習俗》，陝西人民出版社 2002年版。

59. 鄭紅利：《秦喪葬制度研究》，西北大學碩士學位論文 2002 年。

60. 陳紹棣：《中國風俗通史‧兩周卷》，上海文藝出版社 2003 年版。

61. 蔡鋒：《春秋時期貴族社會生活研究》，中國社會科學出版社 2004 年版。

62. 何豔傑：《中山國社會生活禮俗研究》，鄭州大學博士學位論文，2004 年。

63. 吳十洲：《兩周禮器制度研究》，五南圖書出版公司 2004 年版。

64. 李安宅：《〈儀禮〉和〈禮記〉之社會學的研究》，上海人民出版社 2005 年版。

65. 王啓發：《禮學思想體系探源》，中州古籍出版社 2005 年版。

66. 常金倉：《周代禮俗研究》，黑龍江人民出版社 2005 年版。

67. 牟發松：《社會與國家關係視野下的漢唐歷史變遷》，華東師範大學出版社 2006 年版。

68. 晁福林：《先秦社會思想研究》，商務印書館 2007 年版。

69. 鄭群：《詩經與周代婚姻禮俗研究》，揚州大學博士學位論文 2007 年。

70. 劉麗：《詩經秦風研究》，中央民族大學博士學位論文 2007 年。

九、秦出土文獻研究

1. 黃盛璋：《雲夢秦簡〈編年記〉初步研究》，《考古學報》1977 年 1 期。

2. 陳直：《略論雲夢秦簡》，《西北大學學報》（哲社版）1977 年 1 期。

3. 馬非百：《雲夢秦簡中所見的歷史新證舉例》，《鄭州大學學報》1978 年 2 期。

4. 鄭良樹：《論雲夢秦簡「大事記」之史料價值》，《故宮季刊》1978 年 3 期。

5. 傅振倫：《雲夢秦墓牒記考釋》，《社會科學戰線》1978 年 4 期。

6. 孫常敘：《秦公及王姬鎛、鍾銘文考釋》，《吉林師範大學學報》1978 年 4 期。

7. 黃盛璋：《雲夢秦簡辨正》，《考古學報》1979 年 1 期。

8. 熊鐵基：《釋〈南郡守騰文書〉——讀雲夢秦簡札記》，《中國史研究》1979 年 3 期。

9. 熊克：《「吏誰從軍」——讀雲夢秦簡札記》，《中國史研究》1979 年 3 期。

10. 黃展岳：《雲夢秦律簡論》，《考古學報》1980 年 1 期。

11. 商慶夫：《睡虎地秦簡「編年記」的作者及思想傾向》，《文史哲》1980 年 1 期。

12. 吳鎮烽：《新出秦公鍾銘考釋與有關問題》，《考古與文物》1980 年 1 期。

13. 林劍鳴：《秦國封建社會各階級分析——讀〈睡虎地秦墓竹簡〉札記》，西北大學學報（哲社版）1980 年 2 期。

14. 伍士謙：《秦公鐘考釋》，《四川大學學報》1980 年 2 期。

15. 于豪亮：《雲夢秦簡所見官職述略》，《文史》第 8 輯，中華書局 1980 年。

16. 中華書局編輯部：《雲夢秦簡研究・雲夢秦簡資料、論著目錄（1976 年 3 月～1980 年底）》，中華書局 1981 年。

17. 中華書局編輯部：《雲夢秦簡研究》，中華書局 1981 年版。

18. 高敏：《雲夢秦簡初探》，河南人民出版社 1982 年版。

19. 饒宗頤：《雲夢秦簡〈日書〉研究》，香港中文大學出版社 1982 年版。

20. 《日本研究雲夢秦簡情況簡介》，《中國史研究動態》1983 年 3 期。

21. 何雙全：《近年來新出土簡牘的整理與研究》，《中國史研究動態》1983 年 9 期。

22. 林劍鳴：《日本學者對中國簡牘的研究》，《中國史研究動態》1985 年 12 期。

23. 粟勁：《秦律通論》，山東人民出版社 1985 年版。

24. 王輝：《二年寺工壺、雍工𢼨壺銘文新釋》，《人文雜誌》1987 年 3 期。

25. 甘肅省文物考古研究所：《秦漢簡牘論文集》，甘肅人民出版社 1989 年版。

26. 高敏：《簡牘研究入門》，廣西人民出版社 1989 年。

27. 劉信芳：《關於雲夢秦簡編年記的補書、續編和削改等問題》，《江漢考古》1991 年 3 期。

28. 賀潤坤：《雲夢秦簡〈日書〉「寓人」「寄者」身份考》，《文博》1991 年 3 期。

29. 劉信芳：《雲夢秦簡〈日書・馬〉篇試釋》，《文博》1991 年 4 期。

30. 李學勤：《睡虎地秦簡中的〈艮山圖〉》《文物天地》1991 年 4 期。

31. 王輝：《周秦器銘考釋》，《考古與文物》 1991 年 6 期。

32. 劉樂賢：《五行三合局與納音說——讀饒宗頤先生〈秦簡中的五行說與納音說〉》，《江漢考古》1992 年 1 期。

33. 林劍鳴：《秦簡〈日書〉校補》，《文博》1992 年 1 期。

34. 劉信芳：《秦簡牘所見楚國〈日書〉試析》，《文博》1992 年 4 期。

35. 楊劍虹：《秦簡「語書」窺測——兼論〈編年記〉作者不是楚人》，《江漢考古》1992 年 4 期。

36. 黃文傑：《睡虎地秦簡疑難字試釋》，《江漢考古》1992 年 4 期。

37. 工藤元男：《雲夢秦簡〈日書〉與秦史研究》，《秦漢史論叢》（五），法律出版社 1992 年。

38. 王維坤：《睡虎地秦簡〈日書・玄戈〉再析》，《陳直先生紀念文集》，西北大學出版社 1992 年。

39. 劉樂賢：《睡虎地秦簡日書的內容、性質及相關問題》，《中國社會科學院研究生院學報》1993 年 1 期。

40. 高明、張純德：《秦簡日書「建除」與彝文日書「建除」比較研究》，《江漢考古》1993 年 2 期。

41. 劉信芳：《〈日書〉四方四維與五行淺說》，《考古與文物》1993 年 2 期。

42. 鄭剛：《論睡虎地秦簡日書的結構特徵》，《中山大學學報（社科版）》1993 年 4 期。

43. 劉樂賢：《睡虎地秦簡日書「四法日」小考》，《考古》1993 年 4 期。

44. 劉樂賢：《睡地虎秦簡日書〈詰咎篇〉研究》，《考古學報》1993 年 4 期。

45. 工藤元男著，莫枯譯：《雲夢秦簡〈日書〉所見法與習俗》，《考古與文物》1993 年 5 期。

46. 裘錫圭：《讀簡帛文字資料札記》，《簡帛研究》第一輯，法律出版社 1993 年。

47. 彭浩：《秦〈戶律〉和〈具律〉考》，《簡帛研究》第一輯，法律出版社 1993 年。

48. 劉樂賢：《睡虎地秦簡〈日書〉「反支篇」及其相關問題》《簡帛研究》第一輯，法律出版社 1993 年。

49. 劉樂賢：《睡虎地秦簡〈日書〉注釋商榷》，《文物》1994 年 10 期。

50. 劉樂賢：《睡虎地秦簡日書研究》，文津出版社 1994 年版。

51. 秦照芬：《秦簡〈日書〉數術的探討》，《史學集刊》1995 年 27 期。

52. 史黨社：《試論雲夢秦簡〈日書〉中楚文化色彩》，《陝西歷史博物館館刊》1996 年第 3 輯。

53. 劉信芳：《〈日書〉驅鬼術發微》，《文博》1996 年 4 期。

54. 張強：《近年來秦簡〈日書〉研究評介》，《文博》1995 年 3 期。又載《簡帛研究》第二輯，法律出版社 1996 年。

55. 劉樂賢：《睡虎地秦簡〈日書〉研究二十年》，《中國史研究動態》1996 年 10 期。

56. 張銘洽：《〈秦簡日書集釋〉與日書研究》，《文博》2001 年 5 期。

57. 謝桂華：《百年來的簡帛發現與簡帛學的發展》，《光明日報》2001 年 9 月 6 日。

58. 於振波：《近三十年大陸及港臺簡帛發現、整理與研究綜述》，《中國秦漢史研究會通訊》2001 年第 2 期，又載《南都學壇》2002 年第 1 期。

59. 沈頌金：《湘西里耶秦簡的價值及研究》，《中國歷史研究動態》，2003 年第 8 期。又載氏著《二十世紀簡帛學研究》，學苑出版社 2003 年版。

60. 王煥林：《里耶秦簡釋地》，《社會科學戰綫》，2004 年第 3 期。

61. 胡平生：《長江流域出土簡牘與研究》，湖北教育出版社 2004 年版。

62. 孫鶴：《秦簡牘書研究》，首都師範大學博士學位論文，2004 年。

63. 趙超：《簡牘帛書發現與研究》，福建人民出版社 2005 年版。

64. 張玉金：《出土戰國文獻語法研究的回顧與展望》，《華南師範大學學報》（社會科學版），2007 年 6 期。

65. 王光華：《簡帛禁忌研究》，四川大學博士學位論文 2007 年。

66. 彭浩、陳偉、工藤元男主編：《二年律令與奏讞書》，上海古籍出版社 2007 年版。

67. 劉釗：《兵器銘文考釋（四則）》，復旦大學出土文獻與古文字研究中心編《出土文獻與古文字研究》第二輯，復旦大學出版社 2008 年。

68. 陳鴻：《出土秦系文獻詞語研究》，中山大學博士後論文 2009 年。

69. 米刃山明：《卒史覆獄試探——以里耶秦簡 J⑨134 爲線索》，《里耶古城·秦簡與秦文化研究》，科學出版社 2009 年版。

70. 孫鶴：《秦簡牘書研究》，北京大學出版社 2009 年版。

十、主要論文

1. 詹子慶：《對禮學的歷史考察》，《東北師大學報（哲學社會科學版）》1996 年第 5 期。

2. 詹子慶：《禮學和中國傳統史學》，《史學史研究》1996 年第 2 期。

3. 詹子慶：《〈禮記〉的史學價值》，《光明日報》2001 年 4 月 10 日

4. 詹子慶：《讀〈上博楚簡·容成氏〉有感》，載《中國古代社會與思想文化研究論集》，黑龍江人民出版社 2006 年版。

5. 林庚：《〈天問〉中有關秦民族的歷史傳說》，《文史》第 7 輯，中華書局 1979 年版。

6. 俞偉超：《古代「西戎」和「羌」、「胡」文化歸屬問題的探討》，《青海考古學會會刊》1980 年第 1 期。

7. 顧頡剛：《從古籍中探索我國的西部民族——羌族》，《社會科學戰線》1980 年第 1 期。

8. 韓偉：《試論戰國秦的屈肢葬儀淵源及其意義》，載《中國考古學會第一次年會論文集》，文物出版社 1980 年版。

9. 熊鐵基：《秦人早期歷史的兩個問題》，《社會科學戰線》1980 年第 2 期。

10. 韓偉：《關於「秦文化是西戎文化」質疑——兼談秦文化族屬》，《青海考古學會會刊》1981 年第 2 期。

11. 于豪亮：《雲夢秦簡所見職官述》，《文史》1980 年第 8 期。

12. 高恒：《秦簡中與職官有關的幾個問題》，《雲夢秦簡研究》，中華書局 1981 年版。

13. 黃灼耀：《論秦文化的淵源及其發展途徑》，《華南師院學報》1981 年第 3 期。

14. 何漢文：《嬴秦人起源於東方和西遷情況初探》，《求索》1981 年第 4 期。

15. 李陳奇：《秦代墓葬初探》，《史學集刊》1982 年第 3 期。

16. 劉慶柱：《試論秦之淵源》，，《先秦史論文集》《人文雜誌》增刊，1982 年版。

17. 段連勤：《關於夷族的西遷和嬴秦的起源地、族屬問題》，《先秦史論文集》《人文雜誌》增刊，1982 年版。

18. 李零：《史記中所見秦早期都邑葬地》，《文史》第二十輯，中華書局 1983 年版。

19. 黃留珠：《秦客卿制度簡論》，《史學集刊》1984 年第 3 期。

20. 黃留珠：《試論秦始皇對祭祀制度的統一》，《人文雜誌》1985 年第 2 期。

21. 傅舉有：《有關秦漢鄉亭的幾個問題》，《中國史研究》1985 年第 3 期。

22. 李學勤：《〈日書〉和楚、秦社會》，《江漢考古》1985 年第 4 期。

23. 饒宗頤：《秦簡中的五行說與納音說》，《中國語文研究》1985 年第 7 期。

24. 俞偉超：《秦漢的「亭」、「市」陶文》，《先秦兩漢考古學論集》，文物出版社 1985 年版。

25. 盧連成：《平陽、雍城地望確定與秦先公徙都跡略》，《文史集林》（人文雜誌叢刊第四期）1985 年。

26. 韓偉：《關於秦人族屬及文化淵源管見》，《文物》1986 年第 4 期。

27. 日書研讀班：《日書：秦國社會的一面鏡子》，《文博》1986 年第 5 期。

28. 趙化成：《尋找秦文化淵源的新線索》，《文博》1987 年第 1 期。

29. 林劍鳴：《從秦人價值觀看秦文化的特點》，《歷史研究》1987 年第 3 期。

30. 侯毅：《論秦文化的起源與發展》，《山西師大學報》1987 年第 3 期。

31. 李曉東、黃曉芬：《從〈日書〉看秦人鬼神觀及秦文化特徵》，《歷史研究》1987 年第 4 期。

32. 彭邦炯：《從出土秦簡再探秦內史與大內、少內和少府的關係和職掌》，《考古與文物》1987 年第 5 期。

33. 王子今：《秦人屈肢葬仿象「窋臥」說》，《考古》1987 年第 12 期。

34. 何清谷：《關中秦宮覓蹤》，《陝西師大學報》1988 年第 2 期。

35. 王輝：《秦器銘文叢考》，《文博》1988 年 2 期。

36. 賀潤坤：《從〈日書〉看秦國的穀物種植》，《文博》1988 年第 3 期。

37. 蘇慶元：《從葬俗看秦文化與中原文化的差異》，《寶雞師院學報（哲學社會科學版）》1988 年第 3 期。

38. 王桂鈞：《〈日書〉所見早期秦俗發微——信仰、習俗、婚俗及貞潔觀》，《文博》1988 年第 4 期。

39. 張銘洽：《雲夢秦簡〈日書〉占卜術初探》，《文博》1988 年第 3 期。

40. 王桂鈞：《日書所見早期秦俗發微——信仰、習尚、婚俗及貞潔觀》，《文博》1988 年第 3、4 期。

41. 蔡鏡浩：《〈睡虎地秦墓竹簡〉注釋補證（一）》、《〈睡虎地秦墓竹簡〉注釋補證（二)》，《文史》29 輯，中華書局 1988 年版。

42. 何雙全：《天水放馬灘秦簡綜述》，《文物》1989 年第 2 期。

43. 甘肅省文物考古研究所、天水市北道區文化館：《甘肅天水放馬灘秦漢墓群的發掘》，《文物》1989 年第 2 期。

44. 田餘慶：《說張楚——關於「亡秦必楚」問題的探討》，《歷史研究》1989 年第 2 期。

45. 吳小強：《試論秦人婚姻家庭生育觀念》，《中國史研究》1989 年第 3 期。

46. 賀潤坤：《中國古代最早的相馬經——雲夢秦簡〈日書·馬〉篇》，《文博》1989 年第 3 期。

47. 賀潤坤：《雲夢秦簡所反映的秦國漁獵生活》，《文博》1989 年第 3 期。

48. 王輝：《秦器銘文叢考（續）》，《考古與文物》1989 年 5 期。

49. 李曉東、黃曉芬：《秦人鬼神觀與殷周鬼神觀比較》，《人文雜誌》1989 年第 5 期。

50. 賀潤坤：《從雲夢秦簡〈日書〉看秦國的六畜飼養業》，《文博》1989 年第 6 期。

51. 吳小強：《秦人生育意願初探》，《江漢論壇》1989 年第 11 期。

52. 趙化成：《甘肅東部秦和羌戎文化的考古學探索》，《考古類型學的理論與實踐》，文物出版社 1989 年版。

53. 何雙全：《天水放馬灘秦簡甲種〈日書〉考述》，載《秦漢簡牘論文集》，甘肅人民出版社 1989 年版。

54. 尚志儒：《早期嬴秦西遷史蹟的考察》，《中國史研究》1990 年第 1 期。

55. 劉信芳：《秦簡〈日書〉與楚辭類徵》，《江漢考古》1990 年第 1 期。

56. 吳小強：《〈日書〉與秦社會風俗》，《文博》1990 年第 2 期。

57. 袁仲一：《從考古資料看秦文化的發展和主要成就》，《文博》1990 年第 5 期。

58. 劉文瑞：《征服與反抗——略倫秦代的區域文化衝突》，《文博》1990 年第 5 期。

59. 劉士莪、馬振智：《秦國陵寢制度對西漢帝陵的影響》，《文博》1990 年第 5 期。

60. 張天恩：《邊家莊春秋墓地與汧邑地望》，《文博》1990 年第 5 期。

61. 工藤元男：《雲夢睡虎地秦墓竹簡〈日書〉和道家習俗》，《東方宗教》第 76 號，1990 年。

62. 吳小強：《從雲夢秦簡看戰國秦代人口再生產類型》，《西北大學學報·哲學社會科學版》1991 年第 2 期。

63. 王玉哲：《秦人的族源及遷徙路線》，《歷史研究》1991 年第 3 期。

64. 賀潤坤：《雲夢秦簡〈日書〉「寓人」「寄者」「寄人」身份考》，《文博》1991 年第 3 期。

65. 李學勤：《睡虎地秦簡中的〈艮山圖〉》，《文物天地》1991 年第 4 期。

66. 何清谷：《秦人傳說時代的探討》，《陝西師大學報》1991 年第 4 期。

67. 劉樂賢：《五行三合局與納音說——讀饒宗頤先生〈秦簡中的五行說與納音說〉》，《江漢考古》1992 年第 1 期。

68. 吳小強：《論秦人宗教思維特徵——雲夢秦簡〈日書〉的宗教學研究》，《江漢考古》1992 年第 1 期。

69. 王健：《秦文化：一種多維進化模式》，《上海社會科學》1992 年第 1 期。

70. 吳小強：《〈日書〉所見秦人之生死觀》，《秦陵秦俑研究動態》1992 年第 2 期。

71. 蔡鋒：《春秋戰國的政治變革對禮俗風尚和生活觀念的影響》，《延安大學學報（社會科學版）》，1992 年第 2 期。

72. 滕銘予：《關中秦墓研究》，《考古學報》1992 年第 3 期。

73. 曾憲通：《秦漢時制芻議》，《中山大學學報》1992 年第 4 期。

74. 賀潤坤：《從雲夢秦簡〈日書〉看秦國的農業水利等有關狀況》，《江漢考古》1992 年第 4 期。

75. 黃文傑：《睡虎地秦簡疑難字試釋》，《江漢考古》1992 年第 4 期。

76. 劉信芳：《秦簡中的楚國〈日書〉試析》，《文博》1992 年第 4 期。

77. 吳小強：《論秦人的多神崇拜特點——雲夢秦簡〈日書〉的宗教學研究》，《文博》1992 年第 4 期。

78. 吳小強：《論秦人宗教思維特徵——雲夢秦簡〈日書〉的宗教學研究》，載《秦漢史論叢》第五輯，法律出版社 1992 年。

79. 劉樂賢：《睡虎地秦簡〈日書〉中的「往亡」與「歸忌」》，載《簡帛研究》第二輯，法律出版社 1992 年版。

80. 劉信芳：《〈日書〉四方四維與五行淺說》，《考古與文物》1993 年第 2 期。

81. 田亞岐：《秦漢置時研究》，《考古與文物》1993 年第 3 期。

82. 劉信芳：《秦簡中的楚國〈日書〉試析》，《文博》1993 年第 4 期。

83. 林劍鳴：《〈睡〉簡與〈放〉簡〈日書〉比較研究》，《文博》1993 年第 5 期。

84. 饒宗頤：《帛書丙篇與〈日書〉合證》，《楚地出土文獻三種研究》，中華書局 1993 年版。

85. 劉信芳：《〈日書〉四方四維與五行試探》，《考古與文物》1993 年第 2 期。

86. 金良年：《雲夢秦簡〈日書〉「啻」篇研究》，《中華文史論叢》第 51 輯，上海古籍出版社 1993 年版。

87. 蒲慕州：《睡虎地秦簡〈日書〉的世界》，《中央研究院歷史語言研究所集刊》第 62 本第四分冊，1993 年第四期。

88. 工藤元男：《雲夢秦簡〈日書〉所見法與習俗》，《考古與文物》1993 年第 5 期。

89. 林劍鳴：《從放馬灘〈日書〉（甲種）再論秦文化的特點》，載李學勤主編之《簡帛研究》（第一輯），法律出版社 1993 年版。

90. 金良年：《建除研究——以雲夢秦簡〈日書〉爲中心》，《中國天文學史文集》第 6 集，科學出版社 1994 年版。

91. 賀潤坤：《從雲夢秦簡〈日書〉看秦民間的災變與救災》，《江漢考古》1994 年第 2 期。

92. 王子今：《睡虎地秦〈日書〉所見行歸宜忌》，《江漢考古》1994 年第 2 期。

93. 劉樂賢：《睡虎地秦簡〈日書〉注釋商榷》，《文物》1994 年第 10 期。

94. 卜憲群：《秦制、楚制與漢制》，《中國史研究》1995 年第 1 期。

95. 劉樂賢：《睡虎地秦簡〈日書〉「人字篇」研究》，《江漢考古》1995 年第 1 期。

96. 賀潤坤：《雲夢秦簡〈日書〉所反映的秦國社會階層》，《江漢考古》1995 年第 1 期。

97. 賀潤坤：《從雲夢秦簡〈日書〉的良忌日看〈氾勝之書〉的五穀忌日》，《文博》1995 年第 1 期。

98. 劉樂賢：《睡虎地秦簡〈日書〉「人字篇」補釋》，《江漢考古》1995 年第 2 期。

99. 李學勤：《「秦讞書」解說（下）》，《文物》1995 年第 3 期。

100. 黃留珠：《秦文化二元說》，《西北大學學報（哲學社會科學版）》1995 年第 3 期。

101. 黨煥英：《秦俑服飾及其禮儀初探》，《文博》1995 年第 3 期。

102. 尹在碩：《睡虎地秦簡〈日書〉所見「室」的結構與戰國末期秦的家族類型》，《中國史研究》1995 年第 3 期。

103. 韓偉：《論甘肅禮縣出土的秦金箔飾片》，《文物》1995 年第 6 期。

104. 張銘洽：《秦簡〈爲吏之道〉與秦統一前後的文化嬗變》，《歷史博物館館刊》1995 年第 6 期。

105. 孫言誠：《簡牘中所見秦之邊防》，《中國社會科學院研究生院碩士論文選》，中國社會科學出版社 1995 年版。

106. 賀潤坤：《從雲夢秦簡〈日書〉「行」及有關秦人社會活動考》，《江漢考古》1996 年第 1 期。

107. 仝晰綱：《秦統一後的六國遺族》，《社會科學家》1996 年第 3 期。

108. 彭曦：《秦簡公「塹洛」遺蹟考察簡報》，《文物》1996 年第 4 期。

109. 劉信芳：《〈日書〉驅鬼術發微》，《文博》1996 年第 4 期。

110. 賀潤坤：《雲夢秦簡〈日書〉所反映秦人的衣食狀況》，《江漢考古》1996 年第 4 期。

111. 管仲超：《秦簡〈日書〉看戰國時期的擇吉民俗》，《武漢教育學院學報》1996 年第 5 期。

112. 劉樂賢：《睡虎地秦簡〈日書〉中的「往亡」和「歸忌」》，《簡帛研究》第 2 輯，法律出版社 1996 年版。

113. 由更新、史黨社：《從考古材料看周秦禮制之關係》，《秦文化論叢》（第四輯），西北大學出版社 1996 年版。

114. 劉釗：《讀秦簡字詞札記》，《簡帛研究》第 2 輯，法律出版社 1996 年版。

115. 蔡靖泉：《楚文化在秦統治時期的存在與影響》，《江漢考古》1997 年第 1 期。

116. 吳小強：《秦簡〈日書〉與秦漢社會的生命意識》，《廣州師院學報》1997 年第 1 期。

117. 尚民傑：《秦簡〈日書〉與五行學說》，《文博》1997 年第 2 期。

118. 劉釗：《秦簡中的鬼怪》，《文物世界》1997 年第 2 期。

119. 胡文輝：《馬王堆〈太一出行圖〉與秦簡〈日書·出邦門〉》，《江漢考古》1997 年第 3 期。

120. 胡文輝：《秦簡〈日書·出邦門篇〉新證》，《文博》1998 年第 1 期。

121. 許倬云：《古代國家形成的比較》，《北方文物》1998 年第 3 期。

122. 滕銘予：《秦文化的考古學發現與研究》，《華夏考古》1998 年第 4 期。

123. 王子今：《秦德公「磔狗邑四門」宗教文化意義試說》，載《周秦文化研究》，陝西人民出版社 1998 年版。

124. 劉軍社：《秦人吸收周文化問題的探討》，《文博》1999 年第 1 期。

125. 萬建中：《秦漢風俗文化的演變趨勢》，《南昌大學學報》1999 年第 2 期。

126. 萬建中：《秦漢風俗文化的演變趨勢》，《南昌大學學報》1999 年第 2 期。

127. 張銘洽：《談秦漢之際的文化整合》，《陝西歷史博物館館刊（六）》，陝西人民教育出版社 1999 年版。

128. 張銘洽：《談秦漢之際的文化整合》，載《陝西歷史博物館館刊（六）》，陝西人民教育出版社 1999 年版。

129. 李學勤：《「奏讞書」與秦漢銘文中的職官省稱》，《中國古代法律文獻研究》第一輯，巴蜀書社 1999 年版。

130. 程奇立：《儀禮喪服研究》，吉林大學博士論文，2000 年。

131. 雷依群：《秦的統一與秦國的農業政策》，《咸陽師範專科學校學報》2000 年第 1 期。

132. 萬建中：《試論秦漢風俗的時代特徵》，《民俗研究》2000 年第 2 期。

133. 謝子平：《秦朝治道與禮樂文化》，《學術論壇》2000 年第 2 期。

134. 雍際春：《論天水秦文化的形成及其特點》，《天水師範學院學報》2000 年第 4 期。

135. 徐衛民：《汧爲秦都考》，《陝西歷史博物館館刊》第 7 輯，陝西人民教育出版社 2000 年版。

136. 劉增貴：《秦簡〈日書〉中的出行禮俗與信仰》，《中央研究院歷史語言研究所集刊》第七十二本，第三分，2001 年。

137. 田靜：《秦宮廷文化》，《歷史月刊》2001 年 1 期。

138. 田靜、史黨社：《〈秦出土文獻編年〉與秦史研究》，《文博》2001 年 3 期。

139. 王雷生：《秦文公建都「汧渭之會」及其意義——兼考非子秦邑所在》，《人文雜誌》2001 年第 6 期。

140. 晏昌貴、梅莉：《楚秦〈日書〉所見的居住習俗》，《民俗研究》2002 年第 2 期。

141. 許倬云：《中國古代社會與國家之關係的變動》，載《許倬雲自選集》，上海教育出版社 2002 年版。

142. 范毓周：《關於湖南龍山里耶出土秦代簡牘郵書檢的幾個問題》，簡帛研究網 2002 年 8 月 15 日。

143. 李學勤：《初讀里耶秦簡》，《文物》2003 年第 1 期。

144. 魏道明：《從簡牘資料看秦的家庭結構》，《青海師範大學學報（哲學社會科學版）》2003 年第 1 期。

145. 於振波：《里耶秦簡中的「除郵人」簡》，《湖南大學學報（社會科學版）》2003 年第 3 期。

146. 顧久幸：《戰國時期楚秦兩國風俗之比較》，《華中師範大學學報（人文社會科學版）》2003 年第 4 期。

147. 趙立偉：《秦系簡牘文字研究綜述》，《信陽師範學院學報（哲學社會科學版）》2003 年第 4 期。

148. 徐衛民：《出土文獻與秦文化研究》，《秦陵秦俑研究動態》2003 年第 3 期（《河南科技大學學報：社會科學版》2006 年第 1 期）。

149. 趙浴沛：《睡虎地秦墓簡牘所見秦社會婚姻、家庭諸問題》，《社會經濟史研究》2003 年第 4 期。

150. 顧久幸《戰國時期楚秦兩國風俗之比較》，《華中師範大學學報（人文社會科學版）》2003 年第 4 期。

151. 曾憲義、馬小紅：《中國傳統法的結構與基本概念辨正——兼論古代禮與法的關係》，《中國社會科學》2003 年第 5 期。

152. 陳偉：《秦蒼梧、洞庭二郡芻論》，《歷史研究》2003 年第 5 期。

153. 周新芳、葉海芹：《齊文化與秦文化之比較》，《齊魯學刊》2003 年第 5 期。

154. 邢義田：《張家山漢簡〈二年律令〉讀記》，《燕京學報》新 15 期，北京大學出版社 2003 年版。

155. 張浚民：《里耶秦簡「卒署」辨》，簡帛研究網 2003 年 8 月 15 日。

156. 劉樂賢：《睡虎地秦簡〈日書〉釋讀札記》，《華學》第六輯，紫禁城出版社 2003 年版。

157. 胡平生：《讀里耶秦簡札記》，簡帛研究網 2003 年 10 月 23 日。又《簡牘學研究》第四輯，甘肅人民出版社 2004 年版。

158. 陳松長：《湘西里耶秦代簡牘選釋校讀（八則）》，《簡牘學研究》第四輯，甘肅人民出版社 2004 年版。

159. 龍堅毅：《從秦簡〈日書〉看秦人盜竊問題》，《中國社會經濟史研究》2004 年第 2 期。

160. 劉敏：《張家山漢簡「小爵」臆釋》，《中國史研究》2004 年第 3 期。

161. 劉道超：《秦簡〈日書〉擇吉民俗研究》，《廣西師範大學學報（哲學社會科學版）》2004 年第 3 期。

162. 張浚民：《龍山里耶秦簡二題》，《考古與文物》2004 年第 4 期。

163. 徐世虹：《「三環之」、「刑復城旦舂」、「系城旦舂某歲」解》，《出土文獻研究》第六輯，上海古籍出版社 2004 年版。

164. 楊宗兵：《里耶秦簡縣「守」、「丞」、「守丞」同義說》，《北方論叢》2004 年第 6 期。

165. 邵方：《儒家思想與禮制——兼議中國古代傳統法律思想的禮法結合》，《中國法學》2004 年第 6 期。

166. 秦始皇兵馬俑博物館《論叢》編委會：《秦文化論叢選輯》，三秦出版社 2004 年版。

167. 徐日輝：《早期秦與西戎關係考》，《寧夏社會科學》2005 年第 1 期。

168. 趙浴沛：《從秦簡〈日書〉看秦代社會婚姻和家庭人際關係》，《河南師範大學學報》2005 年第 2 期。

169. 武峰：《秦「畤祭」考》，《臨沂師範學院學報》2005 年第 2 期。

170. 王煥林：《里耶秦簡叢考》，《吉首大學學報（社會科學版）》2005 年第 4 期。

171. 孟祥才：《論秦文化對東方流過文化的兩次整合》，《煙臺大學學報（哲學社會科學版）》2005 年第 4 期。

172. 晁福林：《宗法禮俗——周代社會的一面鏡子》，《學習與探索》2005 年第 5 期。

173. 周振鶴：《秦代洞庭、蒼梧兩郡懸想》，《復旦學報》2005 年第 5 期。

174. 李梅：《秦郊祀的演進及對後世的影響》，《山東教育學院學報》2005 年第 5 期。

175. 肖倩、楊雪云：《禮治、法治到禮法合一：一項法律社會學的考察》，《安徽大學學報（哲學社會科學版）》2005 年第 5 期。

176. 張富春：《先秦民間祈財信仰研究——以睡虎地秦簡〈日書〉爲中心》，《四川大學學報·哲學社會科學版》2005 年第 6 期。

177. 李梅：《論秦畤祭天》，《唐都學刊》2005 年第 6 期。

178. 黃海烈：《里耶秦簡與秦代地方官制》，《北方論叢》，2005 年第 6 期。

179. 於振波：《說「縣令」確爲秦制》，簡帛研究網，2005 年 7 月 30 日。

180. 王煥林：《里耶秦簡文字書法論略》，簡帛研究網，2005 年 8 月 15 日。

181. 朱紅林：《里耶秦簡「金布」與〈周禮〉中的相關制度》，簡帛研究網，2005 年 8 月 24 日。邢義田：《湖南龍山里耶 J1（8）157 和 J1（9）1-12 號秦牘的文書構成、筆跡和原檔存放形式》，簡帛網 2005 年 11 月 14 日。《簡帛》第 1 輯，上海古籍出版社 2006 年版。

182. 牟發松：《從「移風易俗」看秦漢對地方社會的控制》，載《傳統中國研究集刊》（第二輯），上海人民出版社 2006 年版。

183. 卜憲群：《秦漢之際鄉里吏員雜考——以里耶秦簡爲中心的探討》，《南都學壇》2006 年第 1 期。

184. 劉海年：《秦漢「士伍」的身份與社會地位》，《文物》1978 年第 2 期。《戰國秦代法制管窺》，法律出版社 2006 年版。

185. 陳治國：《里耶秦簡之「守」和「守丞」釋義及其他》，《中國歷史文物》2006 年第 3 期。

186. 王煥林：《秦簡「當騰騰」音義商兌》，《吉首大學學報（社會科學版）》2006 年第 3 期。

187. 范志軍：《從〈日書〉看漢代人的葬日》，《河南社會科學》2006 年第 3 期。

188. 馮莉：《「禮」與秦人喪葬習俗》，《文博》2006 年第 3 期。

189. 王煥林：《〈湘西里耶秦簡選釋〉補正》，《中國歷史文物》2006 年第 4 期。

190. 晏昌貴、鍾煒：《里耶秦簡所見的陽陵與遷陵》，《中國歷史地理論叢》2006 年第 4 期。

191. 劉樂賢：《秦漢文獻中的「廼」與「乃者」》，《出土文獻與古文字研究》第一輯，復旦大學出版社 2006 年版。

192. 王光華、李秀茹：《試析秦簡〈日書〉辰、戌、丑、未四季土》，《求索》2006 年第 9 期。

193. 馬彪：《〈算術書〉之「益奘」「與田」考》，簡帛網 2006 年 11 月 22 日。

194. 黃海烈：《秦地方官制研究綜述》，載《中國古代社會與思想文化研究論集》，黑龍江人民出版社 2006 年版。

195. 楊英傑、趙東玉：《試論春秋政治格局中的秦》，載《中國古代社會與思想文化研究論集》，黑龍江人民出版社 2006 年版。

196. 蔡萬進：《里耶秦簡研讀三題》，《湖南大學學報（社會科學版)》2007 年第 1 期。

197. 陳振中：《先秦金器生產製作工藝的初步形成》，《中國經濟史研究》2007 年第 1 期。

198. 單育辰：《秦簡「柀」字釋義》，《江漢考古》2007 年第 4 期。

199. 王偉：《里耶秦簡貲贖文書所見陽陵地望考》，《考古與文物》2007 年第 4 期。

200. 劉道超：《秦簡〈日書〉五行觀念研究》，《周易研究》2007 年第 4 期。

201. 杜林淵：《從秦簡〈日書〉看戰國時期的相宅術》，《文博》2007 年第 5 期。

202. 劉樂賢：《里耶秦簡和孔家坡漢簡中的職官省稱》，《文物》2007 年第 9 期。

203. 楊振紅：《從張家山漢簡看秦漢時期的市租》，《中日學者論中國古代城市社會》，三秦出版社 2007 年版。

204. 張春龍：《里耶秦簡祠先農、祠穴言和祠堤校券》，《簡帛》第二輯，上海古籍出版社 2007 年版。

205. 梁云：《從秦墓葬俗看秦文化的形成》，《考古與文物》2008 年第 1 期。

206. 史黨社：《秦關北望——秦與「戎狄」文化的關係研究》，復旦大學博士論文 2008 年。

207. 李立：《雲夢秦簡「牛郎織女」簡文辯證》，《長江大學學報·社會科學版》2008 年第 6 期。

208. 沈剛：《睡虎地秦簡〈日書〉所見的秦時民間信仰活動探微》,《西安財經學院學報》2009 年第 1 期。

209. 閆喜琴：《從秦簡〈日書〉看秦人重出遊的原因》,《隴東學院學報》2009 年第 1 期。

210. 肖燦、朱漢民：《嶽麓書院藏秦簡〈數術〉中的土地面積計算》,《湖南大學學報（社會科學版）》2009 年第 2 期。

211. 於振波：《秦律令中的「新黔首」與「新地吏」》,《中國史研究》2009 年第 3 期。

212. 胥仕元：《秦國—秦朝統治中的禮治因素》,《學習與探索》2009 年第 3 期。

213. 肖燦、朱漢民：《周秦時期穀物測算法及比重觀念——嶽麓書院藏秦簡〈數〉的相關研究》,《自然科學史研究》2009 年第 4 期。

214. 陳絜：《里耶「戶籍簡」與戰國末期的基層社會》,《歷史研究》2009 年第 5 期。

215. 陳更宇：《早期嬴秦人生活方式的探索》,《文史哲》2009 年第 5 期,第 80～93 頁。

216. 陳松長：《嶽麓書院藏秦簡中的郡名考略》,《湖南大學學報（社會科學版）》2009 年第 2 期。

217. 陳松長：《嶽麓書院藏秦簡中的行書律令初論》,《中國史研究》2009 年第 3 期。

218. 馬健：《黃金製品所見中亞草原與中國早期文化交流》,《西域研究》2009 年第 6 期,第 50～64 頁。

219. 馬健：《黃金製品所見中亞草原與中國早期文化交流》,《西域研究》2009 年第 6 期。

220. 陳偉：《秦與漢初的文書傳遞系統》,《里耶古城·秦簡與秦文化研究——中國里耶古城·秦簡與秦文化國際學術探討會論文集》,科學出版社 2009 年版。

221. 陳偉：《嶽麓書院秦簡考校》,《文物》2009 年第 10 期。

222. 劉敏：《秦漢時期的「賜民爵」及「小爵」》,《史學月刊》2009 年第 11 期。

223. 劉樂賢：《孔家坡漢簡〈日書〉「直室門」補釋》,《簡帛》第四輯,上海古籍出版社 2009 年版。

224. 張春龍、龍京沙：《湘西里耶秦簡 8-455 號》,《簡帛》第四輯,上海古籍出版社 2009 年版。

225. 胡平生：《里耶簡所見秦朝行政文書的製作與傳送》,《簡帛研究 2008》,廣西師範大學出版社 2010 年版。

226. 陳偉：《簡牘資料所見西漢前期的「卒更」》，《中國史研究》2010 年第 3 期。

227. 吳小強：《睡虎地秦簡〈日書〉占卜用語習慣與規律分析》，《古籍整理研究學刊》2010 年第 4 期。

228. 肖燦：《從〈數〉的「興（輿）田」、「稅田」算題看秦田地租稅制度》，《湖南大學學報（社會科學版）》2010 年第 4 期。

229. 陳松長：《睡虎地秦簡「關市律」辨正》，《史學集刊》2010 年第 4 期。

230. 於振波：《秦律中的甲盾比價及相關問題》，《史學集刊》2010 年第 5 期。

231. 凡國棟：《〈日書·死屍圖〉的綜合考察——從漢代日書對楚秦日書的繼承與改造的視角》，《簡帛研究（2007）》，廣西師範大學出版社 2010 年版。

十一、國外研究

1. 崔瑞德、魯惟一主編：《劍橋中國秦漢史》，中國社會科學院出版社 1992 年版。

2. 尾形勇著，張鶴泉譯：《中國古代的「家」與國家》，吉林文史出版社 1993 年版。

3. 魯惟一主編，李學勤等譯：《中國古代典籍導讀》，遼寧教育出版社 1997 年版。

4. 工藤元男：《睡虎地秦簡所見秦代國家與社會》，上海古籍出版社 2010 年版。

後　記

　　本書是以我的同題博士論文出版的，也是我近三十年來研究秦問題的一個開端。自博士論文答辯以來，一直忙於論文中文獻梳理的工作，對書中其餘部份未及修改，只以論文原貌出版了，其中的觀點、材料應該還是當時的原貌。

　　對秦問題的研究，自秦亡以後就一直受到政治界、學術界關注的問題。二十世紀以來，隨著秦始皇陵、秦簡等一大批文物的出土，更是受到學術界的關注，發表了許許多多的學術成果，不少人認為，這個領域不再有什麼大的可研究餘地，也很難獲得重要成果。

　　筆者斗膽選擇這一領域，除了個人興趣而外，一方面是遇上了好時機。二十世紀七十年代以來的考古新發現提供了許多極其重要的新資料，尤其是大量有關秦的簡牘的出現，其中一些資料直接推翻了成說，為筆者的思考提供了新的線索和依據。「文化大革命」之後的思想解放使理論研究有了一個寬鬆科學的環境，獲得了許多突破性成果，這些則為筆者的理論思考提供了全新的基點。上述兩個前提促使筆者從新的視角和前提出發，對秦問題研究中一切以前認為不存在問題的定論或沒有研究餘地的領域重新進行研究。

　　促使筆者進行研究和寫作的另一個直接的原因，則是前輩們的引導和鼓勵，筆者對他們致以深深的敬意和謝意。

　　首先需要感謝的是我的恩師詹子慶先生。自一九八六年進入東北師範大學隨先生做研究生以來，一直在先生身邊，至今三十多年，先生耳提面命，諄諄教導，而筆者也是明裏暗中，學習琢磨，自以為得到不少「秘訣」。隨著時間的推移，即使如我這樣駑鈍，也逐漸窺得學術的門徑，再加上學術界思想大解放的大環境，筆者逐漸形成了本書所陳述的一些基本觀點和論證。

　　在先生的引導和鼓勵下，筆者著手論文的寫作。在論文的審閱過程中，先生對其中引用的資料和一些技術性問題進行了嚴格審查，提出了許多修改

意見，但涉及觀點方面，卻採取了極其寬容的態度。本書中有些觀點和先生一貫的主張是不一致的，但他只是與筆者進行討論，不要求一定按先生的觀點進行修改，而且一再鼓勵筆者，只要認爲自己的觀點正確，就要敢于堅持，不要輕易改變。沒有先生的指導、修改、寬容和鼓勵，本書是不可能形成的。先生高尙的道德修養、淳厚的長者風度、大度的寬容精神，給筆者留下了深刻的印象，是筆者在先生身邊獲得的最大財富。

　　本書之能寫成，或者說，我之能得以進入先秦史學術領域，還要感謝我的另一位碩士生導師徐喜辰先生。在我剛進入師門時，兩位先生一直教導我們，無論是寫學位論文，還是平時的作業，一定要閱讀最原始的資料，要瞭解當前的學術動態，要站在前人的肩上，並且要有自己的見解和看法，沒有兩位先生的引導和教育，本書也是不可能形成的。先生之德，永戴不忘。

　　本書的寫作，還要感謝晁福林教授、張鶴泉教授、韓東育教授、朱紅林教授、沈剛教授、許兆昌教授、曹書傑教授、王彥輝教授多方指點，感謝在我以前各個學習階段給過我幫助和指導的老師們，他們用各自的專業特長爲本書的完善提供了很大的幫助。感謝在本書寫作過程中爲我提供意見的老師們，正是你們的意見，有的甚至是很尖銳的看法，幫助我能夠意識到本書還存在很大的不足。感謝你們的砥礪，讓我認識到本書還有很大的提升空間。

　　本書在寫作過程中，參考了很多前人和今人的研究成果，他們的研究成果給了我很大的啓發，正是在他們研究基礎上，我才能有現在的這點成績，他們其中大部份是未曾謀面的，在此對他們表示我的感激之情。

　　還要感謝花木蘭文化事業有限公司北京聯絡處的楊嘉樂主任對本書的力薦。楊主任爲本書出版，多方操勞，付出了很多心血，筆者在這裡也表示深深的謝意。

　　作爲書生，出本書、而且還是學術方面的書，自然是値得高興的事，但如果不能對學術有所貢獻，有所推動，實在也沒有太大意思。如果僅僅爲了某種功利的目的，那就更沒有意思。筆者自以爲在這本書裏提出了許多新的看法，或者說，提出了一個不一樣的角度，提出一個全新的理解，這些東西是否正確，尙有待進一步討論研究。筆者懇切希望一切對本書涉及問題有興趣的同道，對本書進行嚴屬的批評，這是筆者對自己勞動所想得到的最好回報。

　　是爲後記。